KB125164

데일 카네기 인간관계론

데일 카네기 인간관계론

HOW TO WIN FRIENDS AND INFLUENCE PEOPLE

데일 카네기 지음 | 이미숙 옮김
공병호 박사(공병호경영연구소) 추천

중앙경제평론사

나는 어떻게 이 책을 썼고 왜 썼는가?

지난 35년 동안 미국 출판업계는 20만 종이 넘는 책을 발간했다. 대부분은 부진을 면치 못했으며 적자를 본 책이 많았다. 세계 최대 규모로 손꼽히는 한 출판사 대표는 75년 동안 출판업계에 몸담았지만 지금도 자기 회사에서 출판하는 책 8종 가운데 7종은 손해를 본다고 털어놓았다.

그렇다면 나는 왜 무모하게도 책을 쓰겠다고 나섰을까? 그리고 독자들은 왜 수고스럽게도 내가 쓴 책을 읽어야 할까?

둘 다 궁금증을 품을만한 문제이다. 그래서 이에 대한 답변을 제시해보도록 하겠다.

1912년부터 나는 뉴욕의 사업가와 전문직 종사자를 대상으로 교육 강좌를 실시했다. 초반에는 대중 연설 강좌만 실시했다. 이는 실제 경험을 바탕으로 사업상 면담이나 공적인 자리에서 자신의 의견을 좀 더 침착하고 명확하며 효과적으로 전달하도록 훈련시키는 성인 대상 강좌였다.

하지만 회가 거듭되면서 나는 점차 일상적인 사업상 만남이나 사교적 만남에서 사람들과 좋은 관계를 맺는 기술을 얻기 위한 훈련도 성인이 효과적인 화술을 갖추기 위한 훈련 못지않게 절실히 필요하다는 사실을 깨달았다.

뿐만 아니라 나 역시 예외가 아니라는 사실을 깨달았다. 지난날을 돌이켜보면 이해와 수완이 얼마나 부족했는지 나 자신도 놀라울 따름이다. 20년 전에 내 수중에 이와 같은 책이 있었다면 얼마나 좋았을까? 만일 그랬다면 값을 헤아릴 수 없는 소중한 재산이 되었을 것이다!

여러분이 직면하고 있는 가장 큰 문제는 십중팔구 사람을 다루는 일일 것이다. 사업가라면 더욱 그럴 것이다. 물론 주부, 건축가, 혹은 엔지니어라도 마찬가지일 것이다. 몇 년 전 카네기 교육진흥재단의 후원으로 연구를 실시한 결과 매우 중대하고 의미심장한 한 가지 사실을 발견할 수 있었다. 이 사실은 훗날 카네기 기술연구소에서 실시한 연구에서도 확인되었다.

이 두 조사에서 나타난 결과에 따르면 공학 같은 기술 분야조차도 재정적인 성공에 기술 지식이 미치는 영향은 약 15퍼센트인 반면 인간관계 기술, 다시 말해 성품과 리더십의 영향은 85퍼센트라고 한다.

나는 몇 해 동안 시즌마다 필라델피아 엔지니어 클럽과 미국 전기 기사협회 뉴욕지부에서 강좌를 열었다. 짐작건대 총 1천5백 명이 넘는 엔지니어들이 내 강좌를 수료했을 것이다. 그들이 나를 찾아온 것은 다년간 관찰하고 경험한 결과 마침내 엔지니어링 분야의 고소득자들이 전문 지식이 가장 풍부한 사람이 아니라는 사실을 깨달았기 때문이다.

이를테면 공학, 회계, 건축 등 전문 분야의 기술자는 명목 임금만 주면 고용할 수 있다. 하지만 전문 지식에 덧붙여 자신의 의견을 표현하고 리더십을 발휘하며 사람들의 열정을 불러일으킬 능력을 갖춘 사람이라면 고소득을 올릴 성공가도에 오를 수 있을 것이다.

한창 활발하게 활약하던 시절 존 D. 록펠러는 이렇게 말했다. "사람을 다루는 능력도 설탕이나 커피 같은 일상용품처럼 돈으로 살 수 있다. 그리고 나라면 하늘 아래 존재하는 그 어떤 것보다도 그런 능력을 사기 위해 더 많은 돈을 지불할 것이다."

하늘 아래에서 가장 비싼 능력을 개발할 강좌라면 이 땅의 모든 대학이 기꺼이 실시하지 않겠는가? 그러나 이 글을 쓰고 있는 지금까지 성인을 위해 그런 실용적이고 상식적인 강좌를 개설한 대학은 이 땅에서 단 한 군데도 발견하지 못했다.

시카고 대학교와 YMCA 연합학교는 성인이 무엇을 배우고 싶어 하는지 알아보기 위해 조사를 실시했다.

그들은 이 조사를 위해 2만 5천 달러의 비용과 2년의 시간을 투자했다. 마지막 조사가 실시된 곳은 코네티컷주 메리든이었는데 이곳은 미국의 전형적인 소도시로 선택된 곳이었다. 이 조사는 메리든의 모든 성인과 면담을 나누고 직업, 교육 정도, 여가활동, 수입, 취미, 꿈, 문제점, 가장 배우고 싶은 주제 등에 관한 156개 질문에 답해 달라고 요청했다.

조사 결과 성인의 최대 관심사는 건강이며 두 번째는 사람인 것으로 나타났다. 다시 말해 다른 사람을 이해하고 좋은 관계를 유지하는 방법, 사람들에게 호감을 사는 방법, 사람들을 설득하는 방법 등에 관심이 많았다.

그 결과 이 연구를 실시했던 위원회는 메리든의 성인을 대상으로 그 같은 강좌를 실시하기로 결정했다. 그리고 그 주제에 관한 실용적인 교재를 물색했으나 단 한 권도 찾을 수 없었다. 마침내 그들은 성인교육 분야에서 세계적으로 유명한 한 권위자에게 이 사람들의 욕구를 충족시킬만한 책을 알고 있는지 문의했다.

하지만 그의 대답은 다음과 같았다. "모릅니다. 나는 성인이 무엇을 원하는지 잘 압니다. 하지만 그들에게 필요한 책은 여태껏 아무도 쓰지 않았습니다."

나는 그의 말이 사실임을 경험으로 이미 알고 있었다. 나 역시 몇 년 동안 인간관계에 대한 실용적이고 효과적인 지침서를 찾았기 때문이다.

하지만 그런 책은 존재하지 않았기에 나는 내 강좌에서 쓸 교재를 직접 쓰기로 마음먹었다. 그리고 이 책이 탄생했다. 바라건대 이 책이 여러분 마음에 들었으면 좋겠다.

이 책을 준비하는 과정에 나는 신문 칼럼, 잡지 기사, 가정 법원의 기록, 고대 철학자와 현대 심리학자의 글 등 이 주제에 관한 것이라면 무엇이든 다 읽었다. 전문 조사원을 고용해 여러 도서관을 돌아다니며 내가 빠뜨린 모든 자료를 찾아 읽는 일을 맡기기도 했다.

그들은 심리학 전문 서적을 훑어보고, 수백 편에 이르는 잡지 기사를 탐독하고, 수많은 전기를 뒤져보고, 시대를 막론하고 모든 위대한 지도자들이 어떻게 사람을 다루었는지 확인했다. 우리는 그들의 전기를 읽었다. 율리우스 카이사르부터 토머스 에디슨에 이르기까지 모든 위인들의 인생담을 읽었다. 내가 기억하기에 우리가 읽은 시어도어 루스벨트의 전기만 해도 수백 편에 달한다. 과거 모든 시대 사람들이 친구를 얻고 사람들에게 영향을 미치기 위해 이용했던 유용한 지식을 빠짐없이 발견하기 위해 시간과 비용을 아끼지 않기로 결심했다.

개인적으로 수십 명의 성공한 인물과 면담을 나누었다. 그중에는 마르코니와 에디슨 같은 유명한 발명가, 프랭클린 D. 루스벨트와 제임스 팔리 같은 정치가, 오언 D. 영 같은 사업가, 클라크 게이블과 메리 픽퍼드 같은 영화배우, 그리고 마틴 존슨 같은 탐험가들이 있었다. 나는 이들에게서 그들이 인간관계에서 이용한 테크닉을 알아내기 위해 노력했다.

나는 이 모든 자료를 토대로 짧은 강의를 열고 '친구를 얻고 사람들에게 영향을 미치는 방법'이라는 제목을 붙였다. 나는 '짧은'이라는 표현을 썼다. 하지만 초기에는 짧았던 그 강의는 곧 1시간 반 동안 진행되는 강연으로 발전했다. 몇 해 동안 나는 뉴욕에서 열린 카네기 연구소 강연에 참석한 성인들을 대상으로 시즌마다 이 강연을 실시했다.

강연을 하고 나면 참석자들에게 현장으로 나가 사업상 만남이나 사교적 만남에서 직접 실험하도록 권장했다. 그런 다음 수업 시간에 자신의 경험과 그들이 얻은 결과를 발표하도록 요청했다. 얼마나 흥미진진한 과제인가! 자기계발에 목마른 이 사람들은 새로운 형태의 연구실, 다시 말해 성인의 인간관계를 연구하는 최초의 유일한 연구실에서 실험한다는 생각에 완전히 매료되었다.

이 책은 일반적인 의미로 '쓰였다'고 할 수 없다. 이 책은 아이가 성장하듯이 성장했다. 실험실에서 성인 수천 명의 경험을 바탕으로 성장하고 발전한 이야기이다.

몇 해 전 우리의 첫 강좌는 엽서만한 카드에 인쇄한 일련의 원칙으로 시작했다. 다음 시즌에는 카드가 좀 더 커졌고 다음에는 낱장으로 인쇄했다가 다시 소책자로 바뀌면서 크기와 범위가 계속 커졌다. 그리고 15년 동안 실험과 연구를 계속한 끝에 마침내 이 책이 탄생했다.

이 책에 담긴 원칙은 단순한 이론이나 추측의 산물이 아니다. 이 법칙은 마치 마법과 같은 효과를 거둔다. 믿기 어려운 이야기처럼 들리겠지만 나는 이 원칙을 적용하면서 수많은 사람의 삶에 그야말로 대변혁이 일어나는 것을 목격했다.

한 가지 사례를 살펴보자. 314명의 직원을 거느린 한 사업가가 우리 강좌에 참가했다. 그는 몇 년 동안 일말의 배려도 없이 있는 힘껏 직원들을 몰아붙이고 비난하고 꾸짖었다. 그에게서 친절, 인정과 격려의 말은 전혀 기대할 수 없었다.

이 고용주는 이 책에서 다룬 원칙을 배운 다음 삶의 철학을 완전히 바꾸었다. 그 결과 이제 그의 회사에는 새로운 충성심과 열정, 팀워크 정신이 충만하다. 314명의 원수가 314명의 친구로 바뀌었다. 그는 수업 중에 다음과 같이 자랑스럽게 말했다. "예전에 내가 회사에 들어설 때 내게 인사하는 사람은 아무도 없었습니다. 내 모습이 보이면 직원들은 고개를 돌렸죠. 하지만 이제 직원들은 모두 내 친구가 되었고 심지어 건물 수위도 내 이름을 부른답니다."

이 고용주는 더 많은 수익을 거두고 더 많은 여가 시간을 얻었으며 단연코 무엇보다 중요한 점은 직장과 가정에서 더 많은 행복을 찾았다는 사실이다.

이 원칙을 활용함으로써 판매 실적이 크게 향상된 세일즈맨이 무수히 많다. 수많은 세일즈맨이 새로운 고객을 얻었다. 이전부터 공을 들여왔지만 성공하지 못했던 고객들이었다. 회사 중역들은 더욱 높은 자리에 오르고 더 많은 급료를 받았다. 한 중역은 이 원칙을 적용한 덕분에 급료가 크게 올랐다고 밝혔다.

필라델피아 가스 웍스 컴퍼니의 한 중역은 65세 되던 해 좌천될 상황에 처했다. 호전적인 성격에 직원들을 현명하게 이끌지 못한다는 이유 때문이었다. 그러나 이 훈련 덕분에 그는 좌천당할 위기에서 벗어난 것은 물론 오히려 급료가 더 많은 자리로 승진했다.

강좌를 마치고 열린 축하파티에 참석한 참가자의 배우자들은 내게 남편이나 아내가 이 훈련을 시작한 이후로 가정이 한층 더 행복해졌다는 소식을 전해주었다.

사람들은 흔히 자신이 거둔 새로운 성과에 스스로도 놀라움을 금치 못한다. 그 모든 것이 마치 마법처럼 보인다. 몹시 흥분하여 정규 강좌가 열릴 때까지 이틀 동안 도저히 기다리지 못하고 일요일에 우리집에 전화를 걸어 자신이 거둔 성과를 전하는 사람도 있었다.

한 참가자는 이 원칙에 대한 강연에 무척 깊은 감명을 받고 다른 참가자들과 밤늦도록 이야기를 나누었다. 새벽 3시가 되자 다른 참가자들은 모두 집으로 돌아갔다. 하지만 그는 자신의 실수를 깨닫고 몹시 심란한 한편 그의 앞에 펼쳐진 더욱 풍요롭고 새로운 세계를 떠올리며 너무 흥분한 나머지 잠을 이룰 수가 없었다. 그는 그날 밤은 물론이고 다음날 낮도, 그리고 다음날 밤도 뜬눈으로 보냈다.

그는 과연 누구였을까? 새로운 이론이라면 닥치는 대로 열을 올리는 순진하고 무지한 사람일까? 천만에, 그렇지 않다. 그는 안목이 높고 세상물정에 밝은 미술 거래업자로 매우 이름난 사람이었으며 3개 국어에 능통하고 유럽의 대학교를 두 군데나 졸업했다.

이 책을 쓰고 있을 때 보수적인 한 독일 사람으로부터 편지를 받았다. 그는 대대로 호엔촐레른 왕가를 섬겼던 귀족 가문의 후손이었다. 대서양 건너편에서 보내온 편지에서 그는 이 원칙을 적용한 경험을 전하며 거의 종교적인 열정에 가까운 모습을 보였다.

또 다른 사람은 나이 지긋하고 부유한 뉴요커였다. 하버드 대학교 졸업생으로 대규모 카펫 공장의 소유주였던 그는 이 훈련 강좌에서 14주 동안 사람들에게 영향을 미치는 기술에 대해 배운 것이 대학에서 같은 주제에 대해 4년 동안 배운 내용보다 더 많았다고 단언했다. 터무니없는가? 가소로운가? 허황된가? 물론 이런 이야기를 어떤 식으로 폄하하든 그것은 여러분의 몫이다. 나는 다만 1933년 2월 23일 목요일 저녁 뉴욕의 예일 클럽에 6백여 명의 청중이 모인 자리에서 탁월한 성공을 거둔 한 보수적인 하버드 대학교 졸업생이 발표한 내용을 아무런 의견을 덧붙이지 않고 전했을 뿐이다.

하버드 대학교의 유명한 윌리엄 제임스 교수는 이렇게 말했다.

"우리의 잠재성에 견주어본다면 우리는 잠에서 완전히 깨어나지 못한 상태라 할 것이다. 우리는 자신이 가진 육체적, 정신적 자원의 극히 일부만 사용하고 있다. 따라서 좀 더 포괄적으로 표현하면 개개인의 인간은 자신의 한계에 훨씬 미치지 못하는 삶을 살고 있다. 인간에게는 다양한 종류의 힘이 잠재되어 있지만 타성에 젖어 이를 발휘하지 못한다."

독자 여러분이 '타성에 젖어 발휘하지 못하는' 그 힘! 이 책의 유일한 목적은 그 발휘하지 못하고 잠재되어 있는 자산을 발견하고 개발하며 그로써 이익을 얻을 수 있도록 돕는 일이다.

프린스턴 대학교 총장을 지낸 존 G. 히븐 박사는 '교육이란 삶의 다양한 상황에 대처할 능력'이라고 표현했다.

만일 이 책의 처음 세 장을 다 읽었는데도 삶의 다양한 상황에 대처할 능력이 조금도 나아지지 않았다면 나는 적어도 여러분에게는 이 책이 완전한 실패작이라고 인정할 것이다. 허버트 스펜서가 남긴 말처럼 '교육의 위대한 목적은 지식이 아니라 행동'이기 때문이다.

그리고 이 책은 행동서이다.

차례

4   **서문** 나는 어떻게 이 책을 썼고 왜 썼는가?

1장   사람을 대하는 기본적인 테크닉

19   [1] 꿀을 얻고 싶다면 벌집을 걷어차지 마라
35   [2] 사람을 다루는 중대한 비결
50   [3] 상대방 입장에서 생각하고 행동하라

2장   사람에게 호감을 얻는 방법

75   [1] 어디서나 환영받는 사람이 되는 비결
91   [2] 좋은 인상을 주는 간단한 방법
102   [3] 상대의 이름을 기억하지 못하면 문제가 생긴다
113   [4] 훌륭한 대화 상대가 되는 쉬운 방법
128   [5] 사람의 관심을 끄는 방법
133   [6] 사람을 단숨에 매료시키는 방법

3장 사람을 설득하는 방법

153 [1] 논쟁해서는 이길 수 없다
162 [2] 적을 만드는 확실한 방법과 그런 상황을 피하는 방법
177 [3] 잘못했다면 솔직히 인정하라
186 [4] 꿀 한 방울
201 [5] 소크라테스의 비밀
209 [6] 불만에 대처하는 안전밸브
217 [7] 협력을 얻는 방법
227 [8] 기적을 안겨줄 공식
234 [9] 모든 사람이 원하는 것
243 [10] 모든 사람이 좋아하는 호소 방법
251 [11] 극적으로 표현하라
256 [12] 다른 어떤 방법도 효과가 없다면 이 방법을 시도하라

4장 리더가 사람을 바꾸는 방법

265 [1] 결점을 지적해야 한다면 이렇게 하라
272 [2] 미움을 사지 않고 비판하는 방법
275 [3] 자신의 실수를 먼저 이야기하라
280 [4] 명령받는 것을 좋아하는 사람은 없다
282 [5] 상대방의 체면을 세워주어라
287 [6] 사람을 성공하도록 격려하는 방법

293   [7] 좋은 평판을 해주어라

298   [8] 고치기 쉬운 단점처럼 보이게 만들어라

302   [9] 원하는 일을 흔쾌히 하도록 만들어라

5장   기적을 일으킨 편지들

6장   행복한 가정을 만드는 방법

327   [1] 결혼의 무덤을 파는 가장 빠른 방법

336   [2] 사랑하고 상대방을 배려하라

340   [3] 행복한 가정생활을 이끄는 방법

345   [4] 모든 사람을 행복하게 만드는 방법

350   [5] 사소한 것에 관심을 보여라

354   [6] 행복해지고 싶다면 이것을 명심하라

359   [7] 결혼 문맹자가 되지 마라

1장

사람을 대하는
기본적인 테크닉

인간은 누구나 자신이 원하는 것에만 관심을 기울인다.

그렇다면 이 세상에서 다른 사람에게 영향을 미칠 수 있는 유일한 방법은

그들이 원하는 것을 이야기하고 그것을 얻는 방법을 알려주는 것이다.

1931년 5월 7일 뉴욕 역사상 가장 큰 센세이션을 일으킨 범인 검거 작전이 마침내 절정에 달했다. 경찰은 몇 주 동안 수색을 펼쳤고 담배와 술을 전혀 입에 대지 않는 살인마 '쌍권총 크로울리'는 웨스트 엔드가에 위치한 애인의 아파트에 갇힌 채 궁지에 몰려 있었다.

150명의 경찰관과 형사가 맨 위층에 있는 그의 은신처를 에워싸고 있었다. 그들은 지붕에 구멍을 뚫고 최루가스를 이용해 '경관 살해범'을 끌어내겠다는 계획을 세웠다. 주변 건물에는 기관총을 설치했다. 뉴욕의 고급 주택가에서 한 시간이 넘도록 권총과 기관총 소리가 울려 퍼졌다. 크로울리는 두툼한 안락의자 뒤에 웅크린 채 경찰관을 향해 쉴 새 없이 총을 난사했다. 1만여 명의 사람이 흥분을 감추지 못한 채 총격전을 지켜보았다. 지금까지 뉴욕 거리에서 한 번도 볼 수 없었던 진풍경이었다.

마침내 크로울리가 체포되었을 때 경찰국장 E.P. 멀루니는 그 쌍권총 무법자를 '옷깃만 스쳐도 죽일 사람'이라고 표현하며 뉴욕 역사상 가장 흉악한 범죄자라고 공언했다.

그러나 '쌍권총 크로울리'는 자신을 어떻게 평가할까? 우리는 그 답을 알고 있다. 크로울리가 몸을 숨긴 아파트를 향해 경찰이 총격을 가하는 동안 '관계자 여러분에게' 쓴 그의 편지가 있기 때문이다. 이 편지를 쓰는 동안 그의 상처에서 흘러나온 피는 편지지에 검붉은 핏자국을 남겼다. 크로울리는 편지에 다음과 같이 썼다. "내 안에는 몹시 지쳤지만 다정한 마음이 있다. 아무도 해치고 싶지 않은 다정한 마음 말이다."

이 사건이 일어나기 얼마 전 크로울리는 롱아일랜드 변두리의 한 시골길에서 여자 친구와 애정행각을 벌이고 있었다. 그때 한 경찰관이 자동차로 다가와 이렇게 말했다. "운전면허증을 보여주십시오."

크로울리는 한마디 대꾸도 없이 곧바로 권총을 꺼내들고 경찰관에게 빗발치듯 총을 쏘아댔다. 경찰관이 숨이 끊어질 듯하며 쓰러지자 자동차 밖으로 뛰쳐나온 크로울리는 경찰관의 연발 권총을 빼앗아 엎어진 그를 향해 다시 한 방을 쏘았다. 그런 살인마가 이런 말을 남긴 것이다. "내 안에는 몹시 지쳤지만 다정한 마음이 있다. 아무도 해치고 싶지 않은 다정한 마음 말이다."

크로울리는 사형 선고를 받았다. 싱싱 교도소의 사형수 감방에 도착한 크로울리가 '이것은 사람을 죽인 대가'라고 말했을까? 당치도 않은 말이다. 그는 '나를 방어한 대가'라고 주장했다.

이 이야기의 요점은 바로 이것이다. '쌍권총 크로울리'는 자신의 잘못을 전혀 인정하지 않았다.

이것이 범죄자에게만 나타나는 특이한 태도라고 생각하는가? 그렇다면 다음 이야기를 들어보라.

"나는 사람들이 즐거운 시간을 보내도록 도우면서 기쁨을 주는 일에 인생의 황금기를 바쳤다. 그런데도 내게 남은 것은 부당한 대우와 범죄자라는 낙인뿐이다."

이는 알 카포네가 남긴 말이다. 그렇다. 미국에서 가장 악명 높은 공공의 적, 시카고를 뒤흔든 가장 흉악한 범죄 집단의 두목 말이다. 알 카포네마저도 자신을 비난하지 않았다. 오히려 인정받지 못하고 오해를 받는 독지가라고 자처했다.

뉴어크에서 악한의 총탄에 쓰러진 더치 슐츠도 마찬가지다. 뉴욕에서 가장 악명 높은 파렴치한으로 손꼽히는 더치 슐츠는 한 신문 인터뷰에서 자신을 독지가라고 표현했다. 그리고 자신도 그렇다고 믿고 있었다.

나는 몇 년 동안 뉴욕의 악명 높은 싱싱 교도소의 교도소장을 지냈던 루이스 로스와 편지로 흥미로운 의견을 주고받았다. 그는 이 문제에 관해 이렇게 언급했다.

"싱싱 교도소의 수감자 가운데 스스로 악한이라고 여기는 사람은 찾기 어렵습니다. 그들도 당신이나 나와 다를 바 없는 인간일 뿐입니다. 그들은 그렇게 합리화하고 변명합니다. 자신이 왜 금고를 털었고 왜 방아쇠를 당겨야 했는지 다 그만한 이유가 있다고 말할 겁니다. 그들은 대부분 논리적이든 비논리적이든 간에 일종의 논리적인 근거를 내세워 자신의 반사회적 행동을 합리화하며 자신은 결코 감옥에 갇힐 사람이 아니라고 단호하게 주장한답니다."

만일 알 카포네, '쌍권총 크로울리', 더치 슐츠, 그리고 감옥에서 필사적으로 결백을 주장하는 사람들마저 자신을 결코 비난하지 않는다면 여러분과 내 주변의 사람들은 어떨까?

자신의 이름을 따서 매장을 설립한 존 워너메이커는 이렇게 고백한 적이 있었다.

"나는 남을 탓하는 것은 미련한 짓임을 30년 전에 깨달았다. 하느님이 지성이라는 재능을 공평하게 나누어주지 않았다고 탓하기보다는 내 한계를 극복하려고 부단히 노력한다."

워너메이커는 이 교훈을 일찌감치 깨달았다. 하지만 나는 이 세상에서 30여 년을 실수를 거듭한 후에야 사람들은 아무리 큰 잘못을 저질러도 백에 아흔아홉은 자신을 탓하지 않는다는 사실을 어렴풋이 깨닫기 시작했다.

비난은 쓸데없는 짓이다. 비난을 받은 사람들은 방어 태세를 취하고 대개 자신을 합리화하려고 애쓰기 때문이다. 비난은 위험하다. 사람들의 소중한 자존심에 상처를 입히고 자존감을 해치며 분노를 일으키기 때문이다.

독일군은 어떤 일이 일어나도 곧바로 병사가 불평하고 비판할 수 없다. 병사는 밤새 곰곰이 생각하며 울분을 삭여야 한다. 만일 바로 불만을 토로한다면 처벌을 받는다. 사회생활에서도 응당 그런 법이 존재해야 한다. 남의 흠만 잡아내는 밉살스러운 많은 사람을 제지하기 위한 법 말이다.

역사를 돌아보면 비난이 무익하다는 사실을 보여주는 사례가 무수히 많다. 일례로 시어도어 루스벨트와 태프트 대통령의 유명한 불화를 살펴보자. 두 사람의 불화로 말미암아 공화당이 분열되고, 우드로 윌슨이 백악관에 입성하여 1차 세계대전에 중대한 영향을 미쳤으며 그 결과 역사의 흐름이 바뀌었다.

몇 가지 사실을 간단하게 되짚어보자. 시어도어 루스벨트 대통령은 1908년 대통령 임기를 마쳤을 때 당선자 태프트를 지지했다. 그러고는 사자 사냥을 하러 아프리카로 떠났다.

여행에서 돌아온 루스벨트는 분개하며 태프트의 보수주의를 비난했다. 그리고 세 번째로 대통령 경선에 나서기 위해 불 무스 당을 창당했고 이로써 공화당은 분열하고 말았다. 이후 선거에서 윌리엄 하워드 태프트와 공화당은 버몬트와 유타, 단 2개 주에서만 승리했다. 이는 공화당이 생긴 이래 가장 참담한 패배였다.

시어도어 루스벨트는 태프트를 비난했다. 그러나 태프트 대통령이 자신을 비난했을까? 물론 그렇지 않다. 태프트는 눈물을 글썽이면서 이렇게 말했다. "나로서는 그 밖에 달리 어찌할 도리가 없었다."

누가 비난을 받아야 마땅할까? 루스벨트인가 아니면 태프트인가?

솔직히 말해 나도 모른다. 또 관심도 없다. 내가 말하려는 요점은 시어도어 루스벨트가 아무리 비난해도 태프트는 자신의 잘못을 인정하지 않았다는 사실이다. 비난을 받은 태프트는 자신의 입장을 합리화하고 눈물을 글썽이며 "나로서는 그 밖에 달리 어찌할 도리가 없었다"는 말만 되풀이했을 뿐이다.

아니면 티포트 돔 석유 사건을 예로 들어보자. 1920년대 초반 이 사건이 일어났을 때 미국 언론은 분노로 들끓었다. 전국이 떠들썩했다! 미국 정계에서 전례를 찾기 어려운 사건이었다. 사건의 전모는 다음과 같다.

하딩 행정부의 내무부 장관 앨버트 폴은 엘크 힐과 티포트 돔에 있는 정부의 유전지대를 임대하는 임무를 위임받았다. 이는 장차 해군에서 사용하기 위해 따로 배정된 유전지대였다.

폴 장관은 과연 경쟁 입찰을 허용했을까? 물론 아니다. 그는 자신의 친구인 에드워드 L. 도헤니에게 돈방석에 오를 수 있는 환상적인 계약을 넘겨주었다. 그렇다면 도헤니는 무엇으로 보답했을까? 그는 폴 장관에게 '대부금'이라는 명목으로 십만 달러를 건넸다. 곧이어 폴 장관은 고압적인 태도로 미국 해병대에게 인근 유정에서 엘크 힐 유전지대의 석유를 채굴하던 경쟁업자를 몰아내라고 명령했다. 총칼의 위협을 받고 쫓겨난 경쟁업자들은 법원으로 달려갔고 티포트 돔 사건을 만천하에 폭로했다.

이 극에 달한 부패 사건으로 말미암아 하딩 행정부는 무너졌고 전

국민이 환멸을 느꼈다. 공화당은 붕괴될 위험에 처했고 폴 장관은 투옥되었다.

폴은 맹렬한 비난을 받았다. 공직자로서 그처럼 맹렬한 비난을 받은 사람은 거의 없었다. 그가 참회했을까? 천만의 말이다! 몇 년 후 허버트 후버는 한 공식 연설에서 하딩 대통령이 친구로부터 배신당하고 정신적인 충격과 고통에 시달리다 세상을 떠났다고 시사했다. 이 이야기를 들은 폴 여사는 자리를 박차고 일어나 비통해했다. 운명을 탓하며 울부짖었다.

"뭐라고요? 하딩이 폴에게 배신을 당했다고요? 그렇지 않아요! 내 남편은 아무도 배신하지 않았습니다. 억만금을 준다는 유혹에도 그는 결코 나쁜 짓을 하지 않을 겁니다. 배신당하고 형장으로 끌려가 십자가에 못 박힌 사람은 오히려 내 남편입니다."

그렇다. 이것이 인간의 본성이다. 범죄자는 자신만 제외하고 모든 사람을 탓한다. 우리도 별반 다르지 않다. 그러므로 앞으로 누군가 비난하고 싶은 마음이 든다면 알 카포네, '쌍권총 크로울리'와 앨버트 폴을 기억하자. 비난은 집비둘기 같은 것이다. 그들은 언제나 집으로 돌아온다. 우리가 누군가를 비난하면서 바로잡으려면 그는 십중팔구 자신을 합리화하고 오히려 우리를 비난하거나 혹은 점잖은 태프트처럼 "나로서는 그 밖에 달리 어찌할 도리가 없었다"라고 말할 것이다.

1865년 4월 15일 포드 극장에서 존 윌크스 부스의 총격을 받은 에

이브러햄 링컨 대통령은 극장 맞은편에 있는 한 싸구려 하숙집 문간방에서 죽음을 눈앞에 두고 있었다. 침대는 가운데가 푹 꺼진 낡은 것이었고 키가 큰 링컨이 눕기에 턱없이 짧았기 때문에 그는 대각선으로 누워 있었다. 침대맡에는 로사 보뇌르가 그린 유명한 그림 〈말 시장〉의 싸구려 모조품이 걸려 있었고, 희미한 가스등이 노란 불빛을 깜빡이고 있었다.

죽음을 기다리며 누워 있는 링컨을 보며 국방부 장관 스탠턴은 이렇게 말했다. "인류 역사상 가장 완벽한 통치자가 누워 있구나."

링컨이 사람을 성공적으로 다룰 수 있었던 비결은 무엇인가? 나는 10년 동안 에이브러햄 링컨의 생애를 연구하고 《Lincoln the Unknown》이라는 제목의 책을 쓰는 데 3년을 고스란히 바쳤다.

나는 링컨의 성격과 가정생활을 가장 자세하고 철저하게 연구했다고 자부한다. 특히 사람을 대하는 링컨의 방식에 관심을 기울였다. 링컨은 비난하기를 좋아했을까? 그렇다. 인디애나 피전 크릭 밸리에 살던 젊은 링컨은 사람을 비난하는 것은 물론 그들을 조롱하는 시와 편지를 써서 반드시 그들 눈에 띄도록 시골길에 떨어트려 놓았다. 이 가운데 한 편지는 평생 동안 사그라지지 않을 분노를 불러일으켰다.

링컨은 일리노이주 스프링필드에서 변호사 개업을 한 이후에도 신문에 편지를 실어 그의 적들을 공공연히 공격했다. 그런데 한 번은 도를 넘고 말았다.

1842년 가을 링컨은 제임스 쉴즈라는 허영심이 강하고 호전적인 정치가를 조롱했다. 〈스프링필드 저널〉에 익명으로 투고해 쉴즈를 웃음 거리로 만들었고 그 바람에 도시 전체가 웃음바다가 되었다. 예민하고 자신감이 넘쳤던 쉴즈는 분노로 끓어올랐다. 끝내 편지를 쓴 장본인 이 링컨임을 밝혀낸 그는 말을 타고 그에게 달려와 결투를 신청했다.

링컨은 싸움을 원치 않았다. 그는 결투에 반대 의사를 밝혔으나 명 예를 지키려면 결투를 피할 수 없었다. 무기를 선택할 권리는 링컨에 게 주어졌다. 팔이 길었던 링컨은 기병대 장검을 선택했고 웨스트포인 트 졸업생에게 검투 수업을 받았다.

결전의 날 링컨과 쉴즈는 최후의 순간까지 싸울 태세를 갖추고 미시 시피강의 한 모래톱에서 만났다. 그러나 마지막 순간 양측 입회인들이 결투를 가로막고 중단시켰다.

그것은 링컨의 생애에서 가장 섬뜩한 사건이었다. 이 사건에서 링컨 은 사람을 대하는 기술에 관한 소중한 교훈을 얻었다. 다시는 모욕적 인 글을 쓰지 않았다. 다시는 사람을 비웃지 않았다. 그리고 어떤 일에 대해서든 아무도 비난하지 않았다.

남북 전쟁이 일어나는 동안 그는 포토맥 군대의 새 지휘관을 여러 차 례 임명했다. 모든 지휘관(매클렐런, 포프, 번사이드, 후커, 미드)은 차례대로 대실수를 저질러 링컨을 절망의 나락으로 몰아넣었다.

미국 국민의 태반이 이 무능한 장군들을 맹렬히 비난했으나 링컨은 '누구에게도 악의를 품지 않고 모든 사람에게 자선을 베풀면서' 평온 함을 잃지 않았다. 그가 가장 좋아하는 문구는 '심판하지 마라, 그러면 심판받지 않을 것'이었다.

링컨의 부인을 비롯한 주변 사람들이 남부 사람에 대해 혹평을 하면 링컨은 이렇게 대꾸했다. "그들을 비난하지 마시오. 비슷한 상황에 처하면 우리도 마찬가지일 겁니다."

하지만 누군가에게 비난할 권리가 있다면 그것은 분명 링컨이었을 것이다. 한 사례를 살펴보자.

1863년 7월이 시작되고 사흘 동안 게티스버그 전투를 치렀다. 7월 4일 밤 폭풍 구름이 비를 몰고 와서 홍수를 일으키던 무렵 리 장군은 남쪽으로 후퇴하기 시작했다. 패배한 군대를 이끌고 포토맥에 도착했을 때 그들의 앞에는 물이 불어 건널 수 없는 강이 버티고 있었고 뒤에서는 승리한 북군이 다가오고 있었다. 리는 사면초가에 빠졌다. 도망칠 길이 없었다.

링컨은 상황을 파악했다. 이는 하늘이 내린 절호의 기회, 즉 리의 군대를 사로잡고 즉각 전쟁을 종식시킬 기회였다. 희망에 부푼 링컨은 전쟁 회의를 여는 대신 즉시 리를 공격하도록 명령하기로 마음먹었다. 그는 명령을 타전하고 특별 전령까지 파견해 미드에게 즉각적인 조치를 취하도록 요구했다.

미드 장군은 어떻게 했을까? 그는 명령과는 정반대로 행동했다. 링컨의 명령을 완전히 무시하고 전쟁 회의를 소집했다. 그는 망설였다. 꾸물거렸다. 온갖 변명거리를 타전했다. 리를 정면 공격하지 않았다. 마침내 강물이 줄어들자 리는 군대를 이끌고 포토맥을 건너 도망쳤다.

링컨은 격노했다. "대체 이게 무슨 일이란 말인가?" 링컨은 아들 로버트에게 소리쳤다. "하느님 맙소사! 이게 어찌된 일이야? 적들이 우리 손 안에 있었는데, 손만 뻗치면 잡을 수 있었는데 우리 군대가 전진하도록 손을 쓸 수 없었다니. 그런 상황이라면 어떤 지휘관이라도 리를 패배시킬 수 있었는데. 내가 그곳에 있었다면 직접 채찍질을 해서라도 움직이게 했을 텐데."

몹시 실망한 링컨은 자리에 앉아 미드에게 다음과 같은 편지를 썼다. 이 시기의 링컨은 무척 신중하고 조심스럽게 어휘를 선택했다. 따라서 1863년 링컨이 쓴 이 편지는 가장 신랄한 비난의 표현이나 다름없었다.

친애하는 장군

나는 장군께서 리의 탈출로 발생한 이 불행한 사태의 심각성을 제대로 인식하지 못했다고 생각합니다. 그는 아군의 수중에 들어와 있었고 우리가 최근 거둔 승전을 고려할 때 그를 추격만 했다면 전쟁을 종식시킬 수 있었을 겁니다. 지금으로서는 전쟁은 무기한 계속될 것입니다.

장군이 지난 월요일 리 장군을 안전하게 공격하기 어려웠다면 당시 병력의 3분의 2만 보유한 지금 상황에서 장군이 어떻게 강을 건너 그를 공격할 수 있겠습니까? 이제 장군이 그만한 성공을 거둘 수 있다고 기대하는 것은 터무니없으며 나도 기대하지 않습니다. 장군은 절호의 기회를 놓쳤으며 나는 그로 말미암아 더할 나위 없이 괴롭습니다.

미드가 이 편지를 읽었다면 어떻게 했을까?

하지만 미드는 결코 이 편지를 보지 못했다. 링컨은 편지를 보내지 않았기 때문이다. 링컨이 세상을 떠난 뒤 서류 속에서 이 편지가 발견되었다.

추측건대 이 편지를 쓴 다음 링컨은 창문을 내다보며 이렇게 혼잣말을 했을 것이다.

'그래, 어쩌면 그렇게 서두르지 말아야 했을지도 모른다. 여기 조용한 백악관에 앉아서 미드에게 공격하라고 명령하기는 쉽다. 하지만 내가 게티스버그에 있었다면, 그래서 지난주 미드만큼 많은 유혈 사태를 목격했다면, 부상을 입고 죽어가는 병사들의 비명과 고함소리로 내 귀가 찢어졌다면, 나 역시 불안스러운 마음에 공격하지 못했을 것이다. 만일 내가 미드처럼 소심한 성격의 소유자라면 나도 별반 다르지 않았을 것이다.

어쨌든 이제 물 건너간 일이다. 만일 이 편지를 보낸다면 속은 후련할 것이다. 하지만 미드는 자신을 합리화하기 위해 애쓸 것이다. 그리고 그는 오히려 나를 비난할 것이다. 이 편지는 그에게 반감을 일으키고, 앞으로 사령관으로서 그의 자질에 해로운 영향을 미치고, 결국 그는 아마 어쩔 수 없이 군에서 사임하게 될 것이다.'

그래서 앞서 언급했듯이 링컨은 편지를 치워두었다. 신랄한 비난과 힐책은 언제나 아무 쓸모가 없다는 사실을 쓰라린 경험을 통해 깨달았기 때문이다.

시어도어 루스벨트는 대통령으로 재임하던 당시 난관에 부딪치면 몸을 뒤로 젖히고 백악관의 책상 위에 걸려 있는 링컨의 초상화를 올려보며 이렇게 혼잣말을 했다고 한다.

'내 입장이라면 링컨은 어떻게 했을까? 그는 이 문제를 어떻게 해결했을까?'

앞으로 누군가를 훈계하고 싶은 마음이 든다면 주머니에서 5달러 지폐를 꺼내어 지폐에 담긴 링컨의 모습을 찬찬히 바라보며 이렇게 자문하자.

'링컨이라면 이 문제를 어떻게 처리했을까?'

주변에 변화시키고, 통제하고, 개선하고 싶은 사람이 있는가? 훌륭하고 좋은 일이다. 전적으로 찬성이다. 하지만 자신부터 먼저 개선하는 것은 어떨까? 순전히 이기적인 관점으로 볼 때 이편이 다른 사람을 개선하려고 노력하는 것보다 훨씬 이롭다. 그리고 훨씬 덜 위험한 일이기도 하다.

브라우닝은 말했다. "사람은 자기 자신과의 싸움을 시작할 때 비로소 가치 있는 사람이 된다." 자신을 완성하는 데는 긴 시간이 걸리고, 어쩌면 크리스마스가 되어야 끝날지도 모른다. 만일 그렇다면 당신은 크리스마스 연휴에 푹 쉬고 새해에 다른 사람에게 훈계를 하고 비판할 수 있을지도 모른다. 하지만, "모든 것은 자신을 완성한 다음의 일이다."

공자는 다음과 같은 말을 남겼다.

"네 집 앞이 깨끗하지 않다면 이웃의 지붕에 눈이 쌓였다고 투덜대지 마라."

철이 없던 시절, 나는 다른 사람에게 깊은 인상을 남기고 싶어서 한때 미국 문학계의 거물로 인정받았던 작가 리처드 하딩 데이비스에게 편지를 보냈다. 당시 여러 작가에 관한 잡지 기사를 준비하고 있던 터라 편지에 그의 저술 방법을 알려달라고 부탁했다.

그런데 그보다 몇 주 전에 나는 편지 말미에 다음과 같은 문구가 담긴 누군가의 편지를 받은 적이 있었다. '구술했으나 읽어보지는 못함.' 그 문구는 상당히 인상적이었다. 편지를 쓴 사람이 매우 대단하고 바쁘며 중요한 인물이라는 느낌이 들었다. 실상 당시 나는 조금도 바쁘지 않았으나 리처드 하딩 데이비스에게 깊은 인상을 남기고 싶은 마음이 간절했다. 그래서 내 짧은 편지 말미에 '구술했으나 읽어보지는 못함'이라고 썼다.

그는 번거롭게 답장은 보내지 않았다. 다만 내가 보낸 편지를 반송하면서 편지 밑에 다음과 같은 글을 흘려 써놓았다. "당신의 무례함을 능가할 것은 당신의 무례함밖에 없습니다."

물론 나는 큰 실수를 저질렀고 이런 비난을 받아 마땅하다. 그러나 나도 인간이었기에 몹시 분했다(수치스럽게도 인정할 수밖에 없는 일이나). 얼마나 분했던지 10년 뒤 리처드 하딩 데이비스의 사망 기사를 읽었을 때도 그가 준 상처를 잊지 못했다.

앞으로 수십 년 동안 마음에 사무쳐서 죽을 때까지 못 잊을 원망을 사고 싶다면, 상대방이 어떻게 합리화하고 나설지 눈앞에 선하더라도 신랄한 비난을 일삼아도 된다.

명심하라. 우리가 대하는 사람들은 논리적인 존재가 아니다. 감정의 존재, 즉 편견으로 가득하고 자만심과 허영심에 사로잡힌 존재이다.

영국 문학계를 풍요롭게 만든 훌륭한 소설가 토머스 하디는 예민한 성격 탓에 신랄한 비판을 이기지 못하고 영원히 작가생활을 그만두었다. 영국 시인 토머스 채터턴을 자살로 몰고 간 것도 신랄한 비난이었다.

젊은 시절 사교성이 없기로 유명했던 벤저민 프랭클린은 후에 뛰어난 외교적 기술을 배워 사람들을 매우 능수능란하게 다루었다. 덕분에 프랑스 주재 미국 대사로 임명되었다. 그의 성공 비결은 무엇이었을까? 그는 이렇게 밝혔다.

"나는 사람들의 험담을 하지 않습니다. 그리고 모든 사람에게 내가 알고 있는 좋은 점만 이야기합니다."

아무리 바보라도 비판하고, 비난하고, 불평할 수 있다. 그리고 바보들은 대부분 그렇게 한다. 그러나 이해하고 용서하려면 인격과 자제력이 필요하다.

칼라일은 다음과 같은 말을 남겼다. "위대한 사람은 소인배를 다루는 모습에서 자신의 위대함을 드러낸다."

사람들을 비난하는 대신 이해하려고 노력하자. 그들이 무엇을 왜 하고 싶어 하는지 파악하려고 노력하자. 그편이 비난하는 것보다 훨씬 더 이롭고 흥미로울 것이다. 동정심, 아량, 그리고 친절함이 우러날 것이다. "모든 것을 알면 모든 것을 용서할 수 있다."

영국의 위대한 문호 존슨 박사는 이렇게 말했다.

"하느님도 죽기 전까지는 사람을 심판하시지 않는다."

그러므로 사람을 대할 때는 원칙 1을 명심하라!

원칙 1 ────────────────────────────

비판이나 비난, 불평을 하지 마라.

Don't criticize, condemn and complain.

사람을 다루는 중대한 비결

누군가가 어떤 일을 하도록 만드는 방법은 이 세상에서 한 가지뿐이다. 이 점에 관해 생각해본 적이 있는가? 그렇다. 오로지 한 가지 방법이 존재한다. 그것은 바로 그 일을 하고 싶도록 만드는 것이다.

명심하라. 다른 방법은 존재하지 않는다. 물론 누군가의 가슴에 총부리를 겨누고 시계를 내놓게 만들 수는 있다. 직원들을 해고하겠다고 협박하면 (당신이 등을 돌리기 전까지) 협력하도록 만들 수 있다. 회초리나 위협으로 아이에게 당신이 원하는 일을 시킬 수 있다. 하지만 이런 강제적인 방법은 지극히 바람직하지 못하며 반발만 초래한다.

내가 원하는 일을 여러분에게 시킬 수 있는 유일한 길은 여러분이 원하는 것을 제공하는 것뿐이다.

그렇다면 여러분은 무엇을 원하는가? 지그문트 프로이트는 인간의 모든 행동에는 두 가지 욕구가 있는데 그것은 성적인 욕구와 위대해지려는 욕구라고 주장했다.

미국에서 가장 위대한 철학자로 손꼽히는 존 듀이 박사는 이를 약간 다른 식으로 표현했다. 듀이 박사는 인간 본성에서 가장 심오한 욕구를 '중요한 인물이 되려는 욕구'라고 말했다.

이 문구를 기억하라. '중요한 인물이 되려는 욕구.' 이는 이 책에서 여러 번 언급될 만큼 중대한 문구이다. 무엇을 원하는가? 사실 여러분이 원하는 것은 그리 많지 않을 것이다. 그러나 여러분이 원하는 소수의 것은 결코 포기하지 못할 만큼 간절히 원할 것이다. 대부분의 사람이 원하는 몇 가지는 이것이다.

1. 건강과 장수
2. 음식
3. 수면
4. 돈과 돈으로 살 수 있는 것
5. 내세
6. 성적 만족감
7. 자녀의 행복
8. 중요한 인물이라는 느낌

이 모든 욕구는 한 가지만 제외하고 대개 충족된다. 좀처럼 충족되지 않는 (먹고 자고 싶다는 욕구만큼 심오하고 그에 못지않게 절박한) 한 가지 욕구가 있다. 프로이트의 표현을 빌리자면 그것은 '위대해지려는 욕구'이다. 듀이의 표현을 빌리자면 '중요한 인물이 되려는 욕구'이다.

링컨은 다음과 같은 문구로 편지를 시작한 적이 있다. '사람은 누구나 칭찬을 좋아한다.' 윌리엄 제임스는 '인간 본성의 가장 심오한 원칙은 인정받으려는 갈망'이라고 말했다. 명심하라. 그는 인정받으려는 '희망'이나 '욕구' 혹은 '열망'이라고 표현하지 않았다. 인정받으려는 '갈망'이라고 말했다.

인간에게는 도무지 해소되지 않는 갈증이 있다. 이 마음의 갈증을 정직한 방법으로 충족시킬 사람은 흔치 않다. 그러나 그럴 수만 있다면 그는 사람들을 자기편으로 만들 수 있으며 그런 사람이 세상을 떠나면 장의사조차도 안타까워할 것이다.

중요한 인물이라는 느낌을 향한 욕구는 인간과 동물을 구분하는 중대한 차이이다. 한 가지 사례를 들어보자.

나는 미주리의 한 농가에서 어린 시절을 보냈다. 그 무렵 아버지께서는 두록저지 돼지와 순종 흰머리 소를 길렀다. 우리는 중서부 전역에서 열리는 시골 장과 가축 품평회에서 우리집 돼지와 소를 출품했고 스무 차례가량 우승했다. 아버지는 흰색 모슬린 천에 파란 리본을 꽂아두고 친구나 손님이 집에 올 때면 치렁치렁한 그 천을 꺼내오셨다. 그러고는 내가 한쪽 끝을 잡으면 아버지는 반대편 끝을 잡고 서서 파란 리본을 자랑하셨다.

돼지는 그들이 탄 리본에 전혀 관심이 없었다. 하지만 아버지는 그렇지 않았다. 그 리본이 아버지에게 중요한 인물이라는 느낌을 주었기 때문이다.

배우지도 못하고 가난했던 식료품 상점 점원이 50센트짜리 가재도구함의 밑바닥에서 법률 서적을 발견하고 공부했던 것은 바로 중요한 인물이 되려는 욕구 때문이었다. 십중팔구 이 식료품 상점 점원의 이야기를 들어보았을 것이다. 그는 다름 아닌 링컨이다.

찰스 디킨스에게 불후의 명작을 쓰도록 영감을 불어넣은 것도 중요한 인물이 되려는 욕구였다. 이 욕구가 건축가 크리스토퍼 렌 경이 돌을 재료로 자신만의 건물을 설계하도록 영감을 주었다. 이 욕구가 록펠러로 하여금 결코 쓰지도 못할 만큼 어마어마한 돈을 축적하도록 이끌었다. 여러분 도시에서 가장 부유한 가족이 필요 이상으로 큰 저택을 짓도록 만든 것도 바로 이같은 욕구이다.

이 욕구 때문에 여러분은 최신 유행 스타일의 옷을 입고, 신형 자동차를 몰고, 똑똑한 자식들을 자랑한다.

한편 수많은 청소년이 조직폭력단에 들어가 범죄행위에 가담하는 것도 바로 이 욕구 때문이다. 뉴욕시 경찰청장을 지낸 E.P. 멀루니에 따르면 청소년 범죄자는 대개 자아의식이 강하다. 그들은 체포되면 당장 신문을 달라고 요구한다. 그들을 마치 영웅처럼 표현한 섬뜩한 기사를 보기 위해서이다. 스포츠 선수, 배우, 정치인의 사진과 함께 실린 자신의 얼굴을 흐뭇하게 바라볼 수 있다면 감방생활도 그다지 나쁘지 않다고 여긴다.

어떤 방법으로 중요한 인물이라는 느낌을 얻는지를 안다면 그 사람이 어떤 사람인지 알 수 있다. 그것이 여러분의 성격을 결정한다. 그것이 바로 여러분이 가장 소중하게 여기는 것이다. 이를테면 존 D. 록펠러 2세는 한 번도 만난 적이 없고 앞으로도 만나지도 못할 수백만 명의 가난한 사람들을 위해 중국 베이징에 현대식 병원을 건립할 자금을 제공함으로써 중요한 인물이라는 느낌을 얻는다.

한편 딜린저는 중요한 인물이라는 느낌을 얻기 위해 악당, 은행 강도, 살인자가 되었다. FBI 요원들로부터 추격을 받고 미네소타의 한 농가로 달려 들어갔을 때 "나는 딜린저다"라고 소리쳤다. 그는 자신이 최고 공공의 적이라는 사실을 자랑스러워했다. 그래서 "당신을 해치지는 않겠다. 그러나 나는 딜린저다"라고 말한 것이다.

그렇다. 딜린저와 록펠러의 중대한 한 가지 차이점은 중요한 인물이라는 느낌을 얻는 방식이다.

역사를 돌아보면 중요한 인물이라는 느낌을 얻으려고 부단히 노력했던 유명 인사들의 흥미로운 사례를 무수히 발견할 수 있다.

조지 워싱턴은 '미국 대통령 각하'라고 불리기를 원했다. 콜럼버스는 '바다의 장군이자 인도 총독'이라는 칭호를 간절히 원했다. 예카테리나 여제는 '여제 폐하'라고 쓰지 않은 편지는 열어보지도 않았다. 그리고 링컨 영부인은 백악관을 찾은 그랜트 부인을 마치 암호랑이처럼 노려보며 소리쳤다. "어떻게 감히 내가 초대하지도 않았는데 지금 여기 앉아 있는 겁니까!"

1928년 미국의 백만장자들은 버드 제독의 남극 탐험에 자금을 제공했다. 얼음으로 뒤덮인 남극의 산에 자신들의 이름을 붙여줄 것이라는 약속을 받았기 때문이었다. 빅토르 위고는 파리 시의 명칭을 자기 이름을 따서 바꾸기를 몹시 바랐다. 위인 중의 위인인 셰익스피어마저도 가문의 문장(紋章)을 획득해 자신의 이름을 한층 더 빛내려 했다.

사람들은 가끔 동정심과 관심을 얻고 중요한 인물이라는 느낌을 얻기 위해 환자가 되는 일도 불사한다. 매킨리 영부인을 예로 들어보자.

그녀는 미국 대통령이었던 남편에게 중대한 국사를 제쳐두고 몇 시간이고 자신이 잠들 때까지 옆에 누워 팔베개를 해달라고 떼를 쓰면서 중요한 인물이라고 느꼈다. 뿐만 아니라 치과 치료를 받는 동안 남편이 곁에 있어야 한다고 고집을 피우면서 관심을 받으려는 욕구를 충족시켰다. 그래서 남편이 아내 혼자서 치료를 받도록 남겨두고 국무부 장관 존 헤이와 면담을 하러 떠나자 야단법석을 떨었다.

작가 메리 로버츠 라인하트는 언젠가 똑똑하고 활기찬 젊은 여성이 중요한 인물이라고 느끼기 위해 환자가 되었던 이야기를 전해주었다.

"어느 날 이 여인은 중대한 현실을 직시해야 했습니다. 아마 자신이 점점 늙어간다는 사실이었을 겁니다. 앞으로 홀로 외롭게 지내야 할 세월만 남았고 기댈만한 곳은 없어보였죠.

그녀는 몸져 누워버렸습니다. 그녀의 노모가 10년 동안 3층을 오르내리며 음식을 나르고 그녀를 돌봤죠. 그러던 어느 날 뒷바라지에 몹시 지쳐버린 노모가 쓰러졌고 결국 세상을 떠났습니다. 그 환자는 몇 주 동안 고민했습니다. 그리고 자리를 털고 일어나 옷을 찾아 입고는 새로운 삶을 시작했답니다."

일부 전문가들에 따르면 사람들이 현실이라는 가혹한 세계에서는 불가능했던 중요한 인물이라는 느낌을 정신 착란이라는 꿈나라에서 찾기 위해 실제로 정신 이상을 일으킬 수 있다고 말한다. 미국의 정신 질환자 수는 다른 모든 질병의 환자를 합친 것보다 더 많다.

과연 정신 이상의 원인은 무엇일까?

이런 광범위한 질문에 답할 수 있는 사람은 아무도 없다. 하지만 우리는 매독 같은 특정한 질병이 두뇌 세포를 붕괴시키고 파괴해 정신 이상을 일으키는 것으로 알고 있다. 사실 모든 정신 질환 가운데 절반은 두뇌 손상, 술, 독소, 그리고 부상 같은 신체적 원인 때문에 발생한다. 그러나 나머지 절반(이 부분이 섬뜩한 이야기이다), 정신 이상자 가운데 나머지 절반은 두뇌 세포에 유기적인 결함이 없는 것처럼 보인다. 사후 검사를 실시해 고배율 현미경으로 조사한 결과 이들의 두뇌 조직은 분명 우리와 다름없이 건강한 것으로 나타났다.

그렇다면 왜 이런 사람들이 정신 이상을 일으키는가?

나는 미국의 일류 정신병원을 운영하는 병원장에게 이 질문을 했다. 이 분야에 대한 지식을 인정받아 가장 권위 있는 상을 수상하기도 했던 이 유명한 의사는 정신 이상의 정확한 원인을 모른다고 솔직히 털어놓았다. 아무도 확실히 알지 못한다. 그러나 그는 정신 이상자들이 현실 세계에서 얻을 수 없었던 중요한 인물이라는 느낌을 정신 이상 상태에서 찾는다고 말했다. 그리고 내게 한 사례를 전해주었다.

"결혼 생활이 순탄치 않았던 환자가 있습니다. 그녀는 사랑과 성적 만족감, 아이와 사회적 명성을 원했지만 현실은 이런 그녀의 희망을 모조리 저버렸죠. 남편은 그녀를 사랑하지 않았습니다. 그는 아내와 함께 식사하는 것조차 거부하며 위층에 있는 자기 방으로 식사를 날라 달라고 했습니다. 결국 아내는 상상의 세계에서 남편과 이혼하고 처녀 시절의 성을 쓰기 시작했죠. 그러고는 영국의 귀족 가문으로 시집갔다고 믿으며 자신을 레이디 스미스라고 불러달라고 떼를 썼습니다."

그녀의 꿈의 배는 현실이라는 가혹한 암초에 부딪쳐 난파했지만 정신 이상이라는 양지바른 환상의 섬에서 그녀의 돛배는 돛을 휘날리고 돛대 사이로 바람 소리를 내면서 항구로 향하고 있다.

그녀의 주치의는 계속 말했다.

"비극적인가요? 글쎄요. 난 잘 모르겠습니다. 만일 내가 손을 써서 그녀에게 제정신을 돌려줄 수 있다 해도 난 그렇게 하고 싶지 않습니다. 그녀는 지금 훨씬 더 행복하니까요."

어떤 사람이 중요한 인물이라는 느낌에 목말라 그것을 얻으려고 실제로 정신 이상을 일으킬 때, 우리가 정상인 사람들을 솔직하게 칭찬하면 과연 어떤 기적이 일어날지 상상해보라.

내가 아는 한 역사상 1백만 달러의 연봉을 받은 사람은 단 두 명뿐이다. 월터 크라이슬러와 찰스 슈워브가 그들이다.

앤드류 카네기는 무엇 때문에 찰스 슈워브에게 일 년에 1백만 달러, 일당으로 환산하면 3천 달러가 넘는 보수를 제공했을까? 왜 그랬을까? 슈워브가 천재였기 때문일까? 그렇지 않다. 슈워브가 다른 사람보다 철강 제조에 대한 지식이 풍부했기 때문일까? 당치 않은 말이다. 찰스 슈워브는 부하 직원 중에는 자신보다 철강 제조에 대한 지식이 더 풍부한 사람이 많았다고 내게 직접 털어놓기도 했다.

슈워브는 자신이 그토록 많은 보수를 받은 것은 사람을 다루는 능력 때문이었다고 밝혔다. 나는 그에게 어떻게 사람을 다루는지 물었다. 다음은 그가 직접 밝힌 그의 비결이다. 이는 영원히 변치 않는 청동으로 주조해 이 땅의 모든 집, 학교, 상점, 사무실에 걸어 두어야 할 교훈, 그리고 브라질의 연간 강우량이나 라틴어 동사 활용을 암기하기 위해 시간을 낭비하는 대신 반드시 기억해야 할 교훈, 그리고 그대로 따르기만 하면 우리의 삶을 바꿔놓을 교훈이다.

"나는 부하 직원들의 열정을 불러일으키는 능력이 있습니다. 내가 가진 가장 큰 자산이죠. 그리고 사람들 내면에 존재하는 최고의 모습을 개발하는 방법은 칭찬과 격려입니다.

상사의 비난만큼 사람들의 야망을 파괴하는 것은 없습니다. 나는 결코 어떤 사람도 비난하지 않습니다. 나는 사람들에게 일할 만한 동기를 주어야 한다고 믿습니다. 그래서 칭찬을 많이 하는 반면 흠 잡는 일을 몹시 싫어합니다. 무언가 마음에 드는 일이 있으면 진심으로 인정하고 아낌없이 칭찬하죠."

이것이 슈워브의 비결이다. 하지만 평범한 사람은 어떻게 행동하는가? 이와 매우 반대로 행동한다. 어떤 일이 마음에 들지 않으면 부하직원에게 호통을 친다. 어떤 일이 마음에 들면 아무 말도 하지 않는다. 옛말에도 있듯이 "한 번 잘못하면 항상 꾸중을 듣는다. 하지만 두 번 잘해도 결코 칭찬받는 법이 없다."

슈워브는 다음과 같이 전했다. "나는 폭넓게 인간관계를 맺고 세계 각국의 훌륭한 인재를 많이 만났지만, 칭찬받을 때보다 비난받을 때 더 노력하고 훌륭한 성과를 내는 사람은 보지 못했습니다. 이 점은 아무리 훌륭하고 지위가 높은 사람이라도 마찬가지였습니다."

그의 솔직한 말을 통해서 앤드류 카네기가 경이로운 성공을 거둔 확실한 한 가지 이유를 확인할 수 있다. 카네기는 사적으로는 물론 공개적으로도 직원을 칭찬했다.

카네기는 묘비에서조차 부하 직원을 칭찬하고 싶어했다. 그는 직접 이렇게 비명을 썼다. "여기 자신보다 더 명석한 사람들을 주변에 두는 방법을 터득했던 사나이가 잠들어 있다."

존 D. 록펠러가 최초로 인간관계에서 성공했던 한 가지 비결은 진심 어린 칭찬이었다. 이를테면 그의 동업자였던 에드워드 T. 베드퍼드가 남아메리카에서 구매 결정을 잘못 내리는 바람에 회사가 1백만 달러의 손해를 보았을 때 록펠러는 그를 비난할 수도 있었다.

하지만 베드퍼드가 최선을 다했다는 사실을 알았고 사건은 이미 종

결된 상태였다. 그래서 록펠러는 오히려 칭찬할 거리를 찾았다. 그는 베드퍼드가 투자액의 60퍼센트를 지켰다는 사실에 축하를 보냈다. "훌륭합니다. 우리가 저 위에 계시는 분처럼 항상 좋은 결과만 얻을 수는 없지요."

브로드웨이를 매료시킨 가장 훌륭한 프로듀서 플로렌츠 지그펠트는 '미국 소녀를 찬미하는' 섬세한 능력으로 명성을 얻었다. 그는 항상 다른 사람들이 두 번 다시 쳐다보지 않는 시시하고 하찮은 사람을 발탁해 무대 위에서 신비롭고 매혹적인 아름다운 이미지를 발산하도록 변모시켰다. 칭찬과 자신감의 가치를 알고 있던 지그펠트는 배려와 다정함의 위력을 발휘해 여인들이 스스로 아름답다고 느끼도록 만들었다.

그는 현실적인 방법을 썼다. 여성 합창단원의 보수를 주당 30달러에서 무려 175달러로 인상했다. 그뿐만 아니라 그는 다정다감했다. 개막 공연이 있는 날 밤이면 출연 배우들에게 전보를 보내고 공연에 참가하는 모든 합창단원에게 아메리칸 뷰티 장미를 선물했다.

나는 당시 유행하던 단식을 하겠다고 엿새 동안 밤낮으로 음식을 입에 대지 않은 적이 있었다. 그다지 어렵지 않았다. 엿새째 단식하는 날은 단식 이틀째보다 배가 고프지 않았다.

그러나 익히 알다시피 사람들은 그들의 가족이나 직원이 엿새 동안 굶도록 내버려두면 마치 범죄를 저지르는 것처럼 느낀다. 그럼에도 6일은 물론 6주, 심지어 6년 동안 그들이 음식만큼이나 절실하게 갈구하는 진심 어린 칭찬을 건네지 않는 사람들이 허다하다.

당대 최고의 배우로 손꼽히던 알프레드 런트는 〈비엔나의 재회〉에서 주연을 맡았을 때 이렇게 말했다. "제게 자존감을 키워 줄 칭찬이라는 영양분이 가장 필요합니다."

우리는 자녀와 친구, 그리고 직원의 신체에 영양분을 준다. 하지만 그들의 자존감에 영양분을 주는 데는 얼마나 인색한가? 우리는 에너지를 저장하도록 그들에게 쇠고기 구이와 감자를 건넨다. 하지만 샛별이 들려주는 음악처럼 오래도록 그들의 기억에서 맴돌고 있을 다정한 칭찬의 말을 건네는 일은 소홀히 한다.

이 글을 읽고 일부 독자는 이렇게 말할지 모른다. "치, 입에 발린 말이지! 듣기 좋으라고 하는 말이야! 이런 이야기는 지긋지긋해. 똑똑한 사람들에게는 안 통해."

물론 분별력이 있는 사람이라면 입에 발린 말을 곧이곧대로 믿지 않는다. 이런 말은 얄팍하고 이기적이며 위선적이다. 이런 말을 믿어서는 안 되며 대부분 믿지 않는다. 하지만 칭찬에 굶주리고 목마른 나머지 마치 배고픈 사람이 풀과 지렁이까지 먹어치우듯 얄팍한 수에 넘어가는 사람이 있다.

이를테면 결혼 전력이 화려한 므디바니 형제는 어떻게 결혼 시장에서 그토록 빛나는 성공을 거둘 수 있었을까? 이른바 그 '왕자들'은 어떻게 아름다운 유명 여배우 두 명과 세계적으로 명성을 떨치는 프리마돈나 한 명, 그리고 잡화점 백만장자였던 바바라 허튼과 결혼할 수 있었을까? 왜? 어떻게 그럴 수 있었을까?

아델라 로저스 세인트 존스는 〈리버티〉지의 한 기사에서 말했다.

므디바니 형제들이 여자들에게 인기가 많았던 이유를 시대의 미스터리 가운데 하나라고 생각하는 사람이 많습니다. 세계적으로 유명한 여성이자 남성 전문가, 그리고 위대한 예술가였던 폴라 네그리는 내게 이렇게 설명하더군요.

"나는 므디바니 형제처럼 아부의 기술을 정확히 이해하는 남자는 본 적이 없습니다. 현실적이고 유머러스한 이 시대에 아부의 기술은 찾아보기 힘듭니다. 장담하건대 내가 알기에는 그것이 므디바니 형제가 여자들에게 인기가 많은 비결이에요."

빅토리아 여왕마저도 아부에 약했다. 벤저민 디즈레일리 총리는 여왕을 알현할 때면 아부를 많이 했다고 털어놓았다. 그의 표현을 빌리자면 그는 '흙손으로 아부를 펴 발랐다.' 하지만 디즈레일리 총리는 뒤처진 영국을 지배했던 가장 세련되고, 능숙하고, 빈틈없는 정치가로 손꼽힌다. 그는 정치계의 천재였다.

물론 그에게 효과적이었다고 해서 반드시 우리에게 효과적이지는 않을 것이다. 장기적으로 보면 아부는 득보다는 실이 많다. 아부는 가짜이다. 따라서 위조지폐와 마찬가지로 다른 사람에게 아부를 안긴다면 낭패를 볼 것이다.

그렇다면 칭찬과 아부의 차이는 무엇일까? 간단하다. 전자는 진심이며 후자는 위선이다. 전자는 마음에서 우러난 말이며 후자는 입에 발린 말이다. 전자는 이타적이지만 후자는 이기적이다. 전자는 보편적으로 칭찬받지만 후자는 보편적으로 비난받는다.

나는 최근 멕시코시티의 차풀테펙 궁전에서 멕시코 영웅 알바로 오브레곤 장군의 흉상을 보았다. 흉상 아래에는 오브레곤 장군의 철학을 보여주는 지혜로운 문구가 새겨져 있었다. '당신을 공격하는 적을 두려워하지 마라. 당신에게 아부하는 친구를 두려워하라.'

나는 아부하라고 말하는 것이 아니다. 결코 그렇지 않다. 나는 새로운 삶의 방식을 전하고 있을 뿐이다. 다시 한 번 반복한다. 나는 새로운 삶의 방식을 전하고 있다.

조지 5세 국왕은 버킹엄 궁전에 있는 서재의 벽에 여섯 가지 금언을 걸어두었다. '값싼 칭찬은 건네지도 받지도 않도록 이끌어주십시오.' 그것이 바로 아부의 본질이다. 값싼 칭찬. 나는 예전에 두고두고 기억할만한 아부의 정의를 읽은 적이 있다. '아부란 다른 사람이 스스로 생각하는 자신의 모습을 그대로 전하는 일이다.'

랠프 월도 에머슨은 이런 말을 남겼다. "앞으로 실천할 말만 하라. 본연의 모습이 아니라면 어떤 것도 말하지 마라."

만일 우리가 아부만 한다면 모든 사람이 이를 눈치챌 것이며 그러면 결코 인간관계 전문가가 되지 못할 것이다.

사람은 어떤 특정한 문제를 생각하지 않을 경우 주어진 시간의 95퍼센트를 자신에 대해 생각하며 보낸다. 잠시 자신에 대한 생각을 멈추고 다른 사람의 장점을 생각하라. 그러면 입 밖으로 내자마자 들켜버릴 값싸고 거짓된 아부에 매달리지 않을 수 있다.

에머슨은 "내가 만나는 모든 사람은 어떤 면에서 나보다 훌륭하다. 그렇기 때문에 나는 그들에게서 배운다"는 말을 남겼다.

에머슨이 그랬다면 여러분과 나는 두말할 필요도 없지 않겠는가? 우리의 성과, 욕구에 대한 생각일랑 이제 접어두자. 상대방의 장점을 찾기 위해 노력하자. 아부 따위는 잊어버리고 거짓 없이 진실하게 인정하자. '진심으로 인정하고 아낌없이 칭찬하라.' 그러면 사람들이 여러분의 말을 소중하게 여기고 마음에 간직한 채 평생 동안 되뇌일 것이다. 여러분은 자신이 한 말을 까마득히 잊어버린 후에도 오랫동안 되뇌일 것이다.

그러므로 사람을 대할 때는 원칙 2을 명심하라!

원칙 2 ────────────────────────────────

거짓 없이 진실하게 인정하라.

Give honest, sincere appreciation.

상대방 입장에서
생각하고 행동하라

나는 여름이면 자주 메인주로 낚시를 떠났다. 개인적으로 딸기 크림을 무척 좋아한다. 그런데 어느 날 이상하게도 물고기는 지렁이를 더 좋아한다는 사실을 알았다. 그래서 낚시를 떠날 때면 내가 원하는 것을 생각하지 않았다. 오직 물고기가 원하는 것만 생각했다. 딸기 크림을 미끼로 사용하지 않았다. 물고기 앞에 지렁이나 메뚜기를 들이대며 "이거 먹고 싶지 않니?"라고 말했다.

그런데 왜 우리는 사람을 낚을 때 이와 똑같은 상식을 적용하지 않을까?

1차 세계대전 당시 영국 총리를 지냈던 로이드 조지는 이 상식을 활용했다. 누군가 조지에게 다른 리더들(윌슨, 오를란도, 클레망소)이 사람들의 기억 속에서 사라진 이후에도 여전히 권력의 자리에 머물러 있는 비결이 무엇이냐고 물었다. 그러자 그렇게 생각한다면 그것은 오직 한 가지 이유 때문이며 그 한 가지 이유란 자신은 물고기에 맞는 미끼를 던져야 한다는 사실을 알았기 때문이라고 답했다.

왜 우리는 자신이 원하는 것만 이야기하는가? 참으로 유치하고 터무니없는 노릇이다. 여러분은 자신이 원하는 것에 관심을 기울인다. 이 사실은 영원히 변하지 않을 것이다. 하지만 다른 사람은 아무도 여러분이 원하는 것에는 관심을 기울이지 않는다. 그들은 여러분과 별반 다르지 않다. 인간은 누구나 자신이 원하는 것에만 관심을 기울인다.

그렇다면 이 세상에서 다른 사람에게 영향을 미칠 수 있는 유일한 방법은 그들이 원하는 것을 이야기하고 그것을 얻는 방법을 알려주는 것이다.

앞으로 누군가에게 무언가를 시키고 싶다면 이 사실을 기억하라. 예컨대 아이들이 담배를 피우지 않도록 만들고 싶다면 잔소리를 하거나 여러분이 원하는 것만 이야기해서는 안 된다. 대신 그들에게 담배 때문에 농구단에 들어가지 못하거나 100미터 달리기에서 우승하지 못한다고 짚어주어라.

아이들이나 송아지 혹은 침팬지 등 누구를 대하든 이 사실을 명심해야 한다. 한 사례를 들어보자.

어느 날 랠프 월도 에머슨과 그의 아들이 송아지 한 마리를 우리에 넣으려고 애쓰고 있었다. 그러나 그들은 흔히 볼 수 있는 한 가지 실수를 저지르고 있었다. 자신이 원하는 것만 생각한 것이다. 에머슨은 송아지를 밀고 아들은 잡아당겼다. 하지만 송아지는 그들이 하고 있는 일은 안중에도 없었다. 송아지는 오직 자신이 원하는 것만 생각하고 있었다. 그래서 다리에 힘을 주고 풀밭을 떠나지 않으려고 안간힘을 썼다.

아일랜드 출신의 가정부가 이 안타까운 상황을 목격했다. 그녀는 에머슨처럼 에세이나 책을 쓰는 작가가 아니었다. 그러나 적어도 이 상황에서는 그녀가 에머슨보다 말이나 송아지를 더 잘 알고 있었다. 그녀는 송아지가 원하는 것을 떠올렸다. 그래서 마치 어미 소의 젖꼭지처럼 자신의 손가락을 송아지의 입에 물리고 송아지가 손가락을 빨고 있는 동안 조심스럽게 송아지를 우리로 몰고 갔다.

세상에 태어난 이후 여러분이 어떤 일을 행한 이유는 언제나 여러분이 무언가를 원했기 때문이다. 적십자에 거금을 기부했던 일은 어떨까? 그것도 마찬가지이다. 그 일 역시 법칙의 예외라 할 수 없다. 여러분이 적십자에 기부한 것은 스스로 도움의 손길을 내밀고 싶었기 때문이다. 아름답고 이타적이고 숭고한 행위를 하고 싶었던 것이다. '너희가 여기 내 형제 중에 지극히 작은 자 하나에게 한 것이 곧 내게 한 것이니라.'(성경 마태복음 25장 40절에서 인용한 문구-옮긴이)

만일 그런 느낌을 돈보다 더 간절히 원하지 않았다면 기부하지 않았을 것이다. 물론 거절하기 민망했거나 고객이 부탁하는 바람에 마지못해 기부했을지도 모른다. 하지만 한 가지만은 분명하다. 여러분이 기부를 한 것은 무언가를 원했기 때문이다.

해리 A. 오버스트리트는《인간 행동에 영향을 미치는 법》이라는 계몽적인 책에서 이렇게 말했다.

"인간의 행동은 근본적인 욕구에서 비롯된다. 그리고 기업, 가정, 학교, 정계 등 어느 분야에서든 장차 지도자가 될 사람에게 전할 수 있는 최선의 조언은 바로 이것이다. 다른 사람에게 간절한 욕구를 불러일으켜라. 이 일을 할 수 있는 사람은 온 세계를 얻을 것이다. 그렇지 못한 사람은 외로운 길을 걸을 것이다."

스코틀랜드 출신으로 젊은 시절 가난에 허덕이던 앤드류 카네기는 시간당 2센트를 받는 일부터 시작해 마침내 3억 6천5백만 달러를 기부하는 거부가 되었다. 그는 인생을 살면서 일찌감치 다른 사람에게 영향을 미치려면 상대방이 원하는 것을 이야기해야 한다는 사실을 깨달았다. 그가 학교에 다닌 기간은 고작 4년이었으나 사람을 다루는 방법을 터득했던 것이다.

이와 관련된 또 다른 사례를 들어보자.

카네기의 형수는 두 아들 걱정으로 병이 날 지경이었다. 예일 대학교에 다니던 두 아들은 학교생활로 몹시 바쁜 나머지 집에 편지를 쓸 겨를이 없었고 어머니의 걱정스러운 편지에도 전혀 아랑곳하지 않았다.

그때 카네기가 애걸복걸하지 않아도 즉시 답장을 받을 수 있다며 1백 달러를 내기에 걸었다. 누군가 그의 내기에 응하자 카네기는 잡담조의 편지를 조카들에게 보냈다. 그러고는 추신에 두 사람에게 각각 5달러 지폐를 보냈다고 덧붙였다. 하지만 돈을 동봉하지는 않았다.

곧바로 다정한 편지를 보내준 '앤드류 삼촌에게' 감사하는 답장이 도착했다. 나머지 문장은 굳이 밝힐 필요가 없을 것이다.

앞으로 누군가 어떤 일을 하도록 설득하고 싶다면 말을 시작하기 전에 잠시 멈춰 자문해보라. '어떻게 하면 이 사람이 그 일을 하고 싶도록 만들 수 있을까?'

그러면 경솔하게 상황에 뛰어들어 쓸데없이 우리의 바람을 늘어놓는 일은 없을 것이다.

한 번은 연속해서 강의를 열기 위해 시즌마다 20일 동안 뉴욕의 한 호텔에서 그랜드볼룸을 빌린 적이 있었다. 나는 한 시즌이 시작할 무렵 대여료를 무려 세 배 가까이 인상하겠다는 갑작스러운 통고를 받았다. 이미 티켓을 인쇄하고 배포한 것은 물론 공지까지 모두 마친 상태였다.

나는 인상분을 지불하고 싶지 않았다. 하지만 호텔 측에 내 바람을 전한들 무슨 소용이 있겠는가? 그들의 관심사는 오직 그들의 바람뿐이었다. 이틀 뒤 호텔 지배인을 만나러 갔다. 그리고 이렇게 말했다.

"당신의 통고를 받고 약간 충격을 받았습니다. 하지만 당신을 탓할 생각은 전혀 없습니다. 내가 당신 입장이었다면 십중팔구 나 역시 비슷한 편지를 보냈을 겁니다. 호텔 지배인의 임무는 최대한 수익을 거두는 일이니까요. 그렇지 못하면 당신은 해고될 것이며 또 그래야 마땅하겠죠. 그러니 종이 한 장을 꺼내서 대여료를 인상할 경우 당신이 얻을 이익과 손해를 적어봅시다."

그러고는 종이를 꺼내어 가운데에 줄을 긋고 한쪽에는 '이익', 다른 한쪽에는 '손해'라는 제목을 붙였다. 나는 '이익'이라는 제목 아래에 다음과 같이 썼다. '볼룸 대여 가능.' 그런 다음 이렇게 말했다.

"당신은 댄스파티와 집회를 열 사람들에게 볼룸을 마음껏 대여할 수 있는 이익을 얻을 겁니다. 대단한 이익이죠. 그런 행사라면 연속 강좌보다는 훨씬 더 많은 돈을 지불할 테니까요. 만일 내가 시즌 동안 20일씩 볼룸을 차지하고 있다면 당신은 분명 상당히 수익성이 높은 거래를 잃게 될 겁니다.

이제 손해를 살펴봅시다. 첫째 내게서 얻을 수입이 늘어나는 대신 오히려 줄어듭니다. 나는 당신이 요구하는 대여료를 지불할 수 없으니 사실 수입이 완전히 없어지는 겁니다. 나는 어쩔 수 없이 다른 곳에서 이 강좌를 열어야겠죠.

손해는 이뿐만이 아닙니다. 이 강좌 때문에 수많은 지식인과 교양인이 이 호텔로 몰려듭니다. 훌륭한 광고나 다름없지요. 그렇지 않나요? 사실 신문에 광고를 내기 위해 5천 달러를 투자한다고 해도 내가 이 강좌로 불러들이는 만큼 많은 사람들을 호텔로 불러들일 수는 없을 겁니다. 호텔로서는 대단히 효과적인 광고죠. 그렇지 않습니까?"

나는 이야기를 계속하면서 '손해'라는 제목 아래에 이 두 가지 사항을 적었다. 그리고 지배인에게 종이를 건네며 이렇게 말했다. "앞으로 당신이 얻을 이익과 손해를 신중히 고려한 다음 최종 결정을 전해주시길 바랍니다."

다음날 나는 편지 한 통을 받았다. 그 편지에는 대여료를 300퍼센트가 아니라 50퍼센트만 인상하겠다고 쓰여 있었다.

내가 원하는 것은 한마디도 언급하지 않고 대여료를 줄였다는 사실을 명심하라. 나는 줄곧 상대방이 원하는 것과 그것을 얻는 방법에 관해 이야기했다.

내가 인간이라면 당연히 했을만한 일을 했다고 가정해보자. 다시 말해 지배인의 사무실로 쳐들어가서 이렇게 말했다고 가정해보자. "티켓도 인쇄하고 공지도 마쳤는데 이제 와서 임대료를 300퍼센트 인상하겠다니 무슨 말입니까? 300퍼센트나 말입니다! 어처구니가 없군요! 말도 안 됩니다! 절대 못 냅니다!"

그러면 어떤 일이 벌어졌을까? 대화가 거칠어지고 언성이 높아지며 결국 심한 말이 오갈 것이다. 이런 논쟁이 어떻게 끝날지는 두말할 필요도 없다. 내가 그의 잘못을 증명했더라도 뒤로 물러나 양보하는 일은 그의 자존심이 허락하지 않았을 것이다.

인간관계라는 섬세한 기술에 대한 최선의 조언은 바로 이것이다. 헨리 포드가 남긴 말에 따르면 "만일 성공의 비결이 존재한다면 그것은 상대방의 시각을 이해하고 여러분의 관점은 물론 상대방의 관점으로 상황을 바라보는 능력이다."

아주 훌륭한 조언이므로 다시 한 번 되새기자. "만일 성공의 비결이 존재한다면 그것은 상대방의 시각을 이해하고 여러분의 관점은 물론 상대방의 관점으로 상황을 바라보는 능력이다."

이는 누구든 단번에 핵심을 파악할 수 있는 무척 단순하고 명확한 조언이다. 하지만 이 지구상에 존재하는 사람 가운데 90퍼센트가 주어진 시간의 90퍼센트 동안 이를 잊고 지낸다.

실제 사례를 원하는가? 내일 아침 여러분의 책상에 놓여있을 편지를 떠올려보라. 이들 편지는 대부분 일반상식이나 다름없는 이 중대한 원칙을 위반하고 있을 것이다. 일례로 전국적으로 지사를 두고 있는 광고회사에서 라디오 광고 책임자로 일하는 사람의 편지를 보자. 그는 전국의 지방 라디오 방송국 국장들에게 다음과 같은 편지를 보냈다(각 문단에 대한 내 의견을 괄호에 담았다).

존 블랭크, 인디애나 주 블랭크빌

블랭크 씨께, 우리 회사는 라디오 광고대행사로써 선두자리를 유지하기 위해 노력하고 있습니다.

(당신네 회사의 바람에 누가 관심 있다던가? 나는 내 문제만으로도 골치가 아프다. 은행이 우리집의 융자금을 상환하라고 재촉하고 접시꽂은 벌레들의 등쌀에 죽어가고 있으며 어제는 주식시장이 폭락했다. 오늘 아침 8시 15분 통근차를 놓쳤고 어젯밤 존스의 댄스파티에 초대받지 못했다. 의사는 내게 고혈압, 신경염, 비듬이 있다고 통보했다. 그리고 앞으로 무슨 일이 닥칠지 모른다. 오늘 아침 걱정스러운 마음으로 출근해서 편지를 보았다. 그랬더니 뉴욕의 어떤 하찮은 인간이 자

기 회사가 원하는 것을 지껄이고 있다. 흥! 자기가 쓴 편지가 어떤 인상을 풍기는지 안다면 일찌감치 광고업계를 떠나 세양액(양에 붙은 기생충을 제거하는 데 쓰는 액체)이나 만들고 있을 텐데.)

우리 회사 고객의 전국적인 네트워크는 가히 성채라 할 만큼 탄탄합니다. 이후 우리 회사는 스테이션 타임(라디오나 텔레비전 방송국이 네트워크에 의존하지 않고 자체 프로그램을 방송할 수 있는 시간-옮긴이)을 평정하면서 매년 최정상의 자리를 유지하고 있습니다.

(그러니까 당신네 회사가 크고 부자이며 최고라는 말이잖아, 그렇지? 그래서 어쩌라고? 당신네 회사가 제너럴 모터스, 제너럴 일렉트릭, 미 육군 참모를 모두 합친 것만큼 크다고 해도 난 전혀 관심 없어. 당신이 얼빠진 벌새의 반만큼이라도 분별력이 있다면 내 관심사는 당신이 얼마나 대단한가가 아니라 내가 얼마나 대단한가라는 걸 깨달을 텐데. 당신의 대단한 성공담을 듣고 있으면 내가 한없이 작고 하찮은 인물이라는 느낌이 들거든.)

우리는 고객들에게 라디오 방송국의 최신 정보를 제공할 수 있기를 바랍니다.

(우리는 바랍니다! 바랍니다! 정말 구제불능이군. 나는 당신이나 미국 대통령의 바람 따위는 안중에도 없어. 한 번 더 밝혀두지. 내가 관심 있는 건 내가 바라는 것뿐이라고. 그런데 당신의 이 어처구니없는 편

지에는 거기에 대해서는 한마디도 언급하지 않는군.)

그러니 우리 회사를 귀사의 우선 고객으로 선정하시고 주간 방송 정보를
제공해주시겠습니까? 그러면 우리가 세부적인 모든 정보를 잘 활용해 광고
시간을 적절히 배정할 수 있을 겁니다.

('우선 고객'이라고! 배짱이 좋으시군! 당신네 회사에 대해 자랑하
는 바람에 나는 한없이 하찮은 인물처럼 느끼고 있는데, 당신네 회사
를 '우선' 고객 목록에 올려달라고 요청하면서 '부탁합니다'라는 말조
차 하지 않는군.)

귀사의 최근 '실적'과 함께 신속하게 답변서를 보내주신다면 상호적으로
유익할 겁니다.

(정말 멍청하네! 이 싸구려 인쇄 편지(가을 낙엽처럼 어디에서나 널려 있
는 편지지)를 보내고 융자금과 접시꽃, 혈압 때문에 고민 중인 내게 자
리에 앉아 당신의 편지를 잘 받았다고 답장을 쓰라고? 그것도 '신속하
게' 쓰라고 요청할 정도로 뻔뻔스럽다니. '신속하게'라니 대체 무슨 뜻
이야? 내가 당신 못지않게 바쁜 사람이라는 사실을, 아니면 적어도 그
렇게 생각하고 싶다는 사실을 도통 모른다 말이야? 그리고 누가 당신
에게 내게 이래라저래라 명령할 대단한 권리를 줬단 말이야. '상호적
으로 유익할' 거라고? 인제야 내 입장에 관심을 보이는군. 하지만 어떻
게 내게 유익할지 확실히 밝혀줘야지.)

라디오 국장 존 도 보냄

추신. 혹시 귀사에 도움이 될까하여 〈블랭크빌 저널〉 사본을 동봉합니다. 원하신다면 방송하셔도 좋습니다.

(마침내 추신에 와서야 내 문제를 해결할 만한 정보를 언급하시는 군. 처음부터 그렇게 나오지 그랬어. 하기야 이런다고 해서 무슨 소용이 있겠어. 이런 허튼소리나 지껄이는 광고 담당자라면 제정신이 아닐 거야. 우리의 최근 실적을 보내달라고 편지를 보낼 필요가 없지. 당신의 갑상선에 요오드 1리터만 주입하면 될 것을.)

평생 동안 광고업계에 종사하며 물건을 사라고 설득하는 기술의 전문가라고 자처하는 사람이 이런 편지를 쓴다면 정육점 주인, 빵집 주인, 혹은 자동차 수리공에게는 과연 무엇을 기대할 수 있겠는가?

대규모 화물 터미널 감독이 이 강좌에 참가했던 에드워드 버밀런에게 쓴 편지를 예로 들어보자. 이 편지는 수신인에게 어떤 영향을 미쳤을까?

A. 제리가스 선스 사 브룩클린 프런트 스트리트 28번지, N.Y. 11201
에드워드 버밀런 귀하

귀사의 전체 거래량 가운데 상당부분이 오후 늦게 도착하기 때문에 우리 회사의 시외 배송 접수국의 업무가 원활하게 진행되지 않습니다. 이로 말미암아 체증, 직원들의 연장 근무, 하역 지연, 때로는 배송 지연 사태가 발생하는 실정입니다. 11월 10일 우리는 귀사로부터 510개에 이르는 대량 화물을 인수했는데 화물이 이곳에 도착한 시간은 오후 4시 20분이었습니다.

늦은 시간에 화물을 접수함으로써 발생하는 피해를 막고자 귀사의 협조를 요청합니다. 상기 날짜에 접수했던 정도의 물량을 배송하실 경우 트럭의 도착 시간을 앞당기거나 오전 중에 일부 화물을 보내주시기를 부탁드려도 될까요?

그렇게 조치를 취해주신다면 귀사의 화물을 신속하게 하역하고 접수 당일에 발송할 수 있다는 점에서 귀사에 유익할 것입니다.

J.B. 감독 올림

A. 제리가스 선스 사의 영업부장 버밀런은 이 편지를 읽고 내게 다음과 같은 의견을 보냈다.

이 편지는 원래 의도한 바와는 정반대의 결과를 얻었습니다. 서두부터 우리는 전혀 관심이 없는 터미널의 문제를 설명했습니다. 우리에게 불편을 끼칠지 여부는 전혀 생각지 않고 우리의 협조를 요청한 다음 마지막 문단에서 우리가 협조한다면 우리 화물을 신속하게 처리하겠다는 보장과 함께 접수 당일 발송한다는 점을 언급했습니다.

다시 말해 우리가 가장 관심이 있는 문제는 마지막에 언급했기 때문에 협조하고 싶다는 마음보다는 반감을 불러일으키고 말았습니다.

우리가 이 편지를 고쳐서 개선할 수 있을까? 우리의 문제를 이야기하며 시간 낭비하지 않도록 하자. 헨리 포드가 조언했듯이 상대방의 시각을 이해하고 여러분의 관점은 물론 상대방의 관점으로 상황을 바라보자.

편지를 다음과 같이 고쳐보자. 최선의 방법은 아닐지 모르나 개선되지 않았는가?

A. 제리가스 선스 사 브룩클린 프런트 스트리트 28번지, N.Y. 11201

버밀런 씨께

귀사는 14년 동안 우리 회사의 훌륭한 고객이었습니다. 당연히 우리는 귀사의 후원에 매우 감사하며 귀사가 응당 받아야 할 신속하고 효율적인 서비스를 제공할 수 있기를 진심으로 바랍니다. 그러나 유감스럽게도 11월 10일처럼 대량 화물을 배송하는 트럭이 오후 늦게 도착하면 그런 서비스를 제공하기 어렵습니다. 이유는 귀사 이외에도 오후 늦게 화물을 배송하는 고객이 많기 때문입니다. 따라서 부득이 귀사의 트럭이 부두에서 꼼짝하지 못해서 이따금 화물이 연착됩니다.

안타까운 일입니다. 하지만 이런 사태를 예방할 방법도 있습니다. 만일 화물이 오전에 부두에 도착한다면 신속하게 하역할 수 있습니다. 그러면 귀사의 화물을 즉시 처리하고 자사 직원들도 일찍 퇴근해 귀사가 제조한 맛있는 마카로니와 국수로 차린 저녁 식사를 즐길 수 있을 겁니다.

귀사의 화물이 도착하는 시간과 상관없이 귀사에 언제나 신속하게 서비스를 제공하기 위해 우리가 할 수 있는 모든 일을 기꺼이 할 것입니다. 바쁘신 분이니 이 편지에 답장하지 않으셔도 됩니다.

J.B. 감독 올림

현재 수천 명의 세일즈맨이 피곤에 지치고, 낙담하고, 적절한 보상을 받지 못한 채 거리를 배회하고 있다. 왜 그럴까? 그들은 언제나 자신이 원하는 것만 생각하기 때문이다. 여러분이나 내가 아무것도 사고 싶지 않다는 사실을 깨닫지 못한다. 만일 우리가 무언가 사고 싶다면 자진해서 밖으로 나가서 살 것이다.

우리의 영원한 관심사는 우리의 문제를 해결하는 일이다. 그리고 그들의 서비스나 상품이 우리의 문제를 해결하는 데 도움이 된다는 사실을 입증하기만 한다면 세일즈맨은 굳이 우리에게 판매하려고 애쓸 필요가 없다. 덧붙이자면 고객은 강매를 당하고 있다기보다는 구매하고 있다는 느낌을 원한다.

하지만 고객의 관점으로 상황을 바라보지 못한 채 판매하려고 애를 쓰며 평생을 허비하는 세일즈맨이 많다. 일례를 들어보자.

나는 몇 년 동안 그레이터 뉴욕 중심부에 위치한 소규모 개인 주택 단지인 포레스트 힐스에 살았다. 어느 날 급히 역으로 가는 도중에 우연히 그 지역에서 다년간 활동한 터라 포레스트 힐스를 훤히 알고 있는 부동산 중개업자를 만났다.

그에게 벽토로 만든 우리집의 원료가 메탈라스인지 아니면 속 빈 타일인지 급히 물었다. 중개업자는 자기도 잘 모른다면서 포레스트 힐스 가든 협회에 전화를 걸면 확인할 수 있다고 대답했다. 나도 그쯤은 이미 알고 있었다.

다음날 아침 나는 그의 편지를 받았다. 내가 원하는 정보가 담겨 있었을까? 그는 전화 한 통만 걸면 1분 안에 그 정보를 얻어낼 수 있었다. 하지만 그러지 않았다. 대신 전화를 걸면 정보를 얻을 수 있다고 되풀이하는 한편 내 보험 관리를 자기에게 맡겨달라고 부탁했다.

나를 돕는 일은 안중에도 없었다. 오직 자신을 돕는 일에만 관심이 있었을 뿐이다.

나는 그에게 배시 영의 역작인《나누는 기쁨》과《함께 나누는 행운》을 건넸다. 만일 이 책들을 읽고 거기에 담긴 철학을 실천한다면 그는 내 보험을 관리하는 일보다 수천 배나 많은 돈을 벌 수 있을 터이다.

전문가도 똑같은 실수를 저지른다. 몇 년 전 나는 필라델피아의 한 유명한 이비인후과 전문가를 찾아갔다. 그는 내 편도를 진찰하기도 전에 내 직업이 무엇인지 물었다. 내 금고 크기에 관심이 있었을 뿐 내 편도 크기에는 관심이 없었다. 그의 주된 관심사는 나를 얼마나 도울 수 있는가가 아니라 내게서 얼마나 많이 얻어낼 수 있는가였다. 그 바람에 그는 결국 아무것도 얻지 못했다. 나는 그의 부족한 인격을 경멸하며 그곳을 나섰다.

세상은 탐욕스럽고 이기적인 사람으로 가득하다. 따라서 자신을 돌보지 않고 다른 사람에게 봉사하려고 노력하는 몇 안 되는 사람에게는 엄청난 이익이 따른다. 경쟁자도 거의 없다.

유명 변호사이자 대단한 미국 사업가인 오언 D. 영은 다음과 같은 말을 남겼다. "항상 다른 사람의 입장에서 생각하고 그들의 정신 작용을 이해하는 사람은 그들 앞에 어떤 미래가 펼쳐져 있을지 걱정할 필요가 없다."

만일 여러분이 이 책을 읽고 단 한 가지를 얻는다면(항상 다른 사람의 관점에서 생각하고 그들의 시각으로 상황을 바라보는 경향이 증가한다면), 그것은 여러분의 경력을 발전시킬 수 있는 토대가 될 것이다.

대학생은 대부분 자신의 정신이 작용하는 방식은 전혀 모른 채 버질을 읽고 복잡한 미분학을 배운다.

한 사례를 살펴보자. 예전에 캐리어 코퍼레이션에 입사를 앞두고 있는 젊은 대학 졸업생들을 위해 효과적인 말하기 강좌를 실시한 적이 있었다. 캐리어 코퍼레이션은 뉴저지주의 뉴어크에 위치한 회사로, 대규모 에어컨디셔너 제조업체이다. 한 참가자가 휴식 시간에 농구를 하자고 사람들을 설득하려고 이렇게 말했다.

"여러분이 나와서 농구를 하면 좋겠어요. 저는 농구를 하고 싶습니다. 그런데 최근 몇 번 체육관을 둘러봤지만 농구 경기를 할 만큼 사람이 많지 않더군요. 며칠 전에는 밤에 두세 사람이 공을 던지며 놀다가 눈에 멍이 들었답니다. 내일 밤에는 여러분 모두 참석하면 좋겠어요. 전 농구를 하고 싶어요."

그는 자신이 원하는 것을 말했다. 여러분은 아무도 가지 않는 체육관에는 가고 싶지 않다. 그렇지 않은가? 여러분은 그가 원하는 것에 전혀 관심이 없다. 눈에 멍이 들기를 원치 않는다.

그가 운동을 하면서 여러분이 원하는 것을 얻을 방법을 보여줄 수 있었을까? 물론이다. 더욱 활기찬 모습, 더욱 왕성한 식욕, 더욱 맑은 정신, 재미, 게임, 농구.

오버스트리트 교수의 현명한 조언을 되새기자. 우선 다른 사람에게 간절한 욕구를 불러일으켜라. 이 일을 할 수 있는 사람은 온 세계를 얻을 것이다. 그렇지 못한 사람은 외로운 길을 걸을 것이다.

이 훈련 강좌에 참석한 한 참가자는 어린 아들 때문에 걱정이었다. 아들은 저체중이었고 제대로 먹으려 하지 않았다. 부모는 흔히 볼 수 있는 방법을 택했다. 아들을 꾸짖고 잔소리를 늘어놓았다. "엄마는 네가 이것과 저것을 먹으면 좋겠어", "아버지는 네가 건장한 청년으로 자라길 원해."

아이가 이런 간청에 주의를 기울였을까? 아마 눈곱만큼 그랬을 것이다.

표현 방식에 대한 지식이 조금이라도 있는 사람이라면 세 살짜리 아이에게 서른 살 먹은 아버지의 관점에 반응을 보일 것이라고 기대하지 않을 것이다. 하지만 아버지는 아들이 말을 들을 것이라고 믿었다. 어처구니없는 일이다. 한참이 지난 후에야 아버지는 자신의 실수를 깨닫고 이렇게 생각했다. '아들이 원하는 게 뭐지? 어떻게 하면 내가 원하는 것과 아이가 원하는 것을 연결할 수 있을까?'

아이가 원하는 것을 생각하기 시작하자 문제를 해결하기가 쉬워졌다. 아들은 자기 집에서 세발자전거를 타며 놀기를 좋아했다. 몇 집 건너에 골목대장이 살고 있었는데 아들보다 덩치가 더 컸던 그 아이는 이따금 아들의 세발자전거를 빼앗아 탔다.

어린아이는 당연히 소리를 지르며 엄마에게 달려갔고 그러면 엄마가 나와서 골목대장에게서 세발자전거를 빼앗아 아들을 태웠다. 거의 매일같이 이런 일이 일어났다.

그 어린아이가 무엇을 원할까? 이 질문의 해답을 찾기 위해 셜록 홈 즈까지 동원할 필요는 없을 것이다. 그의 자존심, 그의 분노, 중요한 사람이라는 느낌을 향한 그의 욕구가 복수를 해서 그 골목대장의 코에 한 방 날리라고 아이를 부추겼다. 그리고 아버지는 아들이 엄마가 건네주는 음식을 먹기만 한다면 언젠가 덩치 큰 그 아이를 실컷 때려 눕힐 수 있다고 말했다.

아이는 반드시 그럴 수 있다는 아버지의 약속 덕분에 당뇨병에 걸릴 염려는 사라졌다. 그리고 툭하면 굴욕을 안겨주었던 골목대장에게 덤빌 수 있을 만큼 자라기 위해 시금치, 사워크라우트(양배추를 싱겁게 절여서 발효시킨 독일식 김치-옮긴이), 간고등어 등 무엇이든 마다하지 않고 먹게 되었다.

그 문제를 해결한 다음 부모는 다른 문제에 도전했다. 어린아이에게는 자면서 오줌을 싸는 그리 자랑스럽지 못한 습관이 있었다.

아이는 할머니와 한 침대에서 잠을 잤다. 아침이면 할머니가 일어나서 침대를 만지며 이렇게 말했다. "조니, 지난밤에 네가 무슨 짓을 했는지 좀 봐."

그러면 아이는 "아니에요, 난 안 그랬어요. 할머니가 그랬죠."

꾸중하고, 엉덩이를 때리고, 창피를 주고, 다시 그러지 말라고 누차 얘기했지만 어떤 방법도 통하지 않았다. 그래서 부모는 '어떻게 하면 밤에 오줌을 싸지 않도록 만들 수 있을까?'를 고민했다.

아들의 욕구는 무엇이었을까? 첫째, 아이는 할머니처럼 잠옷이 아니라 아버지처럼 파자마를 입고 싶었다. 손자의 야간 비행(非行)에 신물이 난 할머니는 아이가 습관을 고칠 수 있다면 기꺼이 파자마를 사주겠다고 말했다. 둘째, 아이는 자신의 침대를 원했다. 할머니는 반대하지 않았다.

아이의 어머니는 브룩클린의 한 백화점으로 아들을 데리고 가서 판매 사원에게 눈을 찡긋해 보이며 이렇게 말했다. "여기 이 어린 신사가 쇼핑을 하고 싶으시대요."

판매 사원은 "젊은 신사분, 무엇을 보여드릴까요?"라는 말로 아이가 중요한 사람이라고 느끼도록 만들었다. 아이는 5~6센티미터 정도 뒤꿈치를 들고 서서 "내 침대를 사고 싶어요"라고 대답했다.

아이의 어머니는 판매 사원이 자기 마음에 드는 침대를 아들에게 보여줄 때 눈을 찡긋해 보였고, 판매 사원은 그녀의 뜻을 알아차리고 아이에게 그 침대를 사라고 설득했다.

다음날 침대가 배달되었다. 그리고 그날 저녁 아버지가 퇴근했을 때 아이는 이렇게 소리치며 현관까지 달려나갔다. "아빠! 아빠! 위층으로 올라가서 내가 고른 침대 좀 보세요!"

아버지는 침대를 바라보며 찰스 슈워브의 충고를 따라 진심으로 인정하고 아낌없이 칭찬했다. 아버지는 "이제 잠자면서 오줌 싸지 않을 거야. 그렇지?"라고 말을 건넸다.

아들은 "아, 그럼요! 그럼요! 오줌 싸지 않을 거예요"라며 누차 약속했다. 그의 자존심이 걸린 문제였다. 자신이 직접 고른 자신의 침대였다. 그리고 작은 사나이처럼 파자마를 입고 있었다. 그는 사나이처럼 행동하고 싶었다. 그리고 사나이처럼 행동했다.

이 강좌에 참석한 전화 엔지니어 K.T. 더치만의 세 살 된 딸은 도무지 아침을 먹으려하지 않았다. 부모들이 흔히 그러듯이 꾸중도 하고, 간청도 하고, 달래도 보았지만 아무 소용이 없었다. 그러던 중 절호의 기회가 찾아왔다. 어느 날 아버지가 부엌으로 들어갔더니 딸아이가 시리얼을 저으며 이렇게 말했다. "아빠, 이것 좀 보세요. 오늘 아침 시리얼을 만들고 있어요."

그러고는 아무도 시키지 않았는데 시리얼을 두 그릇이나 먹어치웠다. 시리얼에 관심이 있었기 때문이다. 아이는 중요한 사람이라는 느낌을 얻었다. 시리얼을 만드는 과정에서 자신을 표현할 수단을 발견한 것이다.

윌리엄 윈터는 '자기표현은 인간 본성의 지배적인 필요조건'이라고 말했다. 이 심리 원칙을 사업상 거래에 적용하지 못할 이유가 없지 않겠는가? 기발한 아이디어가 있을 때 다른 사람에게 그것이 우리 아이디어라고 못 박기보다는 그들이 그 아이디어를 요리하고 휘젓도록 기회를 주면 어떨까? 그러면 그들은 자신의 아이디어라고 여기고 좋아할 것이다. 그리고 아마도 한 그릇 뚝딱 먹어치울 것이다.

명심하라, '다른 사람에게 간절한 욕구를 불러일으켜라. 이 일을 할 수 있는 사람은 온 세계를 얻을 것이다. 그렇지 못한 사람은 외로운 길을 걸을 것이다.'

그러므로 사람을 대할 때는 원칙 3을 명심하라!

원칙 3 ————————————————————

상대방에게 간절한 욕구를 불러일으켜라.

Arouse in the other person an eager want.

인간관계의 기본 기술

원칙 1 비판이나 비난, 불평을 하지 마라.

원칙 2 거짓 없이 진실하게 인정하라.

원칙 3 상대방에게 간절한 욕구를 불러일으켜라.

2장

사람에게 호감을
얻는 방법

사람의 마음을 얻는 확실한 방법은

여러분이 그 사람의 작은 세상에서 그 사람이 중요하다는 사실을

진심으로 인정한다고 은근히 일깨워주는 것이다.

[1] ──────── 어디서나 환영받는 사람이 되는 비결

어째서 여러분은 이 책을 읽으며 친구를 얻는 방법을 찾는가? 왜 친구를 얻는 방면에서 세계 최고인 권위자의 테크닉을 연구하지 않는가? 그는 누구일까? 어쩌면 내일 거리를 걷다가 그와 마주칠지 모른다. 그와 3미터 정도 가까워지면 그는 꼬리를 치기 시작할 것이다. 여러분이 발걸음을 멈추고 쓰다듬으면 온갖 수단을 동원해서 여러분에 대한 자신의 애정을 증명하려고 애쓸 것이다. 게다가 그의 애정 표현에는 아무런 속셈이 없다. 그는 부동산을 팔려고 하지 않는다. 여러분과 결혼하려는 것도 아니다.

일하지 않고 생계를 유지하는 유일한 동물이 개라는 생각을 해본 적이 있는가? 암탉은 알을 낳고, 젖소는 우유를 제공하고, 카나리아는 노래를 한다. 그러나 개는 오직 여러분에게 사랑만 주면서 생계를 유지한다.

내가 다섯 살 되던 해 아버지께서 50센트를 주고 강아지를 사주셨다. 그 강아지는 내 어린 시절의 빛이자 기쁨이었다. 매일 오후 4시 30분이 되면 그는 초롱초롱한 눈으로 거리를 뚫어지게 바라보면서 앞뜰에 앉아 있었다. 그러다 내 목소리를 듣거나 도시락을 흔들며 걸어오는 내 모습을 발견하면 쏜살같이 언덕 위로 달려와 기쁨에 차서 뛰어오르고 그야말로 환희에 찬 소리로 짖어대며 나를 반겼다.

강아지 티피는 5년 동안 변함없는 나의 동반자였다. 그러다 어느 비극적인 날 밤 나와 불과 3미터 떨어진 곳에서 번개에 맞아 죽고 말았다. 티피의 죽음은 내 어린 시절의 비극이었다.

넌 심리학 서적은 읽은 적이 없어, 티피. 그럴 필요도 없었지. 다른 사람이 너에게 관심을 가지도록 만들기 위해 2년 동안 노력하기보다는 두 달 동안 그들에게 진심으로 관심을 기울임으로써 더 많은 친구를 얻을 수 있다는 사실을 비범한 본능으로 알고 있었으니 말이야. 반복해보자꾸나. 다른 사람이 너에게 관심을 가지도록 만들기 위해 2년 동안 노력하기보다는 두 달 동안 그들에게 진심으로 관심을 기울임으로써 더 많은 친구를 얻을 수 있지.

하지만 너와 내가 알다시피 사람은 다른 사람의 관심을 끌기 위해 애쓰면서 평생 실수를 저지르지. 물론 그런 방법은 통하지 않아. 사람들은 너에게 관심이 없단다. 그들은 내게 아무 관심이 없어. 그들은 아침, 점심, 그리고 저녁 할 것 없이 온통 자신에게만 관심을 기울인단다.

뉴욕 전화회사는 사람들이 가장 자주 쓰는 단어를 알아내기 위해 전화 대화를 세심하게 연구했다. 여러분이 짐작하듯이 그것은 1인칭 대명사 '나'였다. '나'라는 단어는 5백 건의 통화에서 무려 3천9백 차례 사용되었다.

여러분은 자신이 들어간 단체 사진을 볼 때 가장 먼저 누구의 모습을 찾는가? 만일 다른 사람이 여러분에게 관심 있다고 생각한다면 다음 질문에 답변해보라. 오늘 여러분이 죽는다면 장례식에 몇 명이나 올 것 같은가?

여러분이 먼저 다른 사람에게 관심을 보이지 않는다면 그 사람이 왜 여러분에게 관심을 두겠는가? 이제 연필을 들고 여기에 여러분의 답변을 적어라.

(   )

만일 여러분에게 관심을 갖도록 하기 위해 다른 사람에게 깊은 인상을 남길 궁리만 하고 있다면 여러분은 결코 진정한 친구를 얻지 못한다. 친구, 특히 진정한 친구는 그런 식으로 얻을 수 없다.

조세핀과의 마지막 만남에서 나폴레옹은 이렇게 말했다. "조세핀, 나는 이 지구상의 어느 남자 못지않게 운이 좋았소. 하지만 지금 이 순간 이 세상에서 내가 의지할 수 있는 유일한 사람은 당신이라오." 하지만 역사학자들은 그가 과연 그녀에게 의지할 수 있었을지 의문을 제기한다.

비엔나 출신의 유명 심리학자인 알프레트 아들러는 《삶의 의미》라는 책을 출간했다. 이 책에서 그는 다음과 같이 전했다. "동료에게 전혀 관심을 기울이지 않고 다른 사람에게 매우 큰 상처를 주는 사람은 인생에서 가장 큰 난관에 부딪칠 것이다. 인간의 모든 실패는 그런 사람들에게서 비롯된다."

사람들에게 별다른 의미가 없는 말만 늘어놓은 심리학 서적이 무수히 많다. 하지만 아들러의 문구는 매우 의미심장하므로 한 번 더 새겨보자.

"동료에게 전혀 관심을 기울이지 않고 다른 사람에게 매우 큰 상처를 주는 사람은 인생에서 가장 큰 난관에 부딪칠 것이다. 인간의 모든 실패는 그런 사람들에게서 비롯된다."

나는 뉴욕 대학교에서 열린 단편소설 창작 강좌에 참가한 적이 있다. 그 강좌에서 유명 잡지의 편집자가 강의를 했다. 그는 매일 자신의 책상에 쌓여 있는 수십 편의 소설 가운데 하나를 집어 들어 몇 문단을 읽어보면 작가가 사람을 좋아하는지 여부를 알 수 있다고 밝혔다. "작가가 사람을 좋아하지 않는다면 사람들 역시 그의 작품을 좋아하지 않을 겁니다."

이 냉철한 편집자는 소설 창작에 대한 강의를 두 번이나 중단하고 설교를 늘어놓게 되어 미안하다고 사과의 말을 전했다. "전도사님들도 같은 말을 하겠지만, 소설가로서 성공하고 싶다면 사람에게 관심을 가져야 합니다."

소설 창작에 적용되는 말이라면 직접 사람을 대하는 일에도 반드시 그럴 것이다.

어느 날 저녁 하워드 서스턴이 브로드웨이에서 고별 공연을 할 때 그의 탈의실에 들른 적이 있었다. 서스턴은 누구나 인정하는 마술의 대가였다. 40년 동안 전 세계를 누비며 환상을 창조하고, 관객들을 매료시키고, 사람들로부터 경이로움의 탄성을 자아냈다. 그의 공연을 지켜본 사람이 6천만 명이 넘으며 그는 무려 2백만 달러에 가까운 수익을 거두었다.

나는 서스턴에게 성공의 비결을 말해달라고 부탁했다. 학력은 그의 성공과 전혀 관계가 없었다. 그는 어린 시절 가출해서 부랑자 생활을 하며 화물차를 타고, 건초 더미에서 잠을 자고, 집집마다 돌아다니며 걸식을 하고, 화물차 밖을 내다보며 철길 옆에 있는 표지판으로 읽기를 배웠기 때문이다.

그렇다면 마술에 대한 그의 지식이 탁월했을까? 그렇지 않다. 그는 내게 마술 관련 서적이 수백 권에 이르며 마술에 대해 자기 정도로 아는 사람은 수십 명에 이른다고 말했다. 하지만 다른 사람과는 달리 그에게는 두 가지 장점이 있었다.

첫째, 그에게는 무대에서 자기만의 개성을 보여줄 수 있는 능력이 있었다. 그는 쇼맨십의 대가였으며 인간의 본성을 꿰뚫고 있었다. 그는 모든 행동, 제스처, 목소리의 억양, 눈썹을 치켜올리는 동작을 사전에 세심하게 연습했고 몇 분의 1초까지 계산해서 적시에 동작을 수행했다.

둘째, 그는 사람들에게 진심으로 관심을 기울였다. 그는 관객을 바라보면서 이처럼 생각하는 마술가가 많다고 말했다. '음, 저기 얼뜨기와 어수룩한 사람들이 떼거리로 모여 있군. 제대로 속여 주겠어.' 그러나 서스턴은 완전히 달랐다. 그는 무대에 오를 때마다 이렇게 혼잣말을 한다고 말했다. '이 사람들이 날 보러 오다니 고마운 일이야. 이들 덕분에 내가 매우 유쾌하게 돈을 벌 수 있지. 그들에게 내가 보여줄 수 있는 최고의 모습을 보여줄 거야.'

그는 여러 차례 다음처럼 되뇐 다음에야 비로소 무대에 오른다고 밝혔다. '나는 관객들을 사랑한다. 나는 관객들을 사랑한다.'

우스꽝스러운가? 어처구니가 없는가? 어떻게 생각하든 그것은 여러분 자유이다. 나는 다만 당대에 가장 유명한 마술사가 사용한 방법을 아무런 의견을 덧붙이지 않고 전했을 뿐이다.

슈만 하인크 부인도 내게 같은 이야기를 했다. 그녀는 굶주림과 실연의 고통에 시달렸다. 그래서 비극으로 가득한 삶을 살면서 한때 자살까지 기도했지만, 그녀는 가수로서 정상의 자리에 올라 마침내 관객에게 감동을 주는 가장 유명한 바그너 가수가 되었다. 그리고 그녀 역시 성공을 거둔 한 가지 비결은 다른 사람에게 지대한 관심을 보였기 때문이라고 털어놓았다.

시어도어 루스벨트가 놀라운 인기를 얻은 비결 역시 이것이다. 그의 하인들조차도 루스벨트를 매우 좋아했다. 루스벨트의 시종이었던 제임스 E. 아모스는《시어도어 루스벨트, 시종의 영웅》이라는 제목의 책을 출간했는데 이 책에서 다음과 같은 중대한 일화를 전한다.

한 번은 내 아내가 대통령께 메추라기에 대해 물었다. 대통령은 메추라기를 한 번도 본 적이 없는 아내에게 메추라기를 완벽하게 묘사해주었다. 얼마 후 우리 오두막으로 전화 한 통이 걸려왔다. (아모스와 그의 아내는 오이스터 베이에 위치한 루스벨트의 사유지에서 작은 오두막에 거주하고 있었다.) 아내가 전화를 받았는데 전화를 건 상대방은 다름 아닌 루스벨트 대통령이었다. 전화를 건 대통령은 아내에게 지금 창문 밖에 메추라기 한 마리가 있으니 밖을 내다보면 눈에 띌 것이라고 전해주었다. 그는 언제나 이처럼 사소한 일에도 관심을 기울였다.

그는 우리 오두막 옆을 지나칠 때마다 우리 모습이 눈에 보이지 않아도 "어~이, 애니?", "어~이, 제임스"라며 큰소리로 불렀다. 그렇게 지나치면서도 다정한 인사를 건네는 것이었다.

어떻게 직원들이 이런 사람을 좋아하지 않을 수 있겠는가? 그를 좋아하지 않는 사람이 몇이나 있겠는가?

한 번은 루스벨트가 태프트 대통령 부부가 외출한 사이에 백악관을 방문한 적이 있었다. 그는 심지어 부엌에서 일하는 하녀까지 포함해 백악관에서 일하는 모든 고용인들의 이름을 부르며 인사를 건넸다. 이런 모습에서 아랫사람에 대한 그의 진심 어린 애정을 엿볼 수 있다. 아치 버트는 이때의 일을 글로 남겼다.

부엌 하녀 앨리스를 만났을 때 그는 그녀가 아직도 옥수수빵을 만들고 있는지 물었다고 한다. 앨리스는 이따금 하인들을 위해 옥수수빵을 만들지만 윗사람들은 아무도 먹지 않았다고 대답했다.

루스벨트는 소리 높여 "윗사람들의 입맛이 형편없군. 대통령을 만나면 먹으라고 말하겠네"라고 말했다.

앨리스는 옥수수빵 한 조각을 접시에 담아 그에게 가져갔다. 그러자 그는 가는 길에 마주치는 정원사와 일꾼들에게 일일이 인사를 건네고 빵을 먹으면서 집무실로 향했다.

그는 예전에 그랬듯이 만나는 사람마다 빠짐없이 말을 걸었다. 40년 동안 백악관의 안내 책임자로 일했던 아이크 후버는 눈물을 글썽이며 이렇게 말했다. "그날은 거의 2년 만에 처음 맞이한 행복한 날이었습니다. 누군가 100달러를 준다 해도 그날의 추억과 바꾸지 않을 겁니다."

찰스 W. 엘리엇 박사가 가장 성공적인 대학 총장으로 손꼽히는 것은 다른 사람의 문제에 지대한 관심을 보인 덕분이었다. 여러분도 기억하겠지만, 그는 남북 전쟁이 끝난 지 4년이 지난 후부터 세계대전이 발발하기 5년 전까지 하버드의 운명을 주도했다. 엘리엇의 운영 방식을 보여주는 한 사례를 들어보자.

어느 날 신입생 L.R.G. 크랜든이 학자금 대출 기금에서 50달러를 빌리기 위해 총장실을 찾아갔다. 대출은 승인되었다. 크랜든의 말을 그대로 인용하면 이후 상황은 다음과 같다.

그래서 저는 진심으로 고맙다고 말씀드리고 총장실을 나서려 했습니다. 그때 엘리엇 총장님이 "잠시 앉게"라고 하시더군요. 그러고 나서 놀랍게도 이렇게 말을 이으셨습니다.

"자네가 자취한다고 들었네. 난 자네가 제대로 된 음식을 배불리 먹는다면 그것도 나쁘지 않다고 생각하네. 대학 다닐 때 나도 자취를 했지. 빌 로프 만들어봤나? 충분히 숙성된 송아지고기를 알맞게 익힌다면 자취하는 사람에게는 최고의 요리가 될 걸세. 쓰레기가 남지 않거든. 나는 이런 식으로 빌 로프를 만들었지."

그러고는 송아지 고기를 고르는 법, 수프가 증발해 젤리처럼 변할 때까지 천천히 요리하는 법, 그리고 잘라서 팬으로 누른 다음 식혀서 먹는 법까지 알려주셨답니다.

나는 개인적인 경험을 통해 사람에게 진심으로 관심을 기울이면 아무리 바쁜 사람이라도 그의 관심, 시간, 협조를 얻을 수 있다는 사실을 발견했다. 한 사례를 살펴보자.

몇 년 전 나는 브루클린 예술과학연구소에서 소설 창작 강좌를 실시했다. 우리는 케이틀린 노리스, 패니 허스트, 아이다 타벨, 앨버트 페이슨 터훈, 그리고 루퍼트 휴 같은 매우 바쁜 유명 작가들을 초대해 그들의 경험을 듣고 싶었다. 그래서 우리는 그들의 작품을 높이 평가하며 그들로부터 조언을 얻고 성공 비결을 배울 수 있기를 간절히 바란다는 내용의 편지를 보냈다.

그리고 약 150명에 이르는 수강생들이 모든 편지에 서명을 했다. 우리는 그들이 매우 바쁘다는 사실을 익히 알고 있다고 덧붙였다. 강의를 준비할 시간도 없을 정도로 바쁠 터였다. 그래서 우리는 그들과 그들의 작업 방식에 관해 그들이 답해야 할 질문의 목록을 동봉했다. 그들은 몹시 흡족해했다. 누군들 그렇지 않겠는가? 결국 작가들은 우리를 도우려고 브루클린까지 행차했다.

시어도어 루스벨트 내각의 재무장관 레슬리 M. 쇼, 태프트 내각의 법무장관 조지 W. 위커셤, 윌리엄 제닝스 브라이언, 프랭클린 D. 루스벨트, 그리고 수많은 저명인사들을 설득해 우리 강좌 학생들에게 연설을 부탁할 때도 같은 방법을 썼다.

공장 근로자, 사무직원, 한 나라의 국왕 등 지위고하를 막론하고 인간은 누구나 자신을 존경하는 사람을 좋아한다. 한 사례를 살펴보자.

1차 세계대전이 끝날 무렵 이 지구상에서 가장 많은 사람에게 잔혹할 정도로 멸시당한 사람은 아마 독일 황제였을 것이다. 황제가 목숨을 부지하기 위해 네덜란드로 도망쳤을 때 그의 조국마저도 등을 돌렸다. 사지를 찢거나 화형에 처해야 한다고 주장하는 사람이 수백만 명에 이를 정도로 그를 향한 증오심은 강렬했다.

　이처럼 분노의 불길이 한창 타오를 때 한 소년이 황제에게 온정과 존경의 마음을 담아 꾸밈없고 진실된 편지를 보냈다. 소년은 다른 사람이 어떻게 생각하든 간에 자신은 언제나 빌헬름을 황제로서 사랑할 것이라고 전했다. 황제는 소년의 편지에 몹시 감동한 나머지 소년을 초대했고 소년은 어머니와 함께 황제를 알현했다. 그리고 황제는 소년의 어머니와 결혼했다. 그 어린 소년은 책을 읽을 필요도 없이 본능적으로 친구를 얻고 사람들에게 영향을 미치는 방법을 터득했던 것이다.

　친구를 얻고 싶다면 다른 사람을 위해서 최선을 다해야 한다. 그러려면 시간과 에너지, 이타심과 배려심이 필요하다.

　황태자 시절 윈저 공이 남아메리카 순방을 앞두고 있었다. 그는 남아메리카 주민이 쓰는 언어로 공식적인 대화를 나누기 위해서 순방을 떠나기 몇 달 전부터 스페인어를 공부했다. 덕분에 황태자는 남아메리카 주민의 사랑을 듬뿍 받았다.

　나는 몇 년 동안 친구들의 생일을 알아내려고 애를 썼다. 어떤 방법을 썼을까? 물론 나는 점성술을 전혀 믿지 않는다. 하지만 우선 상대방에게 생일이 성격이나 성향과 관계가 있다고 생각하느냐고 물었다. 그런 다음 생일을 물었다. 예컨대 상대방이 11월 24일이라고 대답하면 나는 속으로 '11월 24일, 11월 24일'이라고 되뇌었다. 그리고 그가 보지 않는 사이에 재빨리 이름과 생일을 적어놓았다가 나중에 생일 기록장으로 옮겼다.

한 해가 시작할 때면 자동적으로 눈에 들어오도록 탁상 달력에 친구들의 생일을 표시해 두었다. 그리고 생일이 되면 편지나 전보를 보냈다. 효과가 대단했다! 이따금 생일을 기억하는 사람이 나밖에 없었던 친구도 있었다.

친구를 얻고 싶다면 활기차고 열정적으로 사람들에게 인사를 건네자. 누군가의 전화를 받을 때에도 똑같은 원칙을 이용하자. 상대방의 전화를 받아서 무척 기쁘다는 목소리로 "안녕하세요"라고 말하자. 많은 회사에서 전화를 받을 때마다 관심과 열의를 전달할 수 있도록 전화교환원을 훈련시킨다. 그러면 전화를 건 사람이 그 회사로부터 관심을 받는다고 느낀다. 앞으로 전화를 받을 때 이 점을 기억하자.

뉴욕의 한 대규모 은행에 근무하는 찰스 R. 월터스는 어느 날 특정한 기업에 관한 기밀 서류를 작성하라는 지시를 받았다. 월터스에게 그 기업의 정보를 알려 줄만한 사람은 단 한 명뿐이었다. 월터스는 그 사람의 회사를 찾아가 사장실로 안내를 받았다. 그때 젊은 여비서가 문밖에서 머리만 들이민 채 그날은 드릴 우표가 없다고 말했다.

사장은 월터스에게 "열두 살 난 우리 아들을 위해 내가 우표를 수집하고 있죠"라고 설명했다. 월터스는 자신이 찾아온 이유를 밝히고 질문하기 시작했다. 사장은 애매모호하고 일반적이며 불투명한 대답만 했다. 그는 말하고 싶지 않은 눈치였고, 말을 시키려고 애써봐야 소용이 없을 것 같았다. 면담은 아무런 소득도 없이 금세 끝났다.

월터스는 수업 중에 이야기를 전하면서 이렇게 말했다.

"그 순간 그의 비서가 했던 말이 떠올랐습니다. 우표, 열두 살 난 아들, 그리고 제가 일하는 은행의 해외 부서에서 우표를 모아둔다는 사실도 떠올랐죠. 세계 각 대륙에서 오대양을 거쳐 쏟아져 들어오는 해외 우편에 붙어있던 우표였습니다.

다음날 오후 그 사장을 다시 찾아가 아들에게 건네줄 우표 몇 장이 있다고 전했죠. 열렬한 환영을 받았을까요? 물론입니다. 그는 국회의원 후보자보다도 더 열렬하게 악수를 하더군요. 미소와 선의가 가득한 얼굴로 말입니다. 그는 우표를 어루만지면서 '우리 조지가 이걸 좋아할 것 같군요', '이거 보세요. 이건 정말 보물입니다'라며 도무지 입을 다물지 못했답니다.

우리는 30분 정도 아들 사진도 보고 우표 이야기도 했습니다. 그런 다음 사장은 한 시간이 넘도록 제가 원하는 정보를 모두 알려주었습니다. 부탁도 하지 않았는데 말입니다. 게다가 부하 직원들을 부르고 몇몇 동료에게 전화도 걸어서 필요한 정보를 물어보더군요. 그리고 여러 가지 사실, 수치, 보고서, 서신을 건네주었습니다. 기자들의 전문 용어를 빌리자면 특종을 건진 겁니다."

또 다른 사례를 살펴보자.

필라델피아의 C.M. 네이플 2세는 몇 해 동안 대형 체인점에 연료를 판매하려고 무척 애를 썼다. 하지만 체인점 본사는 시외 거래업체에서 연료를 구매했고 배송 차량은 언제나 네이플의 회사 앞을 지나다녔다.

어느 날 밤 수업 중에 네이플은 그 체인점에 분개하면서 미국의 수치라고 폭언을 해댔다. 그렇지만 왜 그 체인점이 자기 회사의 연료를 사지 않는지 도무지 알 수 없었다.

나는 그에게 전략을 바꿔보자고 제안했다. 이후 진행 상황을 간단히 표현하면 다음과 같다. 우리는 강좌 참가자들을 둘로 나누어 체인점의 확산이 국가에 이익보다는 손해를 미친다는 주제로 토론회를 열기로 결정했다.

네이플은 내 제안에 따라 반대 입장을 선택해 체인점을 변호하기로 했다. 그는 곧장 그토록 경멸했던 체인점의 중역을 찾아가 이렇게 말했다. "오늘은 연료를 팔려고 온 게 아닙니다. 사실 부탁을 드리러 왔습니다." 그러고는 토론회 이야기를 꺼내고 이렇게 덧붙였다. "필요한 정보를 알려줄 사람이 딱히 떠오르지 않아서 이사님께 도움을 청하러 왔습니다. 토론회에서 꼭 이기고 싶습니다. 그러니 어떤 도움이든 감사히 받겠습니다."

네이플은 전개 상황을 다음과 같이 설명했다.

"저는 그 이사에게 딱 1분만 시간을 내달라고 부탁했습니다. 그래야 만나줄 것 같았으니까요. 제가 찾아온 이유를 설명하자 그는 의자에 앉으라는 몸짓을 하더니 정확히 1시간 45분 동안 설명하더군요. 체인점에 관한 책을 출판한 경험이 있는 다른 중역을 불러 도움을 청하기도 했습니다. 전국 체인점 연합에서 그 주제에 관한 토론 보고서 사본도 구해주었죠.

그는 체인점이 온 국민에게 진정한 봉사를 하고 있다고 생각하더군요. 그리고 수백 개 지역에서 자신이 하고 있는 일에 자부심을 느꼈습니다.

이야기를 나누는 동안 그의 두 눈에서 빛이 나더군요. 솔직히 털어놓자면 그 덕분에 저는 지금껏 상상도 하지 못했던 사실에 대해 눈을 뜨게 되었습니다. 그는 제 사고방식을 완전히 바꿔놓았죠. 자리를 나서는 저를 문 앞까지 배웅하더니 제 어깨를 감싸며 토론에서 좋은 성과를 거두기 바란다고 말했습니다. 그러고는 다시 들러서 결과를 알려달라는 말까지 덧붙였습니다. 그의 마지막 인사말은 이렇습니다.

'봄이 가기 전에 다시 만납시다. 당신에게 연료를 주문하고 싶군요.'

제게는 정말 기적이나 다름없는 일이었습니다. 부탁도 하지 않았는데 그가 먼저 연료를 구매하겠다고 제안하다니 말입니다. 그가 우리 회사 제품에 관심을 가지게 하려고 애썼던 지난 10년보다 그와 그의 문제에 진심으로 관심을 기울인 2시간이 더 큰 성과를 거둔 겁니다."

네이플, 당신은 새로운 진리를 발견한 것이 아니다. 아주 오래 전, 기원전 1세기에 로마의 유명 시인 푸블릴리우스 시루스는 다음과 같은 말을 남겼다. "우리는 다른 사람들이 우리에게 관심을 기울일 때야 비로소 그들에게 관심을 기울인다."

좀 더 유쾌한 성격과 좀 더 효과적인 인간관계 기술을 기르고 싶다면 헨리 링크 박사의 《종교로의 회귀》를 읽기를 권한다. 책 제목을 보고 기겁하지 마라. 이는 착한 사람이 되기 위한 책이 아니다. 성격 문제로 자신을 찾아온 3천 명이 넘는 사람들과 직접 면담하고 성격 문제에 조언했던 한 유명한 심리학자의 작품이다. 링크 박사가 내게 말했듯이 이 책을 간단히 '성격 개발하기'라고 표현할 수 있을 것이다.

이것이 바로 그 책의 주제이다. 흥미롭고 교훈적인 책이다. 이 책을 읽고 책에 실린 조언을 실천한다면 십중팔구 인간관계 기술이 크게 향상될 것이다.

그러므로 사람들의 호감을 사고 싶다면 원칙 1처럼 해보라!

원칙 1 ──────────────────────────

다른 사람에게 진심으로 관심을 기울여라.

Become genuinely interested in other people.

어느 날 뉴욕에서 만찬 파티가 열렸다. 파티에 참석한 한 상속녀는
모든 사람에게 좋은 인상을 남기고 싶었다. 그녀는 얼마 되지 않는 유
산을 검은 모피 코트, 다이아몬드, 진주로 치장하느라 탕진했다.

하지만 안타깝게도 얼굴에는 아무런 투자도 하지 않은 것 같았다. 그
녀의 얼굴은 불만과 이기심으로 가득했다. 모든 사람이 알고 있는 사
실을 그녀만 깨닫지 못했다. 걸치고 있는 옷보다 표정이 훨씬 더 중요
하다는 진리를 전혀 몰랐던 것이다.

찰스 슈워브는 내게 자신의 미소가 백만 불짜리라고 말했다. 십중팔
구 그는 이 진리를 알았을 것이다. 슈워브가 남다른 성공을 거두었던
것은 오로지 사람들에게 호감을 주는 능력과 특성, 매력 덕분이었다.
그중에서도 가장 기분 좋은 특성은 그의 매혹적인 미소였다.

인기 가수이자 배우인 모리스 슈발리에와 오후를 함께 보낸 적이 있

었다. 그런데 솔직히 말하면 나는 적잖이 실망했다. 내 예상과는 달리 그는 침울하고 뚱했다. 그가 미소를 짓기 전까지는 말이다.

그런데 그가 미소를 짓는 순간 마치 태양이 구름을 뚫고 나오는 것 같은 느낌이었다. 그의 미소가 없었다면 모리스 슈발리에는 십중팔구 아버지와 형제들의 가업을 물려받아 파리에서 가구 기술자로 일하고 있었을 것이다.

말보다 행동이 중요하다. 미소를 지으면 "나는 당신이 좋습니다. 당신은 나를 행복하게 만듭니다. 당신을 만나서 즐겁습니다"라는 뜻을 전할 수 있다.

개가 그토록 큰 사랑을 받는 것은 바로 이 때문이다. 개는 우리만 보면 경중경중 뛰어오르며 즐거워한다. 당연히 우리도 개를 보면 즐겁다. 개들이 사랑받는 이유도 그것이다. 그들은 나만 보면 무척 반가워하며 펄쩍펄쩍 뛴다. 우리는 개들을 보면 자연스럽게 반가운 마음이 생긴다.

꾸며낸 미소를 지으면 어떨까? 어림없다. 꾸며낸 미소로는 아무도 속일 수 없다. 사람들은 그런 미소를 기계적이라고 여기고 못마땅해한다. 진실한 미소, 마음이 따뜻해지는 미소, 마음에서 우러나는 미소, 시장에 내놓는다면 비싼 가격에 팔릴 그런 미소를 지어라.

뉴욕의 한 대형 백화점의 고용 관리자는 우울한 표정의 심리학 박사보다는 초등학교도 마치지 못했지만 유쾌한 미소를 띠는 판매 사원을 고용하겠다고 밝혔다.

미소는 실로 위력적이다. 눈에 보이지 않아도 그렇다. 미국 전역의 전화회사에서는 전화 판매원을 대상으로 '전화의 위력'이라는 프로그램을 실시한다. 이 프로그램에서는 참가자들에게 전화로 통화할 때 미소를 지으라고 권한다. 여러분의 '미소'가 목소리를 통해 전달되기 때문이다.

미국 최대 고무회사로 손꼽히는 한 기업의 이사회 회장은 자신이 직접 지켜본 결과, 일을 즐기지 못하는 사람이라면 어떤 분야에서도 성공하지 못한다고 전했다. 이 기업의 리더는 노력만이 소망의 문을 열어줄 마법의 열쇠라는 옛 속담에 그리 공감하지 않았다.

"마음껏 즐기며 업무를 처리한 덕분에 성공한 사람을 많이 보았습니다. 그런데 훗날 재미가 일로 변해버리면 그 사람들도 변하더군요. 일을 점점 지루해했고 일하는 즐거움을 모두 잃어버리더니 결국 실패하고 말았습니다."

사람들이 여러분을 만나며 즐거워하기를 바란다면 여러분이 먼저 사람들을 만나며 즐거워해야 한다.

나는 수천 명의 사업가에게 일주일 동안 1시간마다 누구에게든 미소를 지은 다음 그 결과를 알려달라고 요청했다. 과연 어떤 결과가 나타났을까?

뉴욕에서 주식 중개인으로 일하는 윌리엄 B. 스타인하트의 편지를 살펴보자. 그의 경험담은 특이한 사례가 아니라 수백 건씩 볼 수 있는 전형적인 사례이다. 스타인하트는 다음과 같은 편지를 보내왔다.

저는 결혼한 지 18년이 넘었습니다. 그런데 이 오랜 세월 동안 아침에 일어나서 출근하기까지 아내를 보고 웃거나 스무 마디 이상 말해본 적이 거의 없었습니다. 말하자면 브로드웨이에서 가장 무뚝뚝한 사람이었죠.

미소를 짓고 그 결과를 발표하라기에 일주일 동안 그래보자고 생각했죠. 그래서 다음날 아침 머리를 빗을 때 거울 속에 비친 뚱한 내 얼굴을 보며 이렇게 혼잣말을 했죠. '빌, 오늘 자네의 시큰둥한 얼굴에서 오만상 찌푸린 표정을 지워버릴 걸세.' 그리고 아침 식탁에 앉으며 아내에게 "안녕, 여보"라고 인사하면서 씽긋 웃었습니다.

당신은 상대방이 깜짝 놀랄 거라고 경고하셨죠. 글쎄요, 놀란다는 말로는 아내의 반응을 적절히 표현할 수 없겠네요. 아내는 상당히 당황스러워하더군요. 몹시 충격을 받은 모양이었습니다. 저는 아내에게 앞으로는 항상 그럴 거라고 말하고 매일 아침 그 일을 반복했습니다.

이렇게 제 태도가 변하고 두 달 동안 우리집은 그 어느 때보다 더 행복해졌죠.

출근하러 집을 나설 때면 아파트 엘리베이터 운전원에게 "안녕하세요"라고 인사하며 웃음 짓습니다. 그리고 아파트 경비원에게도 미소 띤 얼굴로 인사합니다. 지하철 창구 직원에게 거스름돈을 받을 때도 미소 짓습니다. 증권거래소에서도 지금껏 내 웃는 얼굴을 본 적이 없던 사람들에게 웃어 보입니다.

모두들 하나같이 미소로 답하더군요. 불만이나 불평거리가 있어서 제게 오는 사람들도 유쾌하게 대합니다. 웃는 얼굴로 그 사람들 이야기를 귀 기울여 들어주죠. 그러면 훨씬 손쉽게 문제가 해결된답니다. 미소 덕분에 매일 더 많은 돈을 벌고 있다는 사실도 깨달았죠.

저는 다른 중개인과 사무실을 같이 쓰고 있습니다. 그 중개인의 부하 직원 가운데 상당히 호감이 가는 젊은 친구가 있죠. 웃음 때문에 얻은 성과에 우쭐해진 저는 얼마 전 새로 터득한 인간관계 철학을 말해주었습니다. 그랬더니 그는 처음에 사무실을 같이 쓰게 되었을 때 저를 불평꾼이라고 생각했는데 요즘 들어 생각이 바뀌었다고 고백하더군요. 제가 웃었을 때 정말 인간적인 모습이었다고 말했습니다.

제 인생에서 비판이란 건 싹 지워버렸습니다. 비판하기보다는 인정하고 칭찬하죠. 제가 원하는 것에 대해 말하지 않습니다. 다른 사람의 관점에서 바라보려고 노력합니다. 이 모든 것이 제 인생을 그야말로 혁명적으로 바꿔놓았죠. 저는 완전히 다른 사람이 되었습니다. 더 행복하고 더 부유한 사람이 되었고 우정과 행복도 더욱 풍부해졌습니다. 그 어떤 것보다 중요한 것들이죠.

이 편지를 쓴 사람은 뉴욕 증권거래소에서 자신의 계정으로 주식을 거래하며 생계를 유지하는 세상물정에 밝고, 닳디 닳은 주식 중개인임을 명심하라. 주식 중개는 100번이면 99번은 실패하는 상당히 어려운 분야이다.

미소 짓고 싶은가? 그렇다면 어떻게 해야 할까? 두 가지 방법이 있다. 우선 억지로도 미소를 지어라. 주위에 아무도 없을 때면 억지로라도 휘파람을 불거나 콧노래를 흥얼대거나 소리 내어 노래를 불러라. 그리고 이미 행복하다는 듯이 행동해라. 그러면 행복해질 것이다. 심리학자 겸 철학자인 윌리엄 제임스는 이를 다음과 같이 표현했다.

"행동이 감정을 따르는 것처럼 보이지만 실제로 감정과 행동은 함께 다닌다. 따라서 의지의 직접적인 통제를 받는 행동을 조절하면 의지의 직접적인 통제를 받지 않는 감정을 간접적으로 조절할 수 있다.

그러므로 명랑함을 잃었을 때 자발적으로 명랑함을 되찾을 수 있는 최고의 방법은 이미 명랑한 모습으로 앉아 명랑하게 행동하고 이야기하는 것이다."

이 세상 사람들은 누구나 행복을 추구한다. 그리고 행복을 찾을 수 있는 확실한 한 가지 방법이 있다. 그것은 자신의 생각을 조절하는 것이다. 행복을 좌우하는 것은 외적 조건이 아니다. 행복은 내적 조건에 따라 좌우된다.

인간을 행복하거나 불행하게 만드는 것은 재산, 신분, 지위, 직업이 아니다. 중요한 것은 사고방식이다. 가령 두 사람이 같은 곳에서 같은 일을 하고 있다고 하자. 두 사람은 비슷한 재산과 명예를 얻을 수 있다. 반면 한 사람은 불행해도 다른 한 사람은 행복할 수 있다. 왜 그럴까? 사고방식이 다르기 때문이다.

나는 열대 지방의 지독한 열기 속에서 원시적인 도구로 고생스럽게 일하는 가난한 농부에게서 뉴욕이나 시카고, 혹은 로스앤젤레스의 에

어컨이 구비된 사무실에서 일하는 사람 못지않게 행복한 모습을 많이 보았다.

셰익스피어는 "본디 좋은 것이나 나쁜 것이란 존재하지 않는다. 다만 생각이 그렇게 만들 뿐"이라고 말했다.

에이브러햄 링컨은 다음과 같은 말을 남겼다. "대부분의 사람들은 행복해지기로 마음먹은 만큼 행복해진다." 지당한 말씀이다.

나는 뉴욕의 롱아일랜드 기차역의 계단을 올라가면서 이 사실을 여실히 입증하는 한 사례를 목격했다. 내 바로 앞에서 장애를 가진 30~40명의 소년들이 지팡이와 목발을 짚고 간신히 계단을 올라가고 있었다. 그중 한 소년은 업혀서 올라가야 했다. 그런데도 크게 웃으며 즐거워하는 아이들의 모습을 보고 나는 적잖이 놀랐다. 그래서 소년들을 인솔하는 사람에게 내 생각을 전했다.

그는 이렇게 답했다. "아, 예. 평생 장애인으로 살아야 한다는 사실을 알게 되면 처음에는 충격을 받습니다. 하지만 그 충격을 이겨내고 나면 대부분 자신의 운명을 감수하고 다음부터는 보통 아이들처럼 행복해 한답니다."

나는 소년들에게 경의를 표하고 싶은 심정이었다. 그들은 내게 평생 간직하고 싶은 교훈을 전해주었다.

나는 메리 픽퍼드가 더글러스 페어뱅크스와 이혼할 준비를 하던 시기에 그녀와 오후를 함께 보냈다. 세상 사람들은 십중팔구 그 무렵 픽퍼드가 고통과 불행의 나날을 보낼 것이라고 짐작했을 것이다. 하지만 그날 내가 본 그녀의 모습은 누구보다도 평온하고 당당한 사람이었다. 비결이 궁금하지 않은가? 그녀는 여러분도 좋아할 만한 35페이지 남짓한 소책자에서 그 비결을 밝혔다. 공립 도서관에 가서 메리 픽퍼드의 《하나님을 시험하면 안 될까?》를 찾아보아라.

세인트루이스 카디널스의 전 삼루수이자 현재 미국 최고의 보험 설계사로 손꼽히는 프랭클린 베트거는 몇 년 전 내게 미소 띤 사람은 언제나 환영받는다는 사실을 발견했다고 말했다. 그래서 어떤 사람의 사무실로 들어가기 전이면 그는 언제나 잠시 멈추어 감사해야 할 여러 가지 일을 떠올리고 마음에서 우러나오는 선의의 미소를 지어보고는 미소가 채 가시지 않은 얼굴로 사무실에 들어선다.

그는 이 단순한 기술이 그가 보험 계약 분야에서 거둔 남다른 성공과 밀접한 관계가 있다고 믿었다.

수필가 겸 발행인인 엘버트 허버드의 슬기로운 조언을 음미해보라. 하지만 음미하는 데 그치고 적용하지 않는다면 아무런 쓸모가 없을 것이다.

집을 나설 때마다 턱을 끌어당기고 고개를 꼿꼿이 들며 숨을 한껏 들이마셔라. 햇빛을 흡수하고 웃음 띤 얼굴로 친구들을 맞이하며 진심을 담아 악수하라. 오해를 받을까 두려워하지 말며 적에 관해 생각하느라 잠시라도 낭비하지 않도록 하라.

하고 싶은 일을 마음에 굳게 새겨라. 그러면 한눈을 팔지 않고 곧장 목표를 향해 전진할 수 있다. 성취하고 싶은 멋지고 대단한 과업에 전념하라. 하루하루 지나면서 자신도 모르는 사이 소망을 성취할 기회를 잡을 수 있을 것이다. 마치 산호충이 밀물일 때 자신에게 필요한 것을 취하듯이 말이다.

당신이 꿈꾸는 유능하고 성실하며 쓸모 있는 사람의 모습을 마음속에 그려라. 그러면 당신이 품은 그 생각이 당신을 그런 사람으로 변모시킬 것이다.

생각이 가장 중요하다. 올바른 마음가짐, 다시 말해 용감하고 솔직하며 활기찬 마음가짐을 잃지 않도록 하라. 올바르게 생각하는 것이야말로 창조의 원동력이라 할 것이다. 모든 것은 소망에서 비롯되며 진심 어린 기도는 언제나 응답을 받는다. 우리는 자신이 생각하는 대상과 비슷해진다.

턱을 끌어당기고 고개를 꼿꼿이 들어라. 우리는 준비된 신들이다.

고대 중국인들은 무척 지혜로웠다. 처세술에 능했다. 그래서 우리가 반드시 마음에 새겨야 할 다음과 같은 속담을 남겼다.

'웃지 못하는 사람은 장사를 시작하지 말아야 한다.'

미소는 여러분의 호의를 전달하는 전달자이다. 여러분의 미소는 그것을 보는 모든 사람들의 삶을 환히 밝힌다. 인상을 찡그리거나 얼굴을 찌푸리거나 혹은 고개를 돌리는 사람만 보던 누군가에게 여러분의 미소는 마치 구름을 뚫고 빛을 발하는 태양과도 같을 것이다. 특히 상사, 고객, 교사, 부모, 혹은 자녀 때문에 스트레스를 받고 있는 사람이 있다면 여러분의 미소가 세상에는 절망뿐만 아니라 기쁨도 존재한다는 사실을 일깨울 수 있다.

몇 년 전 뉴욕의 한 백화점은 크리스마스 대목 동안 판매 사원들이 스트레스를 많이 받는다는 사실을 깨달았다. 백화점은 고객에게 다음과 같이 따뜻한 철학을 전달했다.

크리스마스에 보여주는 미소의 가치

미소는 돈이 들지 않지만 많은 것을 선사합니다.

미소를 받는 사람은 부유해지지만 주는 사람이 가난해지지는 않습니다.

미소를 짓는 것은 한순간이지만 그 추억은 영원히 남습니다.

미소가 없어도 될 만큼 부자는 없으며 미소의 혜택으로 부자가 되지 못할 만큼 가난한 사람도 없습니다.

미소는 가정에 행복을 가져다주고 직장에 선의를 불어넣으며 친구에게는 우정을 확인하는 증표가 됩니다.

미소는 피곤에 지친 사람에게는 휴식이고 낙담한 사람에게는 빛이며 슬퍼하는 사람에게는 햇살이고 고통받는 사람에게는 자연이 전하는 해독제입니다.

하지만 미소를 돈으로 사거나 구걸하거나 빌리거나 훔칠 수 없습니다. 대가를 바라지 않고 미소를 짓지 않으면 아무에게도 소용이 없기 때문입니다.

크리스마스 시즌의 막바지에 이르러 우리의 판매 사원들이 여러분에게 미소를 짓지 못할 만큼 지쳐 있다면 여러분의 미소를 건네주시지 않겠습니까?

더 이상 미소를 지을 여력이 없는 사람만큼 미소가 필요한 사람은 없기 때문입니다.

그러므로 사람들의 호감을 사고 싶다면 원칙 2처럼 해보라!

원칙 2 ―――――――――――――――――――――――――――

미소를 지어라.

Smile.

[3] ─────── 상대의 이름을 기억하지 못하면 문제가 생긴다

1898년 뉴욕 로클랜드 카운티에서 비극적인 일이 발생했다. 마을 사람들이 한 아이의 장례식에 참석할 채비를 하고 있었다.

짐 팔리는 말을 끌어내기 위해 마구간으로 향했다. 땅은 눈으로 덮여 있었고 공기는 살을 에는 듯이 차가웠다. 며칠 동안 마구간에 갇혀 운동을 하지 못한 말을 물통 쪽으로 끌고 나오던 짐 팔리는 신이 나서 날뛰는 말의 발굽에 차여 목숨을 잃고 말았다. 그래서 스토니 포인트라는 작은 마을에는 일주일에 두 번씩이나 장례식이 열렸다.

짐 팔리는 아내와 세 아들에게 몇 백 달러 정도 되는 보험금만 남겼다.

아버지의 이름을 물려받은 큰 아들 짐은 당시 열 살이었는데 벽돌공장에서 일했다. 그는 모래를 날라서 틀에 붓고 벽돌을 찍어내고 햇볕에 말리는 일을 했다.

소년 짐은 이렇다 할 교육을 받을 기회가 없었지만 타고난 다정한 성품 덕분에 주위 사람들에게 호감을 얻었고 훗날 정계에 진출했다. 그는 세월이 흐르면서 주변 사람들의 이름을 기억하는 비범한 능력을 발휘했다.

그는 고등학교가 어떻게 생겼는지도 몰랐다. 하지만 마흔여섯 살이 될 무렵 네 개 대학에서 명예 학위를 받았고 민주당 전국위원회의 회장을 지냈으며 미국 우정부 장관 자리에 올랐다.

나는 짐 팔리와의 인터뷰에서 성공의 비결을 물었다. "열심히 일하는 것"이라는 그의 답변에 나는 "농담하지 마십시오"라고 대꾸했다.

그러자 그가 "그렇다면 당신이 생각하는 나의 성공 비결이 무엇인지요?"라고 되물었다. 나는 "당신이 만 명의 이름을 외우고 있다는 사실을 알고 있습니다"라고 말했다.

그는 "아닙니다. 잘못 알고 계시군요. 나는 5만 명의 이름을 외우고 있습니다"라고 정정했다.

이 점을 꼭 기억하기 바란다. 1932년 프랭클린 D. 루스벨트가 백악관에 입성할 수 있었던 것은 대통령 선거 운동을 지휘했던 짐 팔리의 이 능력 덕분이었다.

짐 팔리는 석고회사 영업사원으로서 출장을 다니고, 스토니 포인트에서 읍사무소 서기로 일하면서 사람들의 이름을 기억하는 능력을 길렀다.

처음에는 매우 간단한 방법이었다. 짐 팔리는 새로운 사람을 만날 때마다 이름, 가족 관계, 경제관과 정치관을 파악해 그의 얼굴과 함께

잘 기억했다. 그리고 이렇게 함으로써 다음번에 이를테면 일 년이 지
난 후에라도 만나면 악수를 나누며 가족의 안부와 뒤뜰의 접시꽃에 관
해 묻곤 했다. 그러면 그 사람은 당연히 짐 팔리의 지지자가 되었다!

루스벨트의 대통령 유세가 시작되기 몇 달 전부터 짐 팔리는 서부
와 북서부의 여러 주의 주민들에게 매일 수백 통의 편지를 썼다. 그리
고 19일 동안 마차, 기차, 자동차, 배를 타고 1만 2천 마일을 이동하며
20개 주를 방문했다. 이따금 읍내에 들러 사람들과 식사나 차를 함께
하며 '허심탄회한 대화'를 나누었다. 그러고는 다시 서둘러 다음 목적
지로 향했다.

동부로 돌아온 뒤 그는 곧바로 방문했던 도시마다 한 사람에게 편
지를 써서 그동안 만난 사람의 목록을 보내달라고 부탁했다. 최종 목
록에 실린 이름은 수십만 명에 이르렀다. 짐 팔리는 목록에 실린 모든
사람에게 친필 편지를 보냈다. 그 편지는 언제나 '친애하는 빌에게' 혹
은 '친애하는 제인에게'로 시작해 '짐으로부터'라는 서명으로 마무리
했다.

짐 팔리는 인생을 살면서 일찌감치 세상 사람들이 대부분 다른 사람
보다는 자기 이름에 관심이 더 많다는 사실을 깨달았다. 상대방의 이
름을 기억하고 친근하게 불러주어라. 그러면 그는 이를 간접적인 칭찬
으로 여길 것이며 그 효과 또한 대단하다. 하지만 이름을 잊거나 철자
를 틀리면 낭패를 볼 것이다.

한 가지 사례를 살펴보자. 예전에 파리에서 공개 연설 강좌를 계획하

고 그곳에 거주하는 모든 미국인에게 편지를 보낸 적이 있다. 이름만 나열된 영문 원고에 익숙하지 않은 프랑스인 타이피스트는 당연히 실수를 많이 저질렀다. 미국의 한 대규모 은행의 파리 지점장은 자기 이름의 철자가 틀렸다며 심한 항의를 담은 글을 보냈다.

앤드류 카네기가 성공한 이유는 무엇이었을까? 사람들은 그를 철강왕이라고 일컬었다. 하지만 그는 정작 철강 제조에 관한 지식이 거의 없었다. 그보다 철강에 대해 더 많이 아는 직원이 수백 명에 이르렀다.

하지만 앤드류 카네기는 사람을 다루는 법을 알았고 그 덕분에 부자가 되었다. 그는 어린 시절부터 천재적인 리더십과 조직 능력을 발휘했다. 그리고 열 살 무렵 사람들이 자신의 이름을 대단히 중요하게 여긴다는 사실을 깨달았다. 그리고 이 깨달음을 이용해 사람들의 협력을 얻어냈다.

스코틀랜드에서 자라던 소년 카네기는 어느 날 어미 토끼 한 마리를 잡았다. 그런데 얼마 지나지 않아 토끼우리가 새끼 토끼로 가득 찼다. 그는 몹시 난감했지만 이내 기발한 아이디어를 생각해냈다. 그는 동네 아이들에게 매일 토끼에게 먹일 풀이나 민들레, 클로버를 뜯어 오면 새끼 토끼들에게 그들의 이름을 붙여주겠다고 말했다.

그 계획의 효과는 실로 마법 같았다. 카네기는 그 일을 결코 잊지 않았다.

몇 년 뒤 그는 사업에서 똑같은 심리를 이용해 수백만 달러를 벌어들였다. 그는 펜실베이니아 철도회사에 철강을 팔고 싶었다. 당시 그 회사의 대표는 J. 에드가 톰슨이었다. 카네기는 피츠버그에 거대한 철강 공장을 건설하고 J. 에드가 톰슨 스틸 웍스라고 명명했다.

수수께끼를 내도록 하겠다. 펜실베이니아 철도회사에 철강 레일이 필요했을 때 J. 에드가 톰슨이 과연 어디에서 철강을 구매했을까? 정답을 짐작할 수 있겠는가? 시어스 로벅에서? 아니다, 그렇지 않다. 틀린 답이다. 다시 짐작해보라.

카네기는 조지 풀먼과 침대 열차 사업의 주도권을 놓고 경쟁하고 있을 때 이 철강왕은 토끼로부터 얻은 교훈을 다시금 떠올렸다.

당시 앤드류 카네기가 경영했던 센트럴 운송회사는 풀먼이 소유한 회사와 유니언 퍼시픽 철도회사로부터 침대 열차의 수주를 받기 위해 맞서 경합을 벌이고 있었다. 두 회사는 서로 큰소리를 치며 입찰 가격을 낮추었고 그 바람에 수익을 거둘 수 없는 지경까지 치달았다.

카네기와 풀먼 두 사람은 유니온 퍼시픽의 이사회 임원들을 만나러 친히 뉴욕을 방문했다. 어느 날 세인트 니콜라스 호텔의 회동에서 카네기는 이렇게 인사를 건넸다. "안녕하십니까? 풀먼 씨, 우리 두 사람이 합동으로 웃음거리가 되고 있지 않나요?"

풀먼은 "무슨 뜻입니까?"라고 되물었다.

카네기는 오랫동안 품고 있었던 두 회사의 합병 계획을 털어놓았다. 서로 맞서 싸우기보다는 협력하는 편이 서로에게 유리하다고 설명했다.

풀먼은 카네기의 설명에 귀를 기울였지만 완전히 마음이 내키지 않는 눈치였다. 하지만 결국에는 "새 회사는 뭐라고 부를 겁니까?"라고 물었다. 카네기는 즉시 이렇게 대답했다. "음, 물론 풀먼 팰리스 자동차회사죠."

조지 풀먼은 금세 환해진 얼굴로 "내 사무실로 오시죠. 그 문제를 잘 의논해봅시다"라고 말했다. 이 회담으로 새로운 산업의 역사가 이루어졌다.

앤드류 카네기가 리더십을 발휘할 수 있었던 한 가지 비결은 친구와 사업 동료의 이름을 기억하고 존중한다는 이 방침이었다. 그는 공장 근로자들의 이름을 대부분 외우고 있다는 사실을 자랑스럽게 생각했다. 뿐만 아니라 자신이 경영하는 동안 이글거리는 그의 철강 공장에서 단 한 번도 파업이 일어나지 않았다고 자랑하고는 했다.

한편 폴란드 출신의 피아니스트 파데레프스키는 항상 풀먼 침대차의 흑인 요리사를 '카퍼 씨'라고 부름으로써 요리사의 어깨를 으쓱하게 만든 예도 있다.

파데레프스키는 15번이나 미국을 방문, 전국 각지에서 연주를 하여 청중들의 열광적인 환호를 받았다. 연주 때마다 그는 전용 침대차를 이용했고, 연주 후에는 언제나 요리사가 야식을 준비해주었다. 파데레프스키는 한 번도 그 요리사를 미국에서 흔히 하듯이 편하게 '조지'라고 부르지 않았다. 유럽 격식대로 그는 언제나 요리사에게 '카퍼 씨'라고 불렀고, 카퍼도 그렇게 불리는 것을 좋아했다.

사람은 자신의 이름을 매우 자랑스럽게 여기고 어떤 대가를 치르더라도 이름을 길이 남기기 위해 노력한다. 당대 최고의 흥행업자로 다혈질에 비정하기로 유명한 노신사 P.T. 바넘조차도 자신의 이름을 물려받을 아들이 없다는 이유로 몹시 낙담했다. 급기야 손자 C.H. 실리에게 '바넘' 실리라는 이름을 쓴다면 2만 5천 달러를 주겠다는 제안도 했다.

수 세기 동안 많은 귀족과 권력자는 화가, 음악가, 작가를 후원했고 예술가들은 그 보답으로 작품을 바쳤다.

도서관과 박물관이 수많은 작품을 소장할 수 있는 것은 모두 자신의 이름이 인류의 기억 속에서 사라질까봐 두려워한 사람들 덕택이다. 뉴욕 공립 도서관에는 애스터와 레녹스의 수집품이 소장되어 있다. 메트로폴리탄 박물관은 벤저민 애틀먼과 J.P. 모건의 이름을 영원히 기념한다. 그리고 대부분의 교회를 장식하는 스테인드글라스 유리창에는 기부자의 이름이 담겨져 있다. 대학 교정의 대다수 건물은 거금을 기부한 기증자의 이름을 새겨 그들을 기념한다.

사람들이 주변 사람의 이름을 기억하지 못하는 것은 정신을 집중하고 이름을 반복함으로써 그들의 이름을 마음속에 새길 시간과 에너지가 없기 때문이다. 그러면서 변명을 둘러댄다. 몹시 바쁘다는 것이다.

하지만 프랭클린 D. 루스벨트만큼 바쁜 사람은 그리 많지 않을 것이다. 그토록 바쁜 루스벨트도 예전에 만났던 기술자의 이름까지 외우고 기억해내기 위해 기꺼이 시간을 투자했다.

일례를 들어보자. 루스벨트 대통령은 다리가 마비되어 일반 자동차를 탈 수 없었다. 크라이슬러사는 루스벨트를 위해 특수 자동차를 제작했고 W.F. 체임벌린과 한 기술자가 그 자동차를 전달하기 위해 백악관을 방문했다. 체임벌린은 내게 보낸 편지에서 자신의 경험을 상세히 전했다.

저는 루스벨트 대통령께 특수 자동차의 작동 방법을 가르쳐드렸지만 대통령께서는 제게 사람을 다루는 섬세한 많은 기술을 가르쳐주셨습니다.

백악관을 방문했을 때 대통령은 매우 유쾌하고 즐거운 모습이었습니다. 제 이름을 부르며 저를 편하게 대해주셨죠. 특히 제가 자동차의 이것저것을 설명할 때 진심으로 관심을 기울이는 모습에 깊은 감명을 받았습니다.

그 자동차는 손으로만 작동할 수 있도록 설계되었습니다. 주위 사람들이 자동차를 보려고 모여들었는데 대통령께서 이렇게 말씀하시더군요. "신기하네요. 버튼만 누르면 움직이고 힘들이지 않고 운전을 할 수 있다니. 굉장합니다. 그런데 어떻게 움직이는지 도통 모르겠군요. 시간 나면 분해해서 작동 원리를 알아보면 좋으련만."

주위 사람들이 그 기계에 감탄하고 있는 자리에서 루스벨트 대통령께서는 이렇게 말씀하셨습니다. "체임벌린 씨, 시간과 노력을 아끼지 않고 이 자동차를 개발해 주셔서 고맙습니다. 대단히 훌륭합니다."

그는 라디에이터, 특수 백미러, 시계, 특수 스포트라이트, 특수 의자, 운전석의 착석 위치, 자신의 모노그램(이름의 첫 글자 등을 도안으로 만들어 맞춘 글자−옮긴이)을 새긴 트렁크의 특수 슈트케이스에 찬사를 보냈죠. 제가 상당히 고심해서 만든 걸 알아보시고 세부 장식을 빠짐없이 세심하게 관찰하셨습니다.

대통령께서는 영부인과 노동부 장관 퍼킨스, 그리고 비서실장에게 이 다양한 장치들을 주목하라고 말씀하셨습니다. 심지어 나이 지긋한 백악관 관리인까지 그 자리에 불러내시고는 "조지, 이 슈트케이스를 각별히 관리해야하겠네"라고 말씀하셨죠.

운전 교습이 끝나자 대통령께서는 저를 보며 이렇게 말씀하셨습니다. "음, 체임벌린 씨, 연방준비제도이사회(FRB)가 30분 전부터 나를 기다리고 있습니다. 이제 일하러 가야겠습니다."

그 당시 저는 기술자 한 사람과 함께 백악관을 방문했습니다. 도착하자마자 대통령에게 기술자를 소개하기는 했으나 직접 대화를 나누지는 못했습니다. 그러니까 대통령은 기술자의 이름을 딱 한 번 들으신 겁니다. 기술자는 수줍음이 많은 사람이었기에 줄곧 뒤로 물러나 있었죠.

그런데 대통령은 자리를 뜨기 전에 그 기술자를 돌아보며 악수를 하셨고, 그의 이름을 부르며 워싱턴까지 와줘서 고맙다는 말을 전했습니다. 겉치레가 아니라 진심에서 우러난 말이었습니다. 전 그걸 느낄 수 있었습니다.

뉴욕으로 돌아온 지 며칠이 지나고 저는 대통령의 자필 서명이 담긴 사진한 장을 받았습니다. 그리고 다시 한 번 제 도움에 감사한다는 짧은 메모도 있었지요. 어떻게 그럴 짬을 낼 수 있었는지 신기할 따름입니다.

프랭클린 D. 루스벨트는 사람들에게 호의를 얻는 가장 쉽고 간단하며 가장 중요한 방법은 이름을 기억하고 그들이 중요한 사람이라고 느끼게 만드는 것이라는 사실을 잘 알고 있었다. 그런데 우리는 대부분 어떠한가?

사람을 처음 만나면 몇 분 동안 잡담을 나누다 작별 인사를 할 무렵이면 그의 이름마저 기억하지 못하는 일이 허다하다.

정치가가 배워야 할 한 가지 사실은 바로 이것이다. "유권자의 이름을 기억하는 것이 정치가의 도리이다. 그들의 이름을 잊는다면 그도 곧 잊혀질 것이다."

정계뿐만 아니라 사업이나 사회적 만남에서도 이름을 기억하는 능력은 중요하다.

프랑스 황제이자 나폴레옹 대왕의 조카인 나폴레옹 3세는 황제로서 의무를 수행하는 와중에도 만나는 모든 사람의 이름을 기억할 수 있다고 자랑삼아 말했다.

어떤 테크닉을 이용했을까? 간단하다. 이름을 정확히 듣지 못하면 "정말 미안하오, 이름을 분명하게 듣지 못했소"라고 말했다. 그런 다음 특이한 이름이라면 "철자가 어떻게 되오?"라고 물었다. 대화를 나누는 도중 그는 일부러 이름을 몇 차례 반복하며, 이름을 그 사람의 특징, 표정, 전반적인 외모와 연관시켜 기억하려고 노력했다.

상대방이 중요한 인물이라면 한층 더 수고를 아끼지 않았다. 그는 주변 사람들이 모두 물러나면 곧바로 종이에 이름을 적어놓고 바라보면서 주의를 기울여 마음속에 확실하게 새긴 다음 종이를 찢어버렸다. 이런 방식으로 이름이 주는 청각적인 인상은 물론 시각적인 인상을 기억한 것이다.

물론 이렇게 하려면 시간이 걸린다. 그러나 에머슨은 "훌륭한 매너는 소소한 희생으로 이루어진다"고 말했다.

그러므로 사람들의 호감을 사고 싶다면 원칙 3처럼 해보라!

원칙 3 ────────────────────────────

상대방에게는 자신의 이름이 다른 사람의 입에서 나오는 가장 다정하고 중요한 말이라는 점을 명심하라.

Remember that a man's name is to him the sweetest and most important sound in the English language.

[4]——————— 훌륭한 대화 상대가 되는
쉬운 방법

얼마 전 나는 브리지 게임(카드놀이의 한 종류)에 초대를 받은 적이 있
다. 나는 개인적으로 브리지 게임을 즐기지 않는다. 그런데 나처럼 브
리지 게임을 즐기지 않는 한 여성이 있었다.

내가 라디오에 출연하여 명성을 떨친 로웰 토머스의 매니저로서 유
럽 각지를 함께 여행하면서 그가 감칠맛 나게 연설할 수 있도록 도왔
다는 사실을 그녀는 이미 알고 있던 터였다. 그래서 그녀는 이렇게 대
화를 시작했다. "오, 카네기 씨, 당신이 갔던 멋진 장소와 아름다운 풍
경을 좀 소개해주시죠."

소파에 함께 앉아 대화를 나누면서 그녀는 최근 남편과 함께 아프
리카 여행을 하고 돌아왔다고 밝혔다. 나는 "아프리카요!"라고 소리쳤
다. "정말 흥미롭군요. 나는 항상 아프리카에 가보고 싶었습니다. 하지
만 알제(알제리의 수도)에 24시간 머문 것을 빼면 아프리카에 가본 적이

없답니다. 큰 동물이 많은 그 나라에 가보셨나요? 가보셨다고요? 정말 행운이시군요. 부럽습니다. 아프리카에 관해 이야기 좀 해주시죠."

그러자 그녀는 장장 45분 동안 이야기를 계속했다. 내가 어디에 가고 무엇을 보았는지 다시는 묻지 않았다. 애초부터 내 여행은 궁금하지 않았던 것이다. 그녀에게 필요한 것은 자기가 갔던 곳의 이야기를 하며 한껏 자랑할 때 그 이야기를 귀 기울여 들어줄 사람이었다.

그녀가 특이한 사람일까? 아니다, 우리는 이런 사람을 흔히 볼 수 있다.

이를테면 최근 뉴욕의 출판업자 J.W. 그린버그가 주최한 만찬에서 유명한 식물학자를 만난 적이 있다. 지금까지 식물학자와 이야기를 나눈 적이 한 번도 없었던 터라 그에게 푹 빠졌다.

나는 말 그대로 의자 끝에 앉아서 대마초, 루서 버뱅크(미국의 원예 개량가—옮긴이), 실내 정원에 대해 설명하고 통감자에 관한 놀라운 사실을 전하는 그의 이야기에 귀를 기울였다. 나는 때마침 실내 정원을 손수 가꾸고 있었는데 그는 친절하게도 몇 가지 골칫거리를 해결할 방법을 알려주었다.

앞서 말했듯이 그곳은 만찬 파티장소였다. 분명 다른 손님들도 수십 명 있었을 것이다. 하지만 나는 예의와 규범을 모두 어기고 다른 사람들을 모두 무시한 채 몇 시간 동안 그 식물학자와 이야기를 나누었다.

자정이 되었을 때 나는 손님들에게 작별 인사를 하고 자리를 떠났다. 그러자 그 식물학자는 주최자를 바라보며 내가 '가장 고무적'이었

114

다는 말을 비롯해 내가 이렇고 저랬다며 나를 아낌없이 칭찬했다. 그리고 마지막에는 나를 '가장 재미있는 대화 상대'라고 표현하며 끝을 맺었다고 한다.

재미있는 대화 상대라고? 글쎄, 나는 사실 한 말이 별로 없다. 설령 말하고 싶었다고 해도 식물학에 대해서는 펭귄 해부만큼이나 문외한이었으니 주제를 바꾸지 않는 한 말할 것도 없었을 것이다. 내가 한 일이 한 가지 있기는 하다. 나는 주의 깊게 들었다. 나는 진심으로 관심이 있었기 때문에 그의 이야기를 경청했고 그도 그렇게 느꼈다. 따라서 그는 당연히 만족스러워했다.

그런 경청은 누군가에게 건넬 수 있는 최고의 찬사와 똑같은 것이다. 《사랑의 이방인》에서 잭 우드퍼드는 "완전히 집중하는 태도에 내포된 아부의 뜻을 마다할 사람은 그리 많지 않다"고 말했다. 내가 그에게 준 것은 완벽한 집중만이 아니다. 나는 진심으로 인정하고 아낌없이 칭찬했다.

나는 그에게 더할 나위 없이 즐겁고 유익한 시간이었다고 말했으며 그 말은 진심이었다. 나는 그만큼 박식하면 좋겠다고 말했으며 그 말은 진심이었다. 나는 그와 같은 분야에서 일하고 싶다고 말했으며 그 말은 진심이었다. 나는 그를 다시 만나고 싶다고 말했으며 그 말은 진심이었다.

그는 내가 훌륭한 대화 상대라고 말했지만 실상 내가 한 일은 단순히 훌륭한 청자로서 그가 이야기하도록 격려한 것뿐이다.

사업상 만남을 성공적으로 이끄는 비결 혹은 비법은 무엇인가? 전 하버드 대학교 총장 찰스 W. 엘리엇은 이렇게 말했다. "성공적인 사업 거래의 비법이란 존재하지 않는다. 여러분에게 말을 건네는 사람에게 온전히 주의를 기울여야 한다. 그만큼 상대방을 우쭐하게 만드는 것은 없다."

엘리엇은 과거 경청의 대가였다. 초기 미국의 가장 위대한 소설가로 손꼽히는 헨리 제임스는 다음과 같이 회상한다.

"엘리엇 박사의 경청은 단순히 침묵이 아니라 일종의 활동이었습니다. 두 손을 무릎에 가지런히 얹고 등을 꼿꼿이 펴고 앉아서 말하는 사람을 정면으로 바라보고 귀는 물론 눈으로도 듣고 있는 것처럼 보였죠. 두 엄지손가락을 마주 보게 한 상태로 빨리 혹은 느리게 돌리는 것 이외에는 몸짓도 거의 없었습니다. 그는 집중해서 듣고 주의 깊게 생각했습니다. 그래서 면담이 끝나면 상대방은 자기가 할 말을 다했다고 느꼈죠."

더 이상 설명이 필요 없다. 그렇지 않은가? 하버드에서 4년 동안 수학하지 않아도 깨달을 수 있을 만큼 간단한 방법이다.

여러분과 내가 알다시피 백화점 소유주들은 비싼 공간을 임대하고, 적절한 가격에 제품을 판매하고, 진열장을 매력적으로 장식하고, 수천 달러를 투자해 광고해놓고도 정작 훌륭한 청자의 자질이 없는 직원을 채용한다. 직원들은 고객의 말을 자르고, 반박하고, 짜증나게 하고, 상점에서 몰아내기까지 한다.

J.C. 우턴의 경험을 예로 들어보자. 다음은 우턴이 내 강좌에서 발표한 내용이다.

그는 바다가 가까운 뉴저지주의 진취적인 도시 뉴어크의 한 백화점에서 정장 한 벌을 샀다. 입다 보니 실망스럽기 짝이 없었다. 정장에서 염색물이 빠져서 셔츠 깃이 시커멓게 얼룩이 진 것이다.

그는 매장으로 옷을 들고 가서 옷을 팔았던 판매원에게 사정을 이야기했다. '이야기했다'는 표현은 송구하게도 과언이다. 사정을 이야기하려고 했으나 실상 하지 못했으니 말이다. 판매원이 그의 말을 가로막았기 때문이었다.

판매원은 이렇게 반박했다. "우리는 그 정장을 수천 벌 팔았는데 불만 신고는 이번이 처음이에요."

이것은 그가 말한 내용을 그대로 옮긴 것이지만, 판매원의 어조는 훨씬 악의적이었다. 그의 호전적인 어조에 담긴 내용은 다음과 같았다. "당신은 거짓말을 하고 있습니다. 우리 탓으로 몰 작정입니까? 음, 그렇다면 본때를 보여 드리죠."

말다툼이 한창 고조되었을 때 두 번째 판매원이 끼어들어 이렇게 말했다. "검은색 정장은 모두 처음에는 약간 물이 빠집니다. 어쩔 도리가 없어요. 그 가격대의 정장은 다 그래요. 염색이 다르니까요."

우턴은 이 이야기를 전하면서 이렇게 말했다. "이렇게 되자 저도 속이 부글부글 끓었습니다."

첫 번째 판매원은 내 정직성을 의심했다. 두 번째 판매원은 내가 싸구려를 샀음을 은근히 상기시켰다. 나는 화가 치밀었다. 그래서 두 사람에게 욕이나 퍼붓고 돌아설 참이었다.

그런데 때마침 그 부서 책임자가 근처를 지나가고 있었다. 그는 역시 전문가다웠다. 그는 내 태도를 완전히 바꾸어놓았다. 분노한 한 남자를 만족한 고객으로 탈바꿈시킨 것이다. 어떻게 이런 일이 일어났을까? 그는 세 가지 방법을 썼다.

첫째, 그는 말 한마디 하지 않고 내 말을 처음부터 끝까지 경청했다.

둘째, 내가 이야기를 마친 다음 판매원들이 다시 자신들의 견해를 늘어놓기 시작하자 그는 내 입장에서 그들과 논쟁을 벌였다. 분명히 정장 때문에 셔츠에 물이 들었다는 사실을 지적한 것은 물론이고, 고객이 완벽하게 만족하지 못하는 제품이라면 백화점에서 판매해서는 안 된다고 주장했다.

셋째, 그는 문제의 원인을 모르겠다고 솔직히 인정하며 간단하게 말했다. "제가 이 문제를 어떻게 처리하면 좋겠습니까? 손님께서 말씀하시면 제가 무엇이든 해 드리겠습니다."

몇 분 전까지만 해도 나는 그 어처구니없는 정장을 그들에게 내던질 참이었다. 그런데 지금은 나도 모르게 이렇게 대답하고 있었다. "제가 원하는 건 당신의 조언뿐입니다. 이런 상황이 일시적인지, 그리고 이 문제를 처리할 방법이 있는지 알고 싶군요."

그는 그 정장을 일주일 더 입어보라고 제안하며 이렇게 약속했다. "그래도 만족스럽지 않다면 다시 가져오십시오. 만족스러운 제품으로 바꿔 드리겠습니다. 손님께 이런 불편을 끼쳐서 죄송합니다."

나는 흡족한 기분으로 백화점을 나섰다. 주말쯤 되자 정장은 아무런 문제가 없었고 나는 그 백화점에 대한 믿음을 완벽하게 되찾았다.

그 남자가 백화점 책임자인 것은 그리 놀랍지 않다. 그리고 그의 부하 직원들은 계속 남아 있을 것이다. 그러니까 내 말은 평생 판매 점원으로 남을 것이라는 뜻이다. 아니 어쩌면 고객과 다시는 접촉할 수 없는 포장부서로 강등될지도 모를 일이다.

끊임없이 투덜대는 불평꾼이나 가장 신랄한 비평가라도 끈기 있게 공감하면서 들어주는 사람이 있다면, 다시 말해 성난 불평꾼이 킹코브라처럼 몸을 꼿꼿이 세우고 독을 뿜어내고 있는 동안 침묵하며 들어주는 사람이 있다면 대개 한풀 꺾이고 부드러워질 것이다.

한 사례를 살펴보자. 몇 해 전 뉴욕 전화회사는 고객 서비스 부서 직원에게 줄곧 욕설을 해대는 악독하기 그지없는 한 고객 때문에 애를 먹었다. 그는 욕설을 퍼붓고, 고함을 지르고, 전화를 뿌리째 뽑아버리겠다고 엄포를 놓았다. 그는 부가된 전화 요금이 잘못되었다고 주장하며 지불할 수 없다고 고집을 피웠다. 신문에 투고를 했고, 공공 서비스 위원회에 수없이 민원을 제기했다. 급기야 전화회사를 상대로 몇 건의 소송까지 제기했다.

전화회사는 마침내 이 난폭한 말썽꾼과 면담하기 위해 가장 유능한

'해결사'를 파견했다. 이 '해결사'는 심술궂은 고객의 말에 귀를 기울이며 그가 한껏 장황설을 늘어놓을 기회를 주었다. 끝까지 이야기를 경청한 전화회사 직원은 "그렇군요"라며 그의 불만사항에 공감했다.

'해결사'는 강좌에 참석해 다음과 같이 자신의 경험담을 전했다.

"그는 장장 3시간 동안 고함을 질러댔고 저는 잠자코 들었습니다. 그런 일을 네 번이나 반복했죠. 네 번째 면담하던 날, 전 그 고객이 준비하고 있던 한 단체의 창립 회원이 되었습니다. 그는 그 단체를 '전화 가입자 보호협회'라고 불렀습니다. 전 지금도 그 협회의 회원입니다. 제가 알기론 현재 그와 제가 그 협회 회원의 전부입니다.

면담하는 동안 저는 그의 주장을 경청하고 공감했습니다. 전화회사 직원 가운데 그런 사람은 그때까지 한 명도 없었기에 그의 태도는 우호적이라고 할 만큼 변했습니다.

나는 첫 번째 방문에서 그를 만나러 간 목적은 전혀 언급하지 않았습니다. 두 번째, 세 번째 방문에서도 마찬가지였죠. 하지만 네 번째 면담에서 문제는 완벽하게 해결되었습니다. 고객은 전화 요금을 전액 지불했고, 전화회사와 마찰이 생긴 이후 처음으로 공공 서비스 위원회에 제출한 민원을 자진해서 철회했습니다."

그 고객은 분명 스스로 무자비한 착취에 대항해 공익을 보호하는 숭고한 운동가라고 여겼을 것이다. 하지만 사실 그가 원한 것은 중요한 사람이라는 느낌이었다. 처음에는 불만과 불평을 늘어놓으면서 중요한 사람이라는 느낌을 얻었다. 하지만 전화회사 직원으로부터 중요한 사람이라는 느낌을 얻고 나자 그가 품었던 불만은 이내 흔적도 없이 사라졌다.

몇 해 전 어느 날 아침, 성난 고객 한 사람이 줄리언 F. 데트머의 집무실로 쳐들어왔다. 데트머는 훗날 양복업계에 모직물을 유통하는 최대 기업으로 성장한 데트머 모직회사의 설립자이다.

데트머는 다음과 같이 상황을 설명했다.

그 사람은 우리 회사에 소액 채무가 있었죠. 그는 이 사실을 부인했으나 우리 회사 생각은 달랐습니다. 그래서 우리 회사의 신용 담당 부서가 대금을 지불하라고 종용했죠.

그는 신용 담당 부서로부터 몇 차례 통보를 받고는 마음을 단단히 먹었나 보더군요. 어느 날 시카고에 있는 제 사무실까지 직접 찾아와서 대금을 지불하지 않는 것은 물론 앞으로 데트머 모직회사와는 절대 거래하지 않겠다고 통보했습니다.

저는 그의 말을 끝까지 듣고만 있었습니다. 끼어들고 싶은 마음이 굴뚝같았지만 그다지 좋은 생각이 아니라고 판단했죠. 그래서 그가 하고 싶은 말을 끝내도록 내버려두었습니다. 마침내 그가 마음을 가라앉히고 이야기를 들을 기분이 되었을 때 저는 낮은 목소리로 이렇게 말했습니다.

"시카고까지 오셔서 이 이야기를 해주셔서 고맙습니다. 고객님께서 제게 큰 호의를 베푸신 겁니다. 만일 우리 회사 신용부서가 고객님의 심기를 불편하게 해드렸다면 선량한 다른 고객에게도 그랬을 테니 말입니다. 그러면 상황이 매우 심각해지겠죠. 진심으로 말씀드리지만 이 이야기를 하고 싶은 고객님 마음보다 그 이야기를 듣고 싶은 제 마음이 훨씬 간절합니다."

그는 제가 그런 식으로 나올 거라고 전혀 예상치 못했을 겁니다. 어쩌면 약간 실망했을 겁니다. 이런저런 불만을 말하려고 시카고까지 왔는데 제가 맞서 싸우기보다는 고맙다고 말하니 말입니다.

저는 그 대금을 장부에서 삭제시키고 없었던 일로 하겠다고 약속했습니다. 우리 회사 직원은 수천 개의 거래 계정을 관리하지만 그는 자기 계정 하나만 관리하는 매우 신중한 사람이니까 그 사람보다는 우리 회사가 실수했을 가능성이 높았기 때문이죠.

저는 그에게 기분이 어떨지 충분히 이해하며 제가 그였다고 해도 분명히 그런 기분이었을 것이라고 말했죠. 그리고 우리 회사와 더 이상 거래하지 않으면 새로운 거래처가 필요할 것이니 다른 모직회사를 몇 군데 추천해주었습니다.

예전에 그가 시카고에 오면 으레 함께 점심을 먹었습니다. 그래서 그날도 함께 점심을 먹자고 청했죠. 그는 마지못해 제 청을 수락하더군요. 그리고 한층 진정된 모습으로 예전과 다름없이 좋은 관계를 유지하기를 원한다는 말을 남기고 돌아갔죠. 그 후 그는 이전보다 훨씬 더 많은 물량을 주문했습니다. 게다가 청구서를 다시 살펴보고 자신이 놓친 부분을 확인하고는 사과의 말과 함께 수표를 보냈습니다.

훗날, 그 고객의 아들이 태어났을 때 그는 아들의 이름을 데트머라고 지었습니다. 세상을 떠나기 전까지 20년 동안 그는 줄곧 저의 친구이자 우리 회사의 고객이었습니다.

몇 해 전 네덜란드에서 이주한 한 소년이 집안 살림에 보탬이 되기 위해 방과 후에 빵집 유리창을 닦았다. 집안이 몹시 가난했기 때문에 소년은 매일 바구니를 들고 거리로 나가서 석탄 운반 마차가 흘린 석탄 부스러기를 주었다. 에드워드 복이라는 이 소년이 학교에 다닌 기간은 평생 합쳐도 6년이 채 되지 않았다.

하지만 그는 훗날 미국 언론 역사상 가장 성공한 잡지 편집장으로 손꼽히는 인물이 되었다. 어떻게 그렇게 했을까? 이야기하자면 길지만 그가 어떻게 시작했는지 간단히 전할 수 있다. 그의 성공 비결은 이 책에서 제시하는 원칙이었다.

열세 살 되던 해 학교를 중퇴한 그는 웨스턴 유니언의 사환으로 일하면서 단 한순간도 배우겠다는 의지를 잃지 않았다. 독학을 하면서 미국 전기 백과사전을 살 돈을 마련하기 위해 차비를 아끼고 점심을 걸렀다.

그리고 전례가 없는 독특한 일을 했다. 유명 인사들의 전기를 읽은 다음 그들에게 편지를 써서 어린 시절에 대해 더 말해달라고 부탁한 것이다.

그는 이야기를 잘 들어주는 사람이었다. 당시 대통령 후보자였던 제임스 A. 가필드 장군에게는 과거 그가 운하에서 배를 끄는 일을 한 것이 사실이냐고 물었다. 가필드 장군은 소년에게 답장을 보냈다. 그랜트 장군에게 쓴 편지에서는 어떤 전투에 대해 질문했다. 그랜트는 지도를 그려주고 그 소년을 저녁 식사에 초대했다. 두 사람은 함께 이야기를 나누며 저녁 시간을 보냈다.

곧이어 웨스턴 유니언의 배달 직원으로 일하게 된 소년은 랠프 월도 에머슨, 올리버 웬들 홈스, 롱펠로, 에이브러햄 링컨, 루이자 메이 올컷, 셔먼 장군, 제퍼슨 데이비스 등 미국의 수많은 유명 인사들과 편지를 주고받았다. 이 유명 인사들은 대부분 소년과 편지를 주고받는 것은 물론 소년이 휴가를 받으면 집으로 초대해 반갑게 맞이했다. 이런 경험을 통해 소년은 무엇보다 소중한 자신감을 얻었다.

이들은 소년에게 비전과 야망의 불꽃을 지펴주었고 이로 말미암아 소년의 인생은 달라졌다. 되풀이하건대 이 모든 일이 가능했던 것은 오직 이 책에서 다루고 있는 원칙을 적용했기 때문이었다.

유명 인사 수백 명과 인터뷰를 했던 언론가 아이작 F. 마코슨은 주의 깊게 듣지 않는 탓에 긍정적인 인상을 주지 못하는 사람이 많다고 지적했다. "사람들은 다음에 무슨 말을 할까 신경을 쓰느라고 귀를 열어두지 못합니다. 유력 인사들은 말을 잘하는 사람보다는 잘 듣는 사람을 좋아한다고 말합니다. 하지만 경청하는 능력은 다른 어떤 특성보다 보기 드문 것 같습니다."

유력 인사들만 훌륭한 청자를 간절히 원하는 것은 아니다. 평범한 사람들도 마찬가지다. 《리더스 다이제스트》에 실린 글처럼 "많은 사람들은 자기 이야기를 경청할 사람이 필요할 때 의사를 찾는다."

링컨이 남북 전쟁을 치르면서 가장 어려웠던 시기에 있었던 일이다. 그는 일리노이주 스프링필드에 사는 한 옛 친구에게 편지를 썼다. 링컨은 편지에 그와 의논하고 싶은 심각한 문제가 있으니 워싱턴으로 와달라고 부탁했다.

링컨은 그 친구가 백악관에 도착하자 그를 앉혀두고 노예 해방의 타당성에 대해 이야기했다. 노예 해방에 대한 찬반론을 전달하고 관련된 편지와 신문 기사도 읽어주었다. 노예를 해방하지 않는다고 링컨을 비난하는 사람이 있는가하면 노예를 해방할까봐 두려워서 비난하는 사람도 있었다.

그렇게 몇 시간이 지났을 때 링컨은 옛 친구와 악수를 하며 작별 인사를 하고는 의견은 묻지도 않은 채 그를 일리노이로 돌려보냈다. 자기 혼자만 이야기를 한 것이다. 그 덕분에 그의 정신은 맑아졌다. 옛친구는 "이야기를 마친 다음 그는 한층 편안해진 것처럼 보였습니다"라고 전했다.

링컨은 조언을 원했던 것이 아니다. 단지 부담감을 덜어놓을 만한 우호적이고 동정적인 청자를 원했을 뿐이다. 곤경에 처한 사람들이 원하는 것도 바로 이것이다. 짜증을 내는 고객, 불만에 가득찬 직원 혹은 상처 입은 친구들이 원하는 것도 대개 이런 것이다.

찰떡같이 믿었던 사람들이 여러분을 피하고 등 뒤에서 비웃으며 경멸하도록 만들고 싶다면 방법을 알려주겠다. 누구의 말에도 귀 기울이지 마라. 쉴 새 없이 자기 이야기만 늘어놓아라. 상대방이 이야기하는 도중에 어떤 생각이 떠오르면 그의 말이 끝날 때까지 기다리지 마라. 그는 당신만큼 똑똑하지 않다. 왜 남의 이야기를 들으며 시간을 낭비하는가? 말하는 도중에 끼어들어 말을 끊어라.

그런 사람들을 알고 있는가? 안타깝게도 나는 알고 있다. 그리고 놀라운 사실은 그중에는 유명 인사들도 있다는 점이다.

따분한 사람들. 그들은 하나같이 따분한 사람들이다. 자신의 자아에 사로잡혀 있고 자신이 중요한 사람이라는 느낌에 취해 있는 따분한 사람들이다.

자기 이야기만 하는 사람들은 자기만 생각한다. 오랫동안 콜롬비아 대학교 총장을 지낸 니컬러스 머리 버틀러 박사는 이렇게 말했다. "자기만 생각하는 사람들은 구제할 도리가 없는 무지한 사람들이다. 어쩌면 교육을 받았을지 모르나 그래도 무지한 사람들이다."

따라서 훌륭한 대화 상대가 되고 싶다면 주의 깊게 들어라. 관심을 받고 싶다면 먼저 관심을 보여야 한다. 찰스 노덤 리 여사가 한 다음 말대로 말이다.

"관심을 끌려면 먼저 관심을 가져야 한다."

다른 사람이 신이 나서 대답할 질문을 던져라. 그들이 자신이나 자신이 이룬 성과에 대해 이야기하도록 용기를 북돋워라.

상대방은 여러분과 여러분의 문제보다는 자신과 자신의 욕구, 그리고 자신의 문제에 100배는 더 관심이 많다. 수백만 명이 목숨을 잃는 중국의 기근보다 자신의 치통이 그에게는 더 중요하다. 아프리카에 수십 차례 지진이 난다 해도 자기 목에 걸린 가시에 더 신경을 쓸 것이다. 앞으로 대화를 시작할 때는 이 사실을 잊지 마라.

그러므로 사람들의 호감을 사고 싶다면 원칙 4처럼 해보라!

원칙 4 ──────────────────────────
훌륭한 청자가 되어라. 다른 사람이 자신에 대해 이야기하도록 격려하라.
Be a good listener. Encourage others to talk about themselves.

시어도어 루스벨트의 초대를 받아 본 사람들은 누구나 그의 박학다
식함에 감탄했다. 카우보이, 말 조련사, 뉴욕의 정치가, 외교관 등 어
떤 손님이 찾아오든 루스벨트는 무슨 이야기를 해야 할지 알고 있었
다. 어떻게 그렇게 했을까? 해답은 간단하다. 방문객을 맞이할 때면 그
는 전날 밤 손님이 특히 관심을 가지는 주제에 대한 글을 늦게까지 읽
었다.

리더라면 모두가 그렇듯이 루스벨트는 상대방의 마음을 얻는 왕도
는 그 사람이 가장 소중하게 여기는 문제에 대해 이야기하는 것이라
는 사실을 알았다.

예일 대학교의 문학 교수 겸 수필가인 다정한 성품의 윌리엄 라이언
펠프스는 일찌감치 이 교훈을 깨달았다.

〈휴먼 네이처〉지에 실린 수필에서 그는 다음과 같이 전했다.

여덟 살 되던 해 어느 날이었다. 나는 후사토닉강변의 스트랫퍼드에 있는 리비 린슬리 숙모의 집에서 주말을 보내고 있었다. 어느 날 저녁 한 중년 남자가 찾아왔다. 그는 숙모와 이야기를 나누다가 내게 관심을 돌렸다. 나는 당시 보트에 푹 빠져 있었는데 그는 무척 관심이 있다는 듯이 보트에 대해 이야기했다.

그가 돌아간 후 나는 몹시 흥분한 상태로 정말 대단한 분이라고 칭찬했다. 숙모는 그분이 뉴욕에서 변호사로 일하시고 사실 보트를 전혀 좋아하지 않으며 관심도 없다고 말씀하셨다. 나는 "그렇다면 그분이 왜 줄곧 보트에 대해 이야기한 거죠?"라고 물었다.

"그거야 그분이 신사여서 그런 거지. 네가 보트에 관심이 있다는 걸 알고는 네가 흥미를 가지고 즐거워할 것에 대해 이야기하신 거란다. 네 기분을 맞춰주신 거지."

윌리엄 라이언 펠프스는 "나는 숙모님의 말씀을 결코 잊지 않았습니다"라고 덧붙였다.

이 글을 쓰는 동안 보이 스카우트 운동에 참여하던 에드워드 L. 찰리프로부터 편지 한 통을 받았다.

어느 날 누군가에게 부탁해야 할 일이 생겼습니다. 대규모 보이 스카우트 잼버리가 유럽에서 열릴 예정인데 미국의 한 대기업 대표에게 한 아이의 여행 경비를 협찬해달라고 도움을 청하기로 했죠.

때마침 그 대표를 만나러 가기 직전에 한 가지 소식을 들었습니다. 그가 결제가 끝난 백만 달러짜리 수표를 기념으로 액자에 넣어 간직하고 있다고 하더군요. 그래서 그의 집무실로 들어갔을 때 저는 먼저 수표를 보여 달라고 부탁했습니다. 백만 달러 수표라니!

나는 그때까지 그런 거액의 수표가 있는 줄도 몰랐는데 이제 아이들에게 백만 달러짜리 수표를 직접 보았다고 자랑하고 싶다고 말했죠. 그는 기꺼이 수표를 보여주었습니다. 나는 수표를 보고 감탄하고는 수표를 쓰게 된 경위를 물었습니다.

보다시피 찰리프는 처음부터 보이 스카우트, 유럽 잼버리 혹은 자신이 원하는 것을 언급하지 않았다. 대신 상대방의 관심사부터 시작했다. 어떤 결과를 얻었을까?

잠시 후 그 대표가 "아, 그런데 무엇 때문에 나를 만나러 오셨나요?"라고 묻더군요. 그래서 전 이유를 설명했습니다. 놀랍게도 그는 제 부탁을 흔쾌히 들어준 것은 물론이고 더 많은 제안을 하셨답니다.

나는 단원 한 명만 보내달라고 부탁했는데 그는 단원 다섯 명에 저까지 보내주기로 약속하셨죠. 그리고 1천 달러짜리 신용장을 건네며 7주 동안 유럽에 체류할 수 있을 거라고 말씀하셨습니다. 뿐만 아니라 회사 지사장들에게 도움을 청하라며 소개장을 써주시고 파리에서는 우리와 만나서 안내도 해주셨죠.

그 이후로 그 대표는 가정 형편이 어려운 단원에게 일자리도 주었고 지금도 여전히 보이 스카우트 활동을 적극적으로 후원하십니다. 하지만 그의 관심사를 전혀 몰라서 호감을 사지 못했다면 접근하기가 그리 쉽지는 않았을 겁니다.

사업에서 이용할 수 있는 소중한 테크닉이 아닐까? 그렇지 않은가? 뉴욕의 도매 제빵회사인 두버노이 앤드 선스의 헨리 G. 두버노이의 사례를 살펴보자.

두버노이는 뉴욕의 한 호텔에 식빵을 납품하려고 애썼다. 4년 동안 한 주도 빠지지 않고 호텔 지배인을 찾아갔고, 그가 참석하는 친목 행사도 따라갔다. 심지어 호텔에 투숙해서 지내기도 했지만 아무 소용이 없었다.

그래서 인간관계를 배우고 난 다음 전략을 바꾸었습니다. 그 사람의 관심사가 무엇인지, 그러니까 무엇에 열중하는지 찾아내기로 결심했죠. 그가 미국 호텔 그리터스의 회원이라는 사실을 알아냈습니다. 호텔 경영진이 모이는 친목 단체였죠. 그는 무척 열성적인 회원이었기 때문에 미국협회와 국제협회의 회장이 되었으며 모임이 열릴 때면 장소를 불문하고 참석했습니다.

다음날 그를 만났을 때 나는 그리터스에 대한 이야기로 말문을 열었습니다. 그랬더니 정말이지 대단한 반응을 보이더군요. 얼마나 열정적이었는지 모릅니다. 30분 동안 열정이 넘쳐 떨리는 목소리로 그리터스에 대해 설명했습니다. 그 단체는 그의 취미일 뿐만 아니라 평생의 열정이라는 사실을 단번에 알겠더군요.

그의 사무실을 나서려는데 그가 자기 협회의 회원으로 가입하라고 '설득'했습니다. 나는 식빵에 대해서는 한마디도 꺼내지 않았습니다. 그러나 며칠 뒤 호텔 사무장이 전화를 걸어서 샘플과 가격을 제시하라고 전하더군요.

사무장은 나를 맞이하면서 이렇게 말했습니다. "당신이 지배인을 어떻게 했는지 모르지만 당신에게 무척 호의적이더군요."

생각해보세요. 거래를 하려고 4년 동안 발이 닳도록 그 사람을 찾아갔죠. 그가 무엇에 관심이 있는지, 무엇에 대해 이야기하고 싶어 하는지 알아내기 위해 노력하지 않았다면 아직도 그러고 있을 겁니다.

그러므로 사람들의 호감을 사고 싶다면 원칙 5처럼 해보라!

원칙 5 ───────────────────────────────

상대방의 관심사를 이야기하라.

Talk in terms of the other man interests.

[6] ─────────── 사람을 단숨에 매료시키는 방법

나는 뉴욕 33로 6가에 위치한 우체국에서 등기우편을 보내려고 줄을 서서 기다리는 중이었다. 등기 담당직원의 모습이 눈에 띄었다. 그는 해마다 변함없이 우편물의 무게를 재고, 우표와 거스름돈을 건네고, 영수증을 발행하는 단조롭고 고된 일에 신물이 난 듯했다.

그의 모습을 보고 나는 이렇게 생각했다. '저 직원을 매료시켜보자. 그러려면 당연히 내가 아니라 그에게 있는 좋은 점에 대해 말해야겠지.' 나는 '저 사람에게서 내가 진심으로 칭찬할만한 것이 무엇일까?'라고 자문했다. 이따금 이 질문에 답하기가 쉽지 않을 경우가 있다. 처음 만난 사람이라면 특히 그렇다. 하지만 그의 경우에는 쉽사리 답을 찾을 수 있었다. 끊임없이 칭찬할만한 것이 눈에 띄었기 때문이다.

그래서 그가 내 우편물의 무게를 재는 동안 나는 한껏 들뜬 목소리로 "당신 같은 머리카락을 갖고 싶군요"라고 말했다.

다소 놀란 표정이었지만 나를 올려다보는 그의 얼굴은 금세 환해졌다. 그는 "글쎄요. 예전만큼 멋지지는 않아요"라고 겸손하게 대답했다. 나는 어쩌면 전성기의 아름다움은 약간 퇴색했을지 모르지만 그래도 여전히 훌륭하다고 말했다. 그는 무척 기뻐했다. 우리는 잠시 유쾌한 대화를 나누었다. 그가 내게 마지막으로 건넨 말은 이랬다. "내 머리카락에 감탄하는 사람이 많답니다."

장담하건대 그날 그 직원은 구름 위를 걷는 기분으로 점심을 먹으러 나갔을 것이다. 장담하건대 그날 밤 아내에게 이 이야기를 전했을 것이다. 장담하건대 그는 거울로 자신의 머리를 보면서 "멋지군"이라고 말할 것이다.

한 번은 강연에서 이 이야기를 했더니 강연이 끝나고 어떤 사람이 "당신은 그에게서 무엇을 얻고 싶었나요?" 하고 물었다.

그에게서 무엇을 얻고 싶었냐고?

우리가 만약 경멸스러울 정도로 이기적인 인간이라면, 그래서 상대방에게 대가를 기대하지 않고 작은 행복을 주거나 진심어린 칭찬을 할 수 없다면, 그리고 우리의 영혼이 시큼한 사과만큼 편협하다면 우리는 결국 실패할 것이고 또 그래야 마땅하다.

아, 그에게서 얻고 싶은 것이 있었다. 나는 값으로 따질 수 없는 무언가를 원했고 그것을 얻었다. 그에게 아무런 대가를 원하지 않고 그를 위해 무언가를 했다는 느낌을 얻은 것이다. 그 행동이 끝난 다음에도 기억 속에 남아 울려 퍼질 느낌 말이다.

인간 행동에 있어 한 가지 중대한 법칙이 있다. 이 법칙을 따른다면 결코 분란을 일으킬 일이 없을 것이다. 사실 그 법칙을 따르기만 한다면 무수한 친구와 무한한 행복을 얻을 것이다. 그러나 그 법칙을 어기는 순간 끊임없이 분란이 일어날 것이다. 그 법칙은 바로 이것이다.

언제나 상대방이 스스로 중요한 사람이라고 느끼도록 만들어라. 앞서 살펴보았듯이 존 듀이는 중요한 인물이 되려는 욕망을 인간 본성의 가장 심오한 욕구라고 표현했다. 윌리엄 제임스는 '인간 본성의 가장 심오한 원칙은 인정받으려는 갈망'이라고 표현했다. 이미 얘기했듯이 인간과 동물을 구별하는 것은 이 욕구이다. 문명을 이룩한 것도 바로 이 욕구이다.

수천 년 동안 철학자들은 인간관계 규칙에 대해 연구했다. 그리고 그 모든 연구를 통해 오직 한 가지 중대한 법칙이 등장했다. 이는 결코 새로운 것이 아니다. 이는 역사만큼이나 오래된 법칙이다.

조로아스터는 2천5백 년 전 페르시아에서 추종자들에게 이 법칙을 가르쳤다. 도교의 창시자인 노자는 《도덕경》을 통해 제자들에게 이 법칙을 가르쳤다. 부처는 예수가 태어나기 5백 년 전에 신성한 갠지스의 강둑에서 이 법칙을 설파했다. 힌두교의 경전은 이보다 천 년 먼저 이 법칙을 가르쳤다. 예수는 1천9백여 년 전에 유대의 돌산에서 이 법칙을 가르쳤다. 예수는 이 법칙을 단 한마디로 요약했다. 이는 분명 이 세상에서 가장 중요한 규칙일 것이다. "무엇이든지 남에게 대접을 받고자 하는 대로 너희도 남을 대접하라."

여러분은 만나는 사람들로부터 칭찬을 원한다. 자신의 진정한 가치를 칭찬받고 싶어 한다. 여러분은 자신만의 작은 세상에서 중요한 사람이라는 느낌을 원한다. 값싸고 위선적인 아부가 아니라 진심 어린 칭찬을 갈구한다. 찰스 슈워브가 표현했듯이 여러분의 친구와 동료가 '진심으로 인정하고 아낌없이 칭찬하기'를 원한다. 모름지기 인간이라면 누구나 이것을 원한다.

그러니 이제 황금률을 따르고 다른 사람에게 받고 싶은 것을 그들에게 주자. 어떻게? 언제? 어디서? 해답은 다음과 같다. 언제나 어디서나.

일례로 나는 라디오 시티 빌딩의 안내원에게 헨리 수베인의 사무실 호수를 물은 적이 있었다. 깔끔한 유니폼 차림의 안내원은 정보를 전달하는 자기만의 방식에 자부심을 느끼며 또박또박하고 명확한 말투로 이렇게 대답했다. "헨리 수베인 씨, (잠시 멈추고) 18층, (잠시 멈추고) 1816호입니다."

나는 서둘러 엘리베이터로 향하다가 잠시 멈추어 뒤를 돌아보면서 이렇게 말했다. "질문에 멋지게 대답하는 모습이 참 인상적이네요. 매우 또박또박하고 정확하게 마치 예술가 같군요. 보기 드문 모습입니다."

그는 기쁨의 미소를 띠면서 왜 그가 말할 때마다 잠시 멈추는지, 그리고 왜 모든 문구를 그런 식으로 말하는지 정확한 이유를 전해주었다. 내가 건넨 몇 마디 말 덕분에 그의 자부심은 한층 높아졌다. 나는 18층으로 올라가면서 그날 오후 내가 인간이 느끼는 행복의 총합에 조금이나마 보탬이 된 것 같다고 느꼈다.

프랑스 대사나 엘크스 클럽의 클램베이크 위원회 의장이 되어야만 이런 칭찬의 철학을 이용할 수 있는 것은 아니다. 이 철학을 이용하면 매일 마법 같은 일을 일으킬 수 있다.

예컨대 감자튀김을 주문했는데 웨이트리스가 으깬 감자를 갖다 주면 이렇게 말하자. "번거롭게 해서 미안한데 나는 감자튀김이 더 좋습니다." 그러면 웨이트리스는 십중팔구 "전혀 번거롭지 않다"고 답하고 흔쾌히 감자를 교환해줄 것이다. 우리가 그녀를 존중했으니 말이다.

"번거롭게 해서 미안합니다", "죄송하지만 _____ 해주시겠어요?" "_____ 부탁합니다", " _____ 해주시면 어떨까요?" "고맙습니다." 이런 사소한 말, 이와 같은 사소한 예절이 일상생활의 단조롭고 고된 일이라는 톱니바퀴에 윤활유가 된다. 부연설명을 하자면 그것이 훌륭한 교육의 특징이다.

또 다른 사례를 들어보자. 금세기 초 홀 케인의 소설(《크리스천》, 《맨 섬의 재판관》, 《맨 섬 사람》 등)은 모두 베스트셀러였다. 수백만 명이 그의 소설을 읽었다. 그는 대장장이의 아들로 태어났으며 평생 학교에 다닌 기간은 8년이 넘지 않았다. 하지만 세상을 떠날 무렵 그는 당대 최고로 부유한 문호였다.

그에게는 다음과 같은 사연이 있다. 홀 케인은 소네트와 발라드를 좋아했다. 그래서 단테 가브리엘 로세티의 시를 빠짐없이 탐독했다. 심지어 로세티의 예술적 성과를 찬미하는 강의록을 쓰고 로세티에게 1부를 보내기도 했다. 로세티는 무척 기뻐했다. 그는 십중팔구 '내 능력을 그토록 높이 평가하는 젊은이는 분명 명석할 것'이라고 생각했을 것이다. 그래서 로세티는 그 대장장이의 아들을 런던으로 불러 비서로 삼았다. 이 일이 홀 케인의 삶에 전환점이 되었다. 새로운 일을 하면서 당대의 문학가들을 만날 수 있었기 때문이다. 그들의 조언을 실천하고 그들의 격려에서 용기를 얻어 세계적으로 길이 이름을 남길 작가로서 첫 발을 내디뎠다.

맨 섬에 있는 그의 저택 그리바 캐슬은 세계 곳곳에서 온 여행객들의 메카로 거듭났다. 그리고 그는 수백만 달러에 이르는 재산을 남겼다. 하지만 이름난 시인을 찬미하는 글을 쓰지 않았다면 한낱 이름 없는 가난뱅이로 세상을 떠났을지 모른다.

그것이 진심에서 우러난 진실한 칭찬의 위력, 엄청난 위력이다.

로세티는 자신을 중요한 사람이라고 생각했다. 이는 그리 이상한 일이 아니다. 거의 모든 사람이 자신을 중요한 사람, 매우 중요한 사람이라고 생각한다.

어떤 사람 덕분에 자신이 중요한 사람이라고 느꼈을 때 사람들의 인생은 분명 달라질 것이다.

여러분은 일본 사람보다 우월하다고 느끼는가? 사실 일본 사람은 자신들이 여러분보다 우월하다고 생각한다. 이를테면 보수적인 한 일본인은 일본 여성이 백인 남성과 춤추는 모습만 보아도 분개한다.

인도의 힌두교도보다 우월하다고 생각하는가? 그렇게 생각하는 것은 여러분의 자유이다. 하지만 수백만 명에 이르는 힌두교도는 여러분보다 한없이 우월하다고 생각하기 때문에 여러분의 세속적인 그림자가 드리워진 음식조차도 먹는 것을 삼갈 것이다.

에스키모보다 우월하다고 느끼는가? 이 역시 여러분 마음대로 생각해도 좋다. 하지만 에스키모가 여러분을 어떻게 생각하는지 궁금하지 않은가? 음, 에스키모 중에는 일하지 않으려는 부랑자들이 있다. 에스키모는 그런 사람들을 '백인'이라고 부르며, 그것은 그들에게 가장 모멸스러운 말이다.

어느 나라든 저마다 다른 나라보다 우월하다고 생각한다. 그것이 애국심과 전쟁을 낳는다.

퇴색하지 않는 한 가지 진리는 사람은 누구나 거의 예외 없이 어떤 면에서는 다른 사람보다 우월하다고 자부한다는 점이다. 따라서 사람의 마음을 얻는 확실한 방법은 여러분이 그 사람의 작은 세상에서 그 사람이 중요하다는 사실을 진심으로 인정한다고 은근히 일깨워주는 것이다.

에머슨의 말을 기억하라. "내가 만나는 모든 사람은 어떤 면에서 나보다 우월하다. 그에 대해 내가 배울 수 있기 때문이다."

한 가지 안타까운 점은 흔히 성취감을 느낄만한 정당성이 가장 적은 사람들이 공격적이고 불쾌하기 짝이 없는 외부를 향한 아우성과 소란, 그리고 자만심으로 자신의 내적 결핍감을 채운다는 사실이다.

셰익스피어는 이렇게 표현했다. "인간, 오만한 인간이여! 아주 잠깐의 권위를 둘러 입고 드높은 하늘 앞에서 그토록 터무니없는 속임수를 쓰면서 천사를 흐느끼게 만드노니."

내 강좌에 참석했던 사업가들이 이 원칙을 적용해서 얼마나 대단한 성과를 거두었는지 살펴보도록 하자. 코네티컷 출신의 한 변호사를 예로 들어보자(본인의 희망에 따라 실명은 밝히지 않는다).

강좌에 참가한 직후 R씨 부부는 아내의 친척을 방문하러 차를 몰고 롱아일랜드로 갔다. 아내는 R씨를 나이가 지긋한 숙모와 단 둘이 남겨둔 채 젊은 친척들을 만나러 가버렸다. 때마침 칭찬의 원칙을 적용한 사례를 발표해야 했기 때문에 그는 노부인과 이야기를 나누면 훌륭한 소재를 얻을 수 있을 것이라고 생각했다. 그래서 진심으로 칭찬할 것을 찾으려고 집안을 둘러보았다.

그는 "이 집은 1890년쯤 지은 거죠, 그렇지 않나요?"라고 물었다. 그녀는 "그렇다네, 정확히 그해에 지었지"라고 대답했다. "이곳을 보니 우리 고향집이 생각나는군요. 아름답고 튼튼하고 널찍한 집이었죠. 그런데 요즘 사람들은 이런 집을 짓지 않네요."

노부인은 그의 말에 맞장구를 쳤다. "자네 말이 맞네. 요즘 젊은이들은 아름다운 집에는 관심이 없지. 그들이 원하는 건 작은 아파트뿐이야. 그리고 자동차를 타고 돌아다니기만 하지."

그녀는 아련한 추억을 떠올리며 떨리는 목소리로 이렇게 덧붙였다. "이건 꿈의 집이야. 이 집은 사랑으로 지은 거라네. 남편과 나는 공사를 하기 몇 년 전부터 이 집을 설계했지. 설계사도 없이 우리가 직접

이 집을 설계했다네."

그녀는 R씨에게 집을 구경시켜주었다. R씨는 페이즐리 숄, 낡은 영국 티 세트, 웨지우드 도자기, 프랑스산 침대와 의자, 이탈리아의 그림, 그리고 과거 프랑스의 한 성에 걸려있던 실크 커튼 등을 보며 진심 어린 찬사를 보냈다. 모두 부인이 여행 중에 사서 평생 소중하게 간직했던 아름다운 보물들이었다.

집 안 구경이 끝나자 그녀는 차고로 R씨를 데리고 갔다. 그곳에는 새 차처럼 깨끗한 패커드 자동차가 블록 위에 받쳐 있었다.

그녀는 나지막이 이렇게 말했다. "남편이 세상을 떠나기 직전에 내게 저 자동차를 사주었다네. 그가 죽은 다음에는 한 번도 타지 않았다네. 자네는 멋진 물건을 보는 안목이 있으니 자네에게 이 자동차를 주겠네."

R씨는 이렇게 대답했다. "아, 숙모님, 정말 감격스럽습니다. 물론 숙모님의 큰 선물에 진심으로 감사합니다. 하지만 받을 수 없습니다. 전 숙모님 친척도 아닌 걸요. 제게는 새 차가 있고 숙모님 친척 가운데 패커드를 원하는 사람이 많을 겁니다."

그러자 그녀는 이렇게 소리쳤다. "친척들이라고! 그렇지. 저 자동차를 차지하기 위해 내가 죽을 때를 기다리는 친척들이 있지. 하지만 그들에게 주지 않을 걸세."

"그들에게 주고 싶지 않다면 중고 판매업자에게 쉽게 팔 수 있답니다."

"판다고! 내가 이 자동차를 팔 거라고 생각하는가? 생판 모르는 사람이 저 자동차를 타고 거리를 누비는 모습을 내가 지켜볼 수 있을 거라고 생각하는가? 남편이 내게 사준 저 자동차를 말일세. 차를 파는 건 꿈에도 생각해보지 않았네. 나는 자네에게 줄 참이네. 자네는 아름다운 물건을 보는 안목이 있으니 말이야."

그는 자동차를 받지 않으려고 애를 썼으나 그러면 그녀에게 상처가 될 터였다.

페이즐리 숄, 프랑스 고가구, 추억과 함께 큰 저택에 홀로 남겨진 이 부인은 작은 칭찬에 굶주려 있었다. 그녀도 한때는 젊고 아름다운 모습으로 사람들에게 둘러싸여 살았다. 사랑으로 가득한 집을 짓고 유럽 각지에서 물건을 사 모아 아름답게 장식했다.

그런데 이제 노년이라는 외로움에 갇힌 그녀는 작은 인간의 온기, 진심 어린 작은 칭찬을 갈구했으나 그것을 건네는 사람은 어디에도 없었다. 그래서 마치 사막에 찾아온 봄날처럼 마침내 그것을 발견했을 때, 그녀는 애지중지하던 패커드라는 선물을 건네는 것 이외에는 그 고마움을 표현할 길이 없었다.

또 다른 사례를 살펴보자. 뉴욕주 라이에 있는 정원관리 및 조경설계 회사인 루이스 앤드 발렌타인의 관리인 도널드 M. 맥마흔은 다음과 같은 이야기를 전해주었다.

강좌에 참석한 직후 나는 한 유명 법조인의 저택에서 조경공사를 하고 있었습니다. 그 법조인은 제게 다가와 철쭉과 진달래를 심을 곳에 대해 몇 가지 지시를 내렸죠.

저는 그에게 이렇게 말했습니다. "판사님, 취미가 참 멋지시네요. 판사님의 훌륭한 개들을 보고 감탄하고 있었습니다. 매디슨 스퀘어 가든에서 열리는 품평회에서 매년 파란 리본을 많이 받으셨다고 들었습니다."

이처럼 사소한 칭찬의 표현이 거둔 효과는 실로 인상적이었죠.

판사는 "개들과 함께 있으면 무척 즐겁답니다. 훈련장 한 번 구경하시겠소?"라고 대꾸했다.

그는 거의 1시간 동안 개들과 그들이 받은 상을 보여주었습니다. 심지어 그들의 혈통표를 들고 나와서 그렇게 잘생기고 영리한 것은 혈통 때문이라고 설명했습니다. 그리고 나를 돌아보면서 아이가 있냐고 묻더군요. 나는 아들 한 명이 있다고 답했습니다.

그러자 판사는 "그 애가 강아지를 좋아할까요?"라고 물었습니다. "아, 예. 무척 좋아합니다"고 답했습니다. 그러자 판사는 큰소리로 "좋습니다. 제가 그에게 한 마리 주겠습니다"라고 말했습니다.

그는 강아지에게 먹이를 주는 방법을 알려주기 시작했죠. 그러더니 잠시 멈추고는 "말로 하면 잊어버릴 테니 적어드리죠"라고 말했습니다. 그는 집으로 들어가 타이프로 강아지 족보와 먹이를 주는 방법을 쳐 주었죠. 판사는 내게 수백 달러 상당의 강아지 한 마리와 1시간 15분이라는 그의 귀중한 시간을 선사했습니다. 그의 취미와 성과에 대해 진심으로 찬사를 표현한 보답으로 말입니다.

코닥사의 조지 이스트먼은 영화의 시초가 되었던 투명필름을 발명했다. 그 덕분에 수억 달러에 이르는 재산을 모으고 세계적으로 유명한 사업가가 되었다. 하지만 이런 엄청난 업적을 이룬 이스트먼 역시 평범한 사람들과 다름없이 작은 칭찬을 간절히 원했다.

일례를 살펴보자. 이스트먼이 로체스터에 이스트먼 음악학교와 킬번 홀을 짓고 있을 때였다. 당시 뉴욕의 슈페리어 의자회사의 대표였던 제임스 애덤슨은 이 건물의 극장용 의자를 공급할 계약을 맺고 싶었다. 애덤슨은 건물의 건축가에게 전화를 걸어 로체스터에서 이스트먼을 만나기로 약속했다.

애덤슨이 도착했을 때 그 건축가는 이렇게 말했다. "당신이 이 계약을 원하는 건 잘 알지만 지금 제가 드릴 수 있는 말은 당신이 조지 이스트먼의 시간을 5분 이상 뺏는다면 계약을 딸 수 없을 거라는 것뿐입니다. 그는 엄격한 원칙주의자인데다 매우 바쁜 사람입니다. 그러니 간단히 용건만 이야기하고 나오세요."

애덤슨은 지시대로 따르기로 마음먹었다. 그가 방으로 안내를 받았을 때 이스트먼은 고개를 숙이고 책상에 쌓인 서류를 살펴보고 있었다. 이윽고 고개를 든 이스트먼은 안경을 벗으며 건축가와 애덤슨을 향해 걸어와서 이렇게 말했다. "안녕하십니까, 여러분. 무슨 일로 오셨습니까?"

건축가가 두 사람을 소개하자 애덤슨은 이렇게 말을 건넸다. "이스트먼 씨, 당신을 만나려고 기다리는 동안 집무실을 보고 감탄했습니다. 이런 곳에서 일하는 게 제 소원입니다. 지금 인테리어와 목공업계에서 일하고 있는데 제 평생 이런 아름다운 사무실은 본 적이 없군요."

조지 이스트먼은 이렇게 답변했다. "당신 말을 들으니 거의 까맣게 잊고 있던 일이 생각나는군요. 정말 훌륭하죠, 그렇죠? 처음 이 사무실을 짓고는 저도 무척 흐뭇했습니다. 그런데 지금은 머릿속에 온통 다른 생각만 가득한 채 사무실을 들어서다보니 어떤 때는 몇 주 동안 방을 둘러볼 겨를조차 없군요."

애덤슨은 반대편으로 걸어가서 손으로 판벽을 문질러보았다. "영국산 참나무군요, 그렇죠? 이탈리아산 참나무와는 결이 약간 다르죠."

이스트먼은 이렇게 대답했다. "그렇습니다. 영국산 수입 참나무랍니다. 고급 목재 전문가인 제 친구가 나를 위해 골라준 겁니다."

대답을 마친 다음 이스트먼은 애덤슨에게 사무실을 구경시켜주면서 균형, 색상, 수제 조각품, 그 밖에 직접 계획하고 지시했던 여러 부분을 설명했다.

목공 작업에 감탄하며 방안을 둘러보다가 그들은 창문 앞에 잠시 멈춰 섰다. 그때 이스트먼은 점잖고 부드러운 목소리로 인류를 돕겠다는 마음으로 자신이 몸담았던 몇몇 기관을 나열했다. 예컨대 로체스터 대학교, 종합병원, 호모패틱 병원, 프렌들리 홈, 아동병원 등이었다.

애덤슨은 인류의 고통을 줄이는 일에 재산을 기부한 그의 이상적인 사고방식에 대해 찬사를 아끼지 않았다. 잠시 후 이스트먼은 유리 상자를 열어 그가 난생처음 가졌던 카메라를 꺼냈다. 어떤 영국인에게 샀던 발명품이었다.

애덤슨은 이스트먼에게 사업을 시작하면서 겪었던 초창기의 어려움 등 여러 가지 질문을 했고, 이스트먼은 가난했던 어린 시절 이야기를 전해주었다. 그의 어머니는 남편을 여의고 하숙집을 열었고 그는 보험회사에서 사무원으로 일했다. 그는 밤낮으로 가난의 공포에 시달리다 어머니가 일을 쉴 수 있을 만큼 돈을 많이 벌기로 결심했다.

애덤슨은 계속해서 이스트먼의 지난날에 관해 질문을 하고 그의 사연에 완전히 몰두한 채 귀를 기울였다. 이스트먼은 하루 종일 사무실에서 열심히 일했으며 이따금 밤새도록 실험을 하고 화학반응이 일어나는 동안 잠깐씩 눈을 붙였다. 사흘 동안 같은 옷을 입은 채로 일하고 잠을 잤던 적도 있었다.

애덤슨은 10시 15분에 이스트먼의 사무실로 안내되었고 5분 이상 시간을 빼앗지 말라고 언질을 받았다. 그러나 이미 1시간이 지나고, 2시간이 지났다. 그런데도 그들의 이야기는 끝나지 않았다.

마침내 이스트먼은 애덤슨을 돌아보며 이렇게 말했다. "일본에 들렀을 때 의자를 몇 개 샀습니다. 집으로 가져와서 일광욕실에 놓아두었는데 햇빛 때문에 페인트가 벗겨졌더군요. 그래서 제가 직접 페인트를 칠했습니다. 제 페인트 솜씨 좀 보실래요? 아예 점심 먹으러 우리집으로 가시지요. 제가 보여드리겠습니다."

점심을 먹은 후 이스트먼은 애덤슨에게 일본에서 가져온 의자를 보여주었다. 몇 달러만 주면 살 수 있는 평범한 의자였다. 그런데 백만 장자인 이스트먼은 직접 페인트를 칠했다는 이유로 그 의자들을 매우 소중하게 여겼다.

극장 좌석은 9만 달러 상당의 계약이었다. 애덤슨과 다른 경쟁업체 가운데 누가 그 계약을 따냈을까?

그날 이후로 세상을 떠날 때까지 이스트먼은 애덤슨과 가까운 친구로 지냈다.

우리는 이 칭찬이라는 마법 같은 시금석을 어디부터 적용해야 할까? 가정에서 시작하면 어떨까? 가정은 칭찬이 가장 필요한 곳이지만, 제일 무시되는 곳이다.

여러분의 아내에게도 틀림없이 좋은 점이 있을 것이다. 적어도 여러분은 한때 그렇게 생각했을 것이다. 그렇지 않았다면 아내와 결혼하지 않았을 것이다. 하지만 아내의 매력을 칭찬하며 여러분의 마음을 표현한 적이 언제였던가? 얼마나 오래전이었던가? 얼마나?

나는 몇 년 전 뉴브런즈윅 미라미치 상류에서 낚시를 했다. 캐나다의 깊은 숲 속에 있는 외딴 캠프에서 홀로 지냈다. 읽을거리라고는 시골 신문뿐이었다. 나는 광고와 도로시 딕스의 기사를 포함해 신문의 모든 내용을 샅샅이 읽었다. 도로시 딕스의 기사는 무척 훌륭했으며, 그래서 나는 기사를 잘라 따로 보관했다. 그녀는 신부들을 위한 설교에 신물이 났다고 밝히면서 누군가 신랑을 따로 불러내어 다음과 같이 현명한 조언을 해야 한다고 주장했다.

블라니 스톤(아일랜드 코크 부근의 성 안에 있는 돌로, 여기에 키스하면 언변이 좋아지거나 아첨을 잘한다는 전설이 있음-옮긴이)에 키스하기 전까지는 절대 결혼하지 마라. 결혼하기 전에 여자에게 칭찬하는 것은 개인적인 성향의 문제이지만 그녀와 결혼한 후에 칭찬하는 것은 필요와 개인의 안전과 관련된 문제이다. 결혼은 솔직함을 내세울 곳이 아니라 외교를 위한 장이다.

매일 융숭한 대접을 받고 싶다면 아내의 살림 솜씨를 탓하거나 당신의 어머니와 아내의 살림 솜씨를 비교해 아내의 비위를 거스르는 일은 삼가라. 대신 그녀의 가정에 대한 사랑을 줄기차게 칭찬하고 당신이 비너스와 미네르바, 그리고 메리 앤의 매력을 합쳐놓은 유일한 여자와 결혼했다는 사실에 대놓고 자축하라. 가죽처럼 질긴 스테이크와 숯처럼 타버린 빵을 내놓더라도 불평하지 마라. 다만 평소의 완벽한 아내의 솜씨에 미치지 못했다고 전하라. 그러면 아내는 당신이 품고 있는 환상을 깨트리지 않으려고 부엌 조리대에서 태운 음식을 먹어치울 것이다.

이런 일을 너무 급작스럽게 시작하지 마라. 그렇지 않으면 아내의 의심을 살 것이다.

하지만 오늘 밤이나 내일 밤에 아내에게 꽃다발이나 사탕 한 상자를 선사하라. "그래. 그게 내 임무니까"라고 말만 하지 말고 무조건 실천하라! 그리고 덤으로 그녀를 향해 미소를 짓고 따뜻한 사랑의 말을 건네라. 이 조언을 실천하는 아내와 남편이 많아진다면 여섯 쌍의 부부 가운데 한 쌍이 이혼법정에서 갈라서는 일은 없을 터이다.

어떻게 하면 한 여자의 사랑을 받을 수 있을까? 비결은 바로 이것이다. 무척 효과적인 비결이지만 내 아이디어가 아니라 도로시 딕스의 아이디어를 빌린 것이다.

딕스는 스물세 명에 이르는 여자들의 마음과 재산을 훔친 이름난 바람둥이와 인터뷰를 한 적이 있었다(짚고 넘어가자면 인터뷰 장소는 그 남자가 있던 감옥이었다). 그녀가 여자의 사랑을 얻는 그만의 비법을 묻자 남자는 비법이라고 할 것도 없이 상대 여자에 대해서만 이야기하면 된다고 답했다.

대영제국 역사상 가장 빈틈없는 총리로 손꼽히는 디즈레일리는 말했다. "누군가를 만나면 그 사람에 대해 이야기하라. 그러면 그들은 몇 시간이고 귀를 기울일 것이다."

그러므로 사람들의 호감을 사고 싶다면 원칙 6처럼 해보라!

원칙 6

상대방이 인정받는다고 느끼게 만들어라. 그리고 진심으로 칭찬하라.
Make the other person feel important and do it sincerely.

사람에게 호감을 얻는 6가지 방법

원칙 1 다른 사람에게 진심으로 관심을 기울여라.

원칙 2 미소를 지어라.

원칙 3 상대방에게는 자신의 이름이 다른 사람의 입에서 나오는 가장 다정하고 중요한 말이라는 점을 명심하라.

원칙 4 훌륭한 청자가 되어라. 다른 사람이 자신에 대해 이야기하도록 격려하라.

원칙 5 상대방의 관심사를 이야기하라.

원칙 6 상대방이 인정받는다고 느끼게 만들어라. 그리고 진심으로 칭찬하라.

3장

사람을
설득하는 방법

논쟁할 때면 언제나 주장하듯이 여러분이 옳을지도 모른다.

지극히 옳을지도 모른다. 하지만 상대방의 마음을 바꾸는 일에서는

옳든 그르든 주장을 해봐야 소용이 없다.

1차 세계대전이 끝난 직후 어느 날 저녁 나는 런던에서 매우 소중한 교훈을 얻었다. 당시 나는 로스 스미스 경의 매니저로 일하고 있었다. 전쟁 중에 로스 경은 팔레스타인 지역에서 오스트레일리아의 공군 에이스로 활약했고, 전쟁이 끝난 직후에는 한 달 만에 지구를 반 바퀴를 비행하여 전 세계를 깜짝 놀라게 했다. 이는 그때껏 어느 누구도 시도하지 않았던 대단한 업적이었기에 엄청난 센세이션을 일으켰다.

오스트레일리아 정부는 그에게 5만 달러의 포상금을 제공했고 영국 국왕은 기사 작위를 수여했다. 그리고 한동안 로스 경은 대영제국에서 뭇사람의 입에 가장 많이 회자되었다.

나는 어느 날 밤 로스 경을 축하하기 위해 열린 한 연회에 참석했다. 저녁 식사를 하는 동안 내 옆에 앉은 한 사람이 다음과 같은 명언을 이용해서 재미있는 이야기를 전해주었다. "인간이 아무리 어설프게 끝낸 일이라도 그 목적을 실현하는 신이 존재한다."

그 재담꾼은 이 명언이 성경에서 인용된 것이라고 밝혔지만 사실 그가 착각한 것이었다. 나는 이미 그 명언을 알고 있었다. 확실히 알고 있는 명언이었다. 추호도 의심할 여지가 없었다. 그래서 나는 주위 사람들에게 인정을 좀 받고 싶기도 하고 우월성을 과시하고 싶은 마음에 그의 실수를 바로잡기 위해 나섰다.

그는 완강하게 부인했다. "뭐라고요? 셰익스피어 작품에서 나온 말이라고요? 그럴 리가 없어요! 터무니없는 소리입니다! 그건 성경에서 인용한 겁니다." 그는 그렇게 믿고 있었다.

그때 그 이야기꾼은 내 오른쪽에 앉아 있었고 내 오랜 친구 프랭크 가몬드가 내 왼편에 앉아 있었다. 가몬드는 수년 동안 셰익스피어를 연구한 사람이었다. 그래서 그 이야기꾼과 나는 그 문제를 가몬드에게 물어보자고 뜻을 모았다. 자초지종을 귀담아 들은 가몬드는 식탁 밑으로 나를 발로 툭 차면서 이렇게 말했다. "데일, 자네가 틀렸네. 이 신사 말씀이 옳아. 그건 성경에 나온 말씀이네."

그날 밤 집으로 돌아오는 길에 나는 가몬드에게 말했다. "프랭크, 그 명언은 셰익스피어 작품에서 인용된 거라는 걸 자네도 알지 않나."

그러자 그는 이렇게 대답했다. "물론이지, 햄릿 5막 2장. 하지만 우리는 즐거운 자리에 초대된 손님이라네, 데일. 굳이 그가 틀렸다는 걸 증명할 필요가 있겠나? 그러면 그 사람이 자네를 좋아하겠는가? 그의 체면을 세워주는 게 어때? 그는 자네 의견을 구하지도 않았고 원치도 않았다네. 무엇하러 그 사람과 실랑이를 하는가? 날카로운 대립은 항상 피해야 한다네." 친구는 이 말로써 내게 평생 잊지 못할 교훈을 전했다. 나는 그 이야기꾼을 불편하게 만든 것은 물론 내 친구까지 난감한 상황에 빠트렸다. 내가 그와 언쟁을 벌이지 않았다면 분위기가 얼마나 화기애애했겠는가?

나는 상습적으로 논쟁을 벌이는 사람이었기에 그것은 내게 무척 필요한 교훈이었다. 어린 시절 나는 세상만사를 놓고 형과 논쟁을 벌이고는 했다. 대학에 다닐 때는 논리학과 논법을 배우고 토론대회에도 참가했다. 미주리 출신은 원래 그렇다. 나는 미주리에서 태어났다. 내가 옳다는 것을 증명해야 직성이 풀렸다.

훗날 나는 뉴욕에서 토론과 논법을 가르쳤다. 그리고 부끄러운 일이지만 그 주제에 대해 책을 쓸 계획을 세우기도 했다. 그 이후 나는 수천 가지 논쟁에 귀를 기울이고 직접 참여하면서 논쟁의 결과를 관찰했다. 그 덕분에 이 세상에서 논쟁으로 이길 수 있는 길은 오직 하나뿐이라는 결론에 이르렀다. 그것은 바로 논쟁을 피하는 것이다.

방울뱀이나 지진을 피하듯이 논쟁을 피하라. 논쟁에서 모든 참가자는 십중팔구 결국 자신이 절대적으로 옳다는 사실을 더욱 굳게 믿게 된다.

논쟁해서는 이길 수 없다. 만일 진다면 두말할 필요도 없고 이겨도 지는 것이나 다름없다. 왜 그럴까? 가령 여러분이 상대방과 논쟁에서 승리를 거두고 그의 주장에서 허점을 낱낱이 파헤쳐서 그가 틀렸다는 사실을 증명했다고 하자. 그래서 무엇을 얻는가? 여러분은 기분이 좋아질 것이다. 그러나 상대방은 어떠한가? 여러분은 그에게 열등감을 심어주었다. 그의 자존심에 상처를 입혔다. 그는 여러분이 승리했다는 사실에 몹시 분개할 것이다.

"자신의 본의와 반대로 설득당해도 사람은 자신의 의견을 바꾸지 않는다."

펜 상호생명보험은 보험 설계사들을 위한 명확한 한 가지 방침을 규정했다. "논쟁하지 말 것!"

진정한 판매 기술은 논쟁이 아니다. 논쟁과는 거리가 멀다. 사람의 마음은 논쟁으로 바뀌지 않는다.

패트릭 오헤어는 몇 년 전 내 강좌에 참석한 사람이다. 그는 그리 교육을 받지 못했고 다툼이 잦았다. 한때 운전기사로 일하다 트럭 판매를 시작했으나 그다지 성공을 거두지 못해서 나를 찾아왔다. 몇 가지 질문을 한 끝에 그가 거래를 해야 할 고객과 끊임없이 다투고 그들의 반감을 산다는 사실을 알았다.

예컨대 한 가망 고객이 그가 판매하려는 트럭에 대해 무언가 흠을 잡으면 패트릭은 금세 격노하여 고객의 멱살을 잡았다. 그 시절 패트릭은 논쟁에서 여러 차례 이겼다. 훗날 그는 내게 이렇게 말했다. "나는 툭하면 '저 멍청이가 이제 뭘 좀 알았겠지'라고 중얼거리며 고객의 사무실을 나섰죠. 물론 내가 그에게 무언가 알리기는 했지만 아무것도 팔지는 못했습니다."

내 우선 과제는 우선 패트릭 오헤어에게 말하는 방법을 가르치는 일이 아니었다. 무엇보다 그에게 말을 삼가고 언쟁을 피하도록 훈련시켜야 했다.

훗날 패트릭 오헤어는 뉴욕의 화이트 자동차회사의 일류 세일즈맨이 되었다. 어떻게 그렇게 되었을까? 그는 자신의 성공담을 다음과 같이 전했다.

어느 날 어떤 사무실에 들어갔는데 고객이 "뭐라고요? 화이트 트럭이요? 그거 형편없어요! 거저 준대도 안 가질 겁니다. 나는 후즈잇 트럭을 살 겁니다"라고 말하면 나는 이렇게 대꾸합니다. "후즈잇은 좋은 트럭이죠. 후즈잇을 사신다면 후회하지 않을 겁니다. 좋은 회사가 만들고 훌륭한 사원들이 판매하는 트럭이니까요."

그러면 고객은 말문이 막히죠. 논쟁할 여지가 없으니까요. 후즈잇이 최고라는 그의 말에 그렇다고 공감하면 더 이상 할 말이 없잖아요. 제가 그의 말에 동의하는데도 오후 내내 '그게 최고'라고 되풀이할 수는 없는 노릇이죠. 그쯤에서 후즈잇 트럭 얘기가 일단락이 되면 저는 화이트 트럭의 장점을 소개하기 시작합니다.

고객이 처음에 했던 식의 이야기를 하면 분노를 참지 못하던 시절이 있었습니다. 후즈잇을 비난하기 일쑤였죠. 그런데 제가 후즈잇을 비난할수록 고객은 후즈잇을 두둔했답니다. 그러면서 경쟁회사의 제품을 사겠다고 마음먹었겠죠.

"지금 돌이켜보면 제가 어떻게 판매를 하겠다고 나섰는지 의아할 따름입니다. 다투고 언쟁하면서 평생을 허비한 거죠. 지금은 입을 다물고 있습니다. 그편이 이로우니까요."

슬기로운 노년의 벤저민 프랭클린은 이렇게 말했다.

"만일 논쟁하고, 괴롭히고, 반박한다면 이따금 승리를 맛볼 것이다. 하지만 그것은 공허한 승리에 지나지 않을 것이다. 상대방의 선의를 얻지 못하기 때문이다."

그러므로 스스로 판단해보라. 학문적이고 이론적인 승리를 얻겠는가, 아니면 상대방의 선의를 얻겠는가? 두 가지를 동시에 얻기는 어렵다.

〈보스턴 트랜스크립트〉에 다음과 같은 의미심장한 풍자시가 실린 적이 있다.

"여기 윌리엄 제이가 잠들어 있다. 자신이 옳다고 주장하던 사람이. 그는 옳았다. 지극히 옳았다. 언제나 그렇게 주장했다. 하지만 그렇게 옳았던 그가 지금 이 자리에 잠들어 있다."

논쟁할 때면 언제나 주장하듯이 여러분이 옳을지도 모른다. 지극히 옳을지도 모른다. 하지만 상대방의 마음을 바꾸는 일에서는 옳든 그르든 주장을 해봐야 소용이 없다.

우드로 윌슨 내각에서 재무부 장관을 지낸 윌리엄 G. 맥아두는 정계에서 몇 년 동안 바쁘게 지낸 끝에 '무식한 사람을 논쟁으로 이길 수는 없다'는 사실을 깨달았다고 밝혔다.

'무식한 사람만?' 맥아두 장관님, 조심스럽게 표현하셨군요. 내 경험에 비추어볼 때 지능지수와는 무관하게 언쟁으로 사람의 마음을 바꿀 수는 없다.

소득세 전문 컨설턴트인 프레데릭 S. 파슨스는 정부의 세무 조사관과 1시간 동안 언쟁을 벌이고 있었다. 9천 달러 상당의 한 항목이 쟁점이었다. 파슨스는 이 9천 달러가 실상 떼인 돈이라 돌려받을 수 없으므로 과세 대상이 아니라고 주장했다. 조사관은 "떼인 돈이라고요, 무슨 소립니까! 과세해야 합니다"라고 맞받아쳤다.

파슨스는 우리 강좌에서 이 경험담을 다음과 같이 전했다.

이 조사관은 냉정하고 거만하며 완고한 사람이었습니다. 아무리 이유를 설명하고 사실을 제시해도 소용이 없었죠. 논쟁이 길어질수록 그는 더욱 완강해졌습니다. 그래서 나는 논쟁을 그만두고 화제를 바꿔서 그를 인정하기로 마음먹었습니다.

나는 이렇게 말했습니다. "당신이 내려야 할 매우 중대하고 어려운 결정에 비하면 이건 무척 사소한 문제일 겁니다. 나도 세제를 공부했지만 책에서 지식을 얻었을 뿐이죠. 반면 당신은 일선 경험에서 지식을 얻고 있습니다. 이따금 나는 당신 같은 직업을 선망하기도 합니다. 많이 배울 수 있을 테니까요." 내 말은 모두 진심이었습니다.

그러자 조사관은 자세를 고치며 의자에 몸을 기대더니 한참 동안 자신의 업무를 설명했습니다. 직접 적발한 기발한 사기 행위도 알려주었죠. 그의 말투가 조금씩 우호적으로 변했고 급기야 그의 아이들 이야기까지 꺼내더군요. 그는 자리를 떠나면서 내 문제를 더 심사숙고한 다음 며칠 뒤에 자신의 결정을 알려주겠다고 말했습니다.

그리고 사흘 뒤 내 사무실을 직접 찾아와 세금 신고서를 제출된 그대로 처리하겠다고 알려주었죠.

이 세무 조사관은 가장 흔히 볼 수 있는 인간의 한 가지 약점을 보여주고 있다. 그는 중요한 사람이라는 느낌을 원했다. 파슨스와 논쟁을 벌이는 동안 그는 큰소리로 자신의 권위를 내세우면서 중요한 사람이라는 느낌을 얻었다. 그러나 상대방이 그의 중요성을 인정하고 논쟁이 끝나자 편협한 시각에서 벗어나 인정 많고 친절한 사람으로 변했다.

석가모니는 "증오는 증오가 아니라 사랑으로 막을 수 있다"는 말을 남겼다. 그리고 오해는 논쟁이 아니라 재치, 수완, 화해, 그리고 상대방의 관점을 이해하려는 호의적인 소망으로 풀 수 있다.

나폴레옹 왕실의 시종장인 콘스탄트는 이따금 조세핀과 당구를 쳤다. 콘스탄트는 《나폴레옹의 사생활에 대한 회고》 1권 73페이지에서 이렇게 말했다. "나도 나름 실력자였지만 나는 언제나 그녀에게 애써져주었다. 그러면 그녀는 뛸 듯이 기뻐했다."

콘스탄트로부터 영원불변의 법칙을 배우자. 앞으로 사소한 토론이 벌어지면 우리의 고객과 연인, 그리고 남편과 아내에게 져주자.

석가모니는 이렇게 말했다. "증오는 증오가 아니라 사랑으로 끝낼수 있다." 그리고 오해는 논쟁이 아니라 기지와 외교, 화해와 다른 사람의 관점으로 보려는 공감의 욕구로 끝낼 수 있다.

링컨은 동료들과 격렬한 논쟁을 일삼던 한 젊은 장교를 따끔하게 꾸짖은 적이 있다.

"최대한 훌륭한 인물이 되기로 결심한 사람은 사사로운 논쟁에 시간을 허비하지 않는다네. 기분이 나빠지고 자제력을 잃는 등 논쟁의 뒷감당을 하느라 애쓰는 일도 없지. 상대방이 귀관에 못지않게 옳다고 느낀다면 큰일이라도 양보하게나. 의심할 여지없이 귀관이 옳다하더라도 사소한 일은 양보하게. 시비를 놓고 다투다 개에게 물리느니 개에게 길을 내주는 편이 더 현명하지 않겠나. 개를 죽인다고 한들 물린 상처는 낫지 않는 법이니 말일세."

그러므로 상대를 설득하고 싶다면 원칙 1을 명심하라!

원칙 1 ─────────────────────────────

논쟁에서 이길 수 있는 유일한 길은 논쟁을 피하는 것이다.
The only way to get the best of an argument is to avoid it.

[2]———— 적을 만드는 확실한 방법과 그런 상황을 피하는 방법

대통령으로 재임하던 당시 시어도어 루스벨트는 자신의 생각 가운데 75퍼센트가 옳다면 더 이상 바랄 것이 없다고 고백했다.

20세기에 가장 출중한 인물로 손꼽히는 사람이 바라는 최고치가 그 정도라면 여러분과 나는 어떻겠는가? 여러분의 생각 가운데 55퍼센트가 옳다고 확신한다면 월스트리트로 진출해 하루에 수백만 달러를 벌 수 있을 것이다. 만일 55퍼센트도 옳다고 확신할 수 없다면 어떻게 다른 사람에게 틀렸다고 말할 수 있겠는가?

여러분은 표정, 억양, 혹은 몸짓으로도 말에 못지않게 효과적으로 상대방이 틀렸다는 뜻을 전할 수 있다. 상대방이 틀렸다는 것을 말로써 그들이 여러분에게 동의하도록 만들 수 있을까? 당치 않은 말이다! 이는 여러분이 그들의 지적 능력과 판단력, 자부심과 자존심에 직격타를 날렸기 때문이다.

그들은 자신의 생각을 바꾸기는커녕 여러분에게 반격하고 싶어 할 것이다. 그러면 여러분은 플라톤이나 임마누엘 칸트의 논리를 총동원할 것이다. 그러나 결코 그들의 의견을 바꿀 수 없다. 그들의 감정에 상처를 입혔으니 말이다.

"내가 당신에게 이것저것을 증명하겠다"라며 말문을 열지 마라. 바람직하지 못한 방법이다. 이는 "내가 당신보다 똑똑하니 당신에게 한두 가지 사실을 알리고 당신의 마음을 바꾸겠다"고 말하는 것이나 다름없다.

이는 도전이나 다름없다. 그러면 상대방은 반감을 느끼고 여러분이 이야기도 꺼내기 전에 맞서 싸울 태세를 취할 것이다.

가장 우호적인 상황이라도 사람들의 마음을 바꾸기는 어렵다. 그렇다면 왜 상황을 악화시키는가? 왜 불리한 상황을 자초하는가? 무언가를 증명하고 싶다면 상대방이 알아차리지 못하게 하라. 아무도 느끼지 못하도록 눈치채기 어려운 교묘한 방법으로 증명하라. 알렉산더 포프는 이 점을 간결하게 표현했다. "사람을 가르치지 않는다는 태도로 가르치고, 그 사람이 모르는 것은 잊고 있었을 것이라고 말하라."

체스터필드 경은 아들에게 이처럼 말했다. "할 수 있다면 다른 사람보다 지혜로워져라. 그러나 그들에게 내가 더 현명하다고 말하지 마라."

나는 지금 구구단을 제외하고 20년 전에 믿었던 어떤 것도 믿지 않는다. 그래서 아인슈타인에 대한 글을 읽을 때조차 의심하기 시작한다. 또다시 20년이 지나면 이 책에서 내가 말한 내용도 믿지 못할지 모른다. 나는 과거의 내 모습 가운데 어떤 것도 확실히 믿지 않는다. 소크라테스는 자신을 따르던 아테네 사람들에게 누차 말했다. "내가 아는 것은 오직 한 가지뿐이다. 그것은 내가 아무것도 모른다는 사실이다."

소크라테스는 아테네의 제자들에게 다음을 되풀이해서 가르쳤다. "내가 아는 한 가지는 내가 아무것도 모른다는 것이다."

내가 소크라테스보다 더 똑똑하기를 바랄 수는 없는 노릇이다. 그래서 나는 이제 사람들에게 틀렸다고 말하지 않는다. 이렇게 말문을 열면 어떨까? "글쎄요, 내 생각은 좀 다릅니다. 물론 내가 틀렸을 수도 있죠. 실제로 자주 틀립니다. 그리고 내가 틀렸다면 바로잡고 싶군요. 그러니 사실을 살펴봅시다."

"내가 틀렸을지도 모릅니다. 실제로 자주 틀립니다. 사실을 살펴봅시다"라는 말에는 마력, 긍정적인 마력이 있다. 하늘 아래, 땅 위에 혹은 물속에 사는 어떤 사람도 "내가 틀렸을지도 모릅니다. 사실을 살펴봅시다"라고 말하는 여러분에게 이의를 제기하지 않을 것이다.

여러분이 틀렸을지도 모른다고 인정하면 결코 불화가 일어나지 않을 것이다. 그러면 논쟁이 계속되지 않으며 상대방은 여러분처럼 공정하고 개방적이며 편견이 없는 태도를 보일 것이다. 그리고 결국 상대방 역시 자신이 틀렸을지도 모른다고 인정할 것이다.

어떤 사람이 틀렸다고 확실히 믿고 퉁명스럽게 그 사실을 말해버리면 어떤 일이 일어날까? 한 사례를 살펴보자.

뉴욕 출신의 젊은 변호사 S씨는 미국 대법원의 한 사건에 대한 논의에 참여한 적이 있었다. 상당한 액수의 돈과 중요한 법률문제가 관련된 매우 중대한 사건이었다. 논의가 진행되는 동안 대법원의 한 판사가 S씨에게 "해사법에서 출소기한(소송 원인 발생 후 일정 기간 내에 소송 제기하도록 제한하는 법-옮긴이)이 6년이죠, 그렇지 않소?"라고 물었다.

S씨는 잠시 말을 멈추고 그 판사를 가만히 쳐다보다가 무뚝뚝하게 이렇게 답했다. "존경하는 판사님, 해사법에는 출소기한이 없습니다."

그는 강좌에서 자신의 경험담을 이렇게 말했다.

"갑자기 법정에 찬물을 끼얹은 듯 정적이 흘렀고 분위기는 냉랭해졌습니다. 제가 옳았고 판사가 틀렸죠. 그리고 저는 그에게 곧이곧대로 그렇게 말했습니다. 하지만 그래서 그가 저에게 호의를 품었을까요? 천만에요. 지금도 굳게 믿건대 제가 불법행위를 한 것은 아닙니다. 그리고 과거 어느 때보다 말을 잘했죠. 그러나 상대방을 설득할 수 없었습니다. 매우 박식하고 유명한 사람에게 틀렸다고 말하는 엄청난 실수를 저질렀기 때문입니다."

논리적인 사람은 그리 많지 않다. 우리는 대부분 선입견과 편견에 사로잡혀 있다. 우리는 대부분 선입견, 질투, 의심, 두려움, 시기와 자만심에서 벗어나지 못한다. 그리고 대부분의 사람은 종교, 헤어스타일, 공산주의, 혹은 가장 좋아하는 영화배우에 대한 자신의 견해를 바꾸고 싶어 하지 않는다.

따라서 만일 사람들에게 틀렸다고 지적하는 습관이 있다면 매일 아침 식사를 하기 전에 다음 문구를 읽도록 하라. 이는 제임스 하비 로빈

슨의 계몽적인 책《정신의 형성》에 담긴 내용이다.

우리는 이따금 아무런 거부감이나 격렬한 감정을 느끼지 않고 마음을 바꾼다. 하지만 누군가 우리에게 틀렸다고 지적하면 그 비난에 불쾌해하며 마음을 굳게 닫아버린다. 우리의 믿음이 형성되는 과정에는 믿을 수 없을 정도로 무관심하다. 그런데 누군가 그 믿음을 빼앗으려 하면 부당하게 보일 정도로 애착을 가진다. 그 믿음 자체가 소중하기 때문이 아니라 우리의 자존심이 위협을 받기 때문이다.

인간사에서 가장 중요한 말은 '내 것'이라는 사소한 단어이며 이 단어를 적절히 이해하는 것이야말로 슬기로움의 시초라 할 것이다. '내' 저녁 식사, '내' 강아지, '내' 집, '내' 아버지, '내' 나라, '내' 종교 등 어떤 표현에 쓰이더라도 '내'라는 단어는 똑같은 위력을 발휘한다.

우리는 누군가 우리 시계가 맞지 않는다거나 우리 차가 낡았다고 흠을 잡을 때는 물론이고 화성 운하, '에픽테투스(Epictetus, 로마 제정 시대의 스토아 철학파의 대가-옮긴이)'를 발음하는 방법, 살리신의 약효, 혹은 사르곤 1세의 시대에 대한 우리의 생각을 바꾸어야 한다고 지적할 때 몹시 화를 낸다. 우리는 지금껏 진실이라고 믿었던 것을 고수하고 싶어 하며 누군가 우리의 생각에 의혹을 제기하면 몹시 화를 내며 그 믿음을 고수해야 할 온갖 이유를 떠올린다.

한 실내장식업자에게 우리집 커튼을 만들어달라고 맡긴 적이 있다.

그런데 청구서가 도착했을 때 몹시 황당했다.

며칠 뒤 한 친구가 우리집에 들러서 커튼을 보았다. 가격을 이야기하자 그녀는 마치 승전보라도 전하는 듯이 당당하게 소리쳤다. "뭐라고? 어처구니가 없군. 그 작자가 바가지를 씌웠네."

이 말이 사실일까? 그렇다, 그녀는 진실을 말했다. 그러나 아무리 진실이라도 자신의 판단력을 깎아내리는 소리를 잠자코 듣기만 할 사람은 드물다. 나도 어쩔 수 없는 인간이기에 자신을 변호하려고 애썼다. 나는 "최상품이 결국은 가장 저렴한 셈이다", "할인가격으로는 품질과 예술적 감각을 기대할 수 없다" 등 온갖 이유를 늘어놓았다.

다음날 또 다른 친구가 집에 들렀는데 그 친구는 커튼을 보고 감탄하면서 입에 침이 마르도록 찬사를 보냈다. 그러고는 자기 집에도 그런 최고급 커튼을 달 여유가 있으면 좋겠다고 말했다. 나는 전날과는 완전히 다른 모습으로 대꾸했다. "글쎄, 나도 저런 커튼을 달 형편은 아니야. 터무니없이 비싸더군. 괜히 주문했다고 후회하고 있지."

우리 생각이 틀렸을 때 우리는 스스로 그 사실을 인정할 수 있다. 그리고 우리를 정중하고 합당하게 대우하는 사람들이라면 남들에게도 그 사실을 인정하고 자신의 솔직함과 대범함을 내심 자랑스러워할 수 있다. 그러나 누군가 우리에게 그다지 달갑지 않은 사실을 강요하려고 한다면 상황은 달라질 것이다.

남북 전쟁 당시 미국에서 가장 유명한 편집장이었던 호레이스 그릴리는 링컨의 정책에 맹렬히 반대했다. 그는 논쟁과 조소, 비방을 이용한 작전으로 링컨이 그에게 동의하도록 만들 수 있다고 믿었다. 그는 달이 바뀌고 해가 바뀌도록 이 잔인한 작전을 계속 펼쳤다. 심지어 링컨 대통령이 부스의 총격을 받던 날 밤에도 그를 개인적으로 공격하는 잔인하고 혹독하며 신랄한 글을 실었다.

그릴리는 이 같은 갖가지 공격으로 링컨의 동조를 얻어냈을까? 결코 그렇지 않다. 조소와 비방으로는 동조를 얻을 수 없다.

인간관계, 자기관리, 인성 개발에 관한 훌륭한 조언을 원한다면 벤저민 프랭클린의 자서전을 읽어보라. 이는 지금껏 발표된 가장 매혹적인 삶의 이야기이며 미국 문학의 고전으로 손꼽히는 작품이다. 벤저민 프랭클린은 이 책에서 어떻게 그가 논쟁하는 나쁜 습관을 극복하고 미국 역사상 가장 유능하고 유쾌하며 외교적 수완이 뛰어난 인물로 변모했는지 묘사했다.

벤저민 프랭클린이 좌충우돌하던 젊은 시절 어느 날 퀘이커 교도인 그의 오랜 친구가 그를 따로 불러내어 다음과 같은 사실을 지적하며 따끔하게 꾸짖었다.

"벤, 자네는 구제불능일세. 자네와 다른 모든 사람이 자네의 의견 때문에 상처를 입는다네. 이제 모욕적인 말까지 서슴지 않으니 모두 무관심한 지경에 이르렀지. 친구들은 자네가 없을 때 더 즐거워한다네. 박식한 자네에게 아무도 무언가 가르칠 엄두도 내지 못하지. 사실 그런 시도조차 할 사람이 없을 걸세. 그래봐야 불편하고 힘만 들 테니까. 그러니 앞으로 자네가 지금의 보잘것없는 지식보다 더 많은 지식을 얻을 가능성은 없을 걸세."

내가 알고 있는 벤저민 프랭클린의 한 가지 장점은 그런 호된 비난을 수용했다는 점이다. 그는 친구의 말이 사실이며 지금처럼 행동하면 머지않아 사회적으로 크게 실패할 것이라는 사실을 깨달을 만큼 도량이 넓고 지혜로운 사람이었다. 그래서 변화하기로 결심했다. 그는 즉시 거만하고 독선적인 태도를 바꾸기 시작했다.

프랭클린은 자서전에서 이렇게 말했다.

"나는 다른 사람의 생각에 직접적으로 반박하고 내 의견을 단정적으로 주장하는 모든 말을 삼가기로 결심했다. 심지어 '확실히', '의심할 여지없이' 등과 같은 재고의 여지를 주지 않는 모든 표현이나 단어를 쓰지 않으려고 노력했다. 대신 '내 생각에', '내가 이해하기로', '내 짐작에는', '어떤 것이 이렇거나 저렇다' 혹은 '내가 보기에 현재는 그렇다'는 표현을 썼다. 누군가 내 생각에는 사실이 아닌 무언가를 주장하면 그를 즉시 반박하고 그의 주장에서 어떤 모순을 지적하며 쾌감을 얻으려고 애쓰지 않았다. 그리고 답변을 할 때면 특정한 사례나 상황에서는 그의 견해가 옳을 수도 있지만 내가 보기에 현재 사례는 약간 다르다고 말문을 열었다.

머지않아 이처럼 태도를 바꾼 성과가 나타났다. 사람들과의 대화가 더욱 즐거워졌다. 내 의견을 겸손하게 제시하자 사람들은 이를 더욱 기꺼이 수용했으며 반박도 줄어들었다. 내가 잘못 생각한 것으로 판명되어도 예전만큼 굴욕감을 느끼지 않았고 어쩌다 내가 옳을 때면 다른 사람들이 자신의 실수를 인정하고 내게 동조하도록 설득하기가 더욱 쉬워졌다.

자연스러운 성향으로 자리 잡기까지 처음에는 힘이 들었지만 결국 이런 태도가 편안해지고 자연스러워졌다. 그 결과 지난 50년 동안 내 입에서 독단적인 표현이 새나가는 소리를 들은 사람이 없다. 내가 새로운 제도나 오래된 제도의 개정방안을 제안할 때 미국 국민에게서 그토록 신뢰를 얻고 여러 공공위원회에 참여해 대단한 영향력을 행사할 수 있었던 것은 (내 청렴결백한 성품 다음으로는) 이 습관 덕분이다.

나는 연설 실력도 형편없고 달변도 아니며 어떤 단어를 선택해야 할지 몰라 망설이기 일쑤이고 어법도 자주 틀리지만 전반적으로 내 요지를 잘 전달할 수 있었기 때문이다."

사업계에서는 벤저민 프랭클린의 방법이 얼마나 효과적일까? 두 가지 사례를 살펴보자.

뉴욕에 사는 F. J. 마호니는 석유업계에 필요한 특수장비를 판매한다. 그는 롱아일랜드의 중요한 고객으로부터 주문을 받았다. 청사진을 제출하고 승인을 얻은 다음 장비를 생산하기 시작했다.

그런데 안타까운 일이 일어났다. 구매자가 그 문제를 친구들과 의논했는데 친구들은 그에게 중대한 실수를 저지르고 있다고 경고했다. 누군가 결함투성이의 물건을 떠넘기려 한다는 것이다. 이것은 너무 넓고, 이것은 너무 짧고, 너무 이렇고 너무 저렇다고 트집을 잡았다.

친구들의 말을 듣고 고민하던 구매자는 결국 더는 참지 못하고 마호니에게 전화를 걸었다. 그러고는 이미 제작에 들어간 장비를 받지 않겠다고 선언했다. 마호니는 그 뒷이야기를 전해주었다.

나는 문제를 신중하게 확인하고 우리에게 아무런 문제가 없다고 판단했습니다. 그뿐만 아니라 그와 그의 친구들이 아무것도 모른다는 사실도 알았죠. 하지만 그에게 대놓고 이렇게 말하는 건 위험천만하다고 생각했습니다. 그래서 그를 만나러 직접 롱아일랜드로 갔습니다.

내가 그의 사무실로 들어가자 그는 벌떡 일어서 내게 다가오면서 속사포처럼 말을 퍼붓기 시작했죠. 얼마나 흥분했는지 말하면서 주먹까지 휘둘렀습니다. 나와 우리 회사 장비를 줄기차게 비난하더니 마지막으로 이렇게 묻더군요. "이제 이 문제를 어떻게 처리할 셈입니까?"

나는 그가 원하는 것이면 무슨 일이든 해주겠다고 침착하게 대답했죠. "이 제품의 대금을 지급할 분은 당신이니까 당신이 원하는 물건을 얻으셔야 마땅합니다. 하지만 누군가 책임을 져야 합니다. 당신이 옳다고 생각하신다면 청사진을 우리에게 제시해주십시오. 당신이 주문한 장비를 제작하는데 이미 2천 달러가 들었지만 장비는 모두 폐기할 겁니다. 당신을 만족시킬 수 있다면 기꺼이 2천 달러의 손해를 보겠습니다. 하지만 우리가 당신이 주문하신 대로 장비를 만든다면 당신이 모든 책임을 지셔야 합니다. 그러나 우리가 원래 계획한 대로 진행할 기회를 주신다면, 지금도 그게 올바른 방식이라고 굳게 믿고 있습니다만, 그때는 우리가 전적으로 책임을 지겠습니다."

이 무렵 그는 마음을 진정하고 이렇게 말하더군요. "좋습니다. 그렇게 하십시오. 하지만 만일 문제가 있다면 각오하셔야 할 겁니다."

물론 문제는 전혀 없었습니다. 지금 그는 이번 시즌에 우리 회사에 이와 비슷한 두 가지 작업을 위해 다른 주문을 추가한 상태고요.

이 남자가 나를 모욕하고 내 얼굴에 주먹을 휘두르며 으름장을 놓으면서 나보고 자기 일도 제대로 모른다고 퍼부을 때, 나는 말싸움하지 않고 내가 옳다는 사실을 증명하기 위해 남은 자제력을 끌어모아야 했습니다. 엄청난 자제력이 필요했지만 그만한 보람이 있었어요.

만일 내가 그 사람이 잘못했다고 대꾸하면서 말싸움을 시작했다면 십중팔구 소송을 제기하고 서로 원한을 품는 것은 물론이고 재정적으로 손해를 보고 소중한 고객을 잃었을 겁니다. 그렇습니다. 확신컨대 상대방에게 틀렸다고 말해서 이로울 건 전혀 없습니다.

다른 사례를 들어보자. R.V. 크로울리는 뉴욕의 한 목재회사에서 세일즈맨으로 근무하고 있었다. 그는 몇 년 동안 내내 융통성이라고 찾아볼 수 없는 목재 조사관들에게 그들이 잘못되었다고 지적하고 논쟁에서 이겼다고 말했다. 하지만 아무런 소용이 없었다. 크로울리는 이렇게 말했다. "이 목재 조사관들은 야구 심판과 비슷했거든요. 일단 결정을 내리면 결코 바꾸는 법이 없었습니다."

크로울리는 그들과의 논쟁에서 이기는 바람에 그의 회사가 수천 달러의 손해를 보고 있다는 사실을 깨달았다. 그래서 내 강좌를 듣는 동안 작전을 바꾸고 논쟁하지 않기로 결심했다. 어떤 결과가 나타났을까? 그는 같은 강좌에 참석한 사람들에게 이같은 이야기를 전했다.

어느 날 아침 사무실에 전화가 걸려 왔습니다. 전화를 건 사람은 몹시 짜증이 나서 격앙된 목소리로 우리 회사에서 그의 공장에 배송한 목재 한 차량분의 품질이 몹시 불만스럽다고 통보했습니다.

그의 회사는 하역을 중단한 뒤 우리 회사에게 즉각적인 조치를 취해 목재를 회수해 가라고 요청했죠. 배송된 목재 가운데 4분의 1을 하역한 다음 목재 조사관은 목재가 55퍼센트 정도 기준 미달이라고 보고했고, 그런 상황이라면 수령할 수 없다고 결정했다더군요.

즉시 거래처 공장으로 출발한 저는 가는 도중 상황을 처리할 최선의 방법을 궁리했습니다. 평상시에 그런 상황이라면 분명 등급 판정 규정을 인용하고 목재 조사관으로 일했던 제 경험과 지식을 동원해서 우리 회사 목재가 기준에 합당하며 거래처 조사관이 조사 과정에서 규정을 잘못 이해한 것이라고 설득했을 겁니다. 그러나 이번에는 이 강좌에서 배운 원칙을 적용해야겠다고 생각했습니다.

공장에 도착했을 때 구매 담당자와 목재 조사관의 심기가 몹시 불편한 상태임을 단번에 알겠더군요. 두 사람 모두 한바탕 논쟁과 결투를 치를 태세였죠. 우리는 하역을 중단한 목재 차량으로 걸어갔습니다. 그리고 내가 진행되던 상황을 파악할 수 있도록 하역을 계속해달라고 요청했죠. 조사관에게 작업을 계속 진행해서 그가 하던 대로 불량품을 선별하고 합격품을 따로 쌓아달라고 부탁했습니다.

잠시 그를 지켜본 결과 그의 조사 기준이 지나치게 엄격하며 규정을 잘못 이해하고 있다는 생각이 들더군요. 우리가 배송한 목재는 백송이었는데, 제가 판단하기론 그 조사관이 단단한 목재에 대해서는 철저하게 배웠으나 백송에 대해서는 그리 뛰어나거나 노련하다고 할 수 없었습니다. 공교롭게도 백송은 제 전문분야였죠.

하지만 제가 목재의 등급을 결정하는 그의 방식에 이의를 제기했을까요? 천만에요. 저는 한동안 지켜보기만 하다가 왜 특정한 목재를 불량이라고 판단했는지 물었습니다. 단 한순간도 그 조사관이 틀렸다는 뜻을 내비치지 않았죠. 그리고 제가 질문하는 것은 앞으로 거래처가 원하는 목재를 정확하게 제공하기 위해서라고 강조했습니다.

매우 친근하고 협조적인 태도로 질문을 하고, 거래처가 자사의 목적에 합당하지 않는 목재를 선별하는 것은 지당한 일이라고 계속해서 주장했습니다. 그러자 그의 마음이 누그러졌고 우리 사이의 긴장감이 조금씩 풀리다가 결국 완전히 해소되었죠.

그러는 중에 이따금 조심스럽게 우리 입장을 전달한 결과 그는 불량품으로 구분된 일부 목재가 애초에 그들이 제시한 등급에 합당할지도 모르며 그들의 요건을 맞추려면 더 비싼 등급의 목재가 필요하다는 생각에 이르렀습니다. 하지만 저는 그가 그것이 제 주장이라고 여기지 않도록 매우 조심했습니다.

점차 그의 전반적인 태도가 바뀌더군요. 그러더니 마침내 그는 자신은 사실 백송에는 그리 경험이 많지 않다고 털어놓으면서 목재를 하역할 때마다 오히려 제게 질문하기 시작했습니다.

저는 이따금 어떤 목재가 명시된 등급에 부합하는 이유를 설명했지만 그쪽의 목적에 적합하지 않은 목재로 판단되면 굳이 수령하기를 원치 않는다는 뜻을 누차 밝혔죠. 그리고 마침내 그들은 저희에게 필요한 높은 등급의 목재를 구체적으로 전달하지 않았다는 점에서 정작 실수를 저지른 것은 그들이라고 결론을 내렸습니다.

최종 결과를 말씀드리면 조사관은 제가 떠난 후에 전체 분량을 다시 검사하고 모두 수령하기로 결정했으며, 우리는 대금 전액을 수표로 지불받았습니다.

이 사례에서 약간의 요령과 상대방에게 그의 잘못을 지적하는 것을 자제하겠다는 결심 덕분에 저는 우리 회사가 막대한 손해를 입지 않도록 막을 수 있었죠. 더구나 그들이 내게 보여준 선의는 돈으로 가치를 따지기 어려울 정도로 소중합니다.

이와 비슷하게 로버트 E. 리 장군은 남부연합 대통령인 제퍼슨 데이비스에게 그의 지휘 하에 있던 한 장교를 매우 열렬하게 칭찬했다.

그 자리에 있던 다른 장교가 몹시 놀라며 이렇게 말했다. "장군님, 장군님께서 그토록 칭찬한 그 장교가 장군님을 틈만 나면 중상모략하는 자라는 사실을 모르십니까?" 그러자 리 장군은 이렇게 대답했다. "안다네, 하지만 대통령께서 그에 대한 내 의견을 묻지 않았나. 나에 대한 그의 의견이 아니란 말일세."

앞에서 내가 언급한 이야기는 전혀 새로운 사실이 아니다. 2천 년 전 예수는 "너를 중상모략하는 자와 하루빨리 화해하라"는 말씀을 남겼다.

다시 말하면 고객, 배우자 혹은 적과 논쟁하지 말라는 뜻이다. 상대가 틀렸다고 말하거나 자극시키지 말고 약간의 수완을 발휘하라.

기원전 2200년 이집트 국왕 악토이는 아들에게 현명한 조언을 남겼는데 이는 오늘날에 절실히 필요한 조언이다. "외교적 수완을 발휘해라. 그러면 원하는 바를 얻을 것이다."

그러므로 상대를 설득하고 싶다면 원칙 2를 명심하라!

원칙 2 ──────────────────────────────
상대방의 의견을 존중하라. 상대방의 잘못을 말하지 마라.
Show respect for the other man opinions. Never tell a man he is wrong.

[3] ——————————————— 잘못했다면
솔직히 인정하라

우리집에서 1분만 걸어가면 드넓은 원시림이 펼쳐져 있다. 그곳에는 봄이면 검은 딸기 덤불이 하얀 물거품을 이루고, 다람쥐가 보금자리를 틀고 새끼를 키우며 망초가 머리까지 닿을 만큼 자란다. 이 천연의 숲을 사람들은 포레스트 파크라고 불렀다. 그 숲의 모습은 콜럼버스가 아메리카 대륙을 발견했을 때와 별반 달라지지 않았을 것이다.

나는 내가 키우던 보스턴 불도그인 렉스와 함께 그 공원을 자주 산책했다. 렉스는 다정하고 온순한 소형 사냥개였고 공원에서 사람을 만나는 일도 드물었기에 나는 끈으로 묶거나 재갈을 물리지 않은 채 렉스를 데리고 다녔다.

그러던 어느 날 공원에서 기마 경관과 마주쳤는데 그는 경찰이라는 권위를 내세우지 못해 안달이 난 터였다.

그는 "재갈이나 끈도 없이 공원에서 개를 풀어놓다니 뭐하는 짓입니까?"라며 나를 질책했다. "그게 위법이라는 걸 모르십니까?"

나는 대답했다. "압니다, 알고 있습니다. 하지만 내 개가 이곳에서 해를 끼칠 거라고 생각하지 않았습니다."

"생각하지 않았다고요! 생각하지 않았다니요! 법은 당신의 생각 따위에는 전혀 관심이 없습니다. 저 개가 다람쥐를 죽이거나 어린아이를 물지도 모를 일이죠. 이번에는 눈감아주겠지만 다시 한 번 이 개가 재갈이나 끈 없이 다니는 모습이 눈에 띄면 법정에 출두해야 할 겁니다."

나는 순순히 법대로 따르겠다고 약속했다. 그리고 몇 번은 법대로 따랐다. 하지만 렉스는 재갈을 좋아하지 않았고 나도 마찬가지였다. 그래서 우리는 모험을 하기로 마음먹었다. 한동안은 만사가 순조로웠다.

그런데 어느 날 오후 그만 덜미가 잡히고 말았다. 렉스와 함께 산마루까지 신나게 달리고 있었는데 그곳에서 말에 걸터앉아 있는 법의 수호신의 모습이 눈에 들어왔다. 앞서 달리던 렉스는 곧장 그 경찰관 쪽으로 향하고 있었다.

된통 걸린 것이다. 직감적으로 느꼈다. 그래서 나는 경찰관이 입을 열 때까지 기다리지 않고 선수를 쳤다. "경관님, 현행범으로 잡혔네요. 전 유죄입니다. 알리바이도 없고 변명할 여지도 없습니다. 지난주에 재갈을 물리지 않은 채 이곳에 개를 데리고 나오면 벌금을 물리겠다고 이미 경고하셨으니 말입니다."

그러자 경찰관은 부드러운 목소리로 이렇게 말했다. "음, 주변에 아무도 없을 때라면 저렇게 작은 개를 내달리게 두고 싶은 유혹을 느낄 수 있겠군요."

나는 "당연히 유혹을 느낍니다, 하지만 그건 위법이죠."

경찰관은 "글쎄요, 저렇게 작은 개가 사람들을 해칠 것 같지는 않은데요"라고 말했다.

"그렇죠. 하지만 다람쥐라면 죽일 수도 있겠죠."

"음, 선생님은 이 문제를 지나치게 심각하게 생각하는 것 같군요. 그럼 이렇게 합시다. 내 눈에 띄지 않는 곳이라면 언덕에서 개가 달리게 풀어놓아도 좋습니다. 그러면 더 이상 우리가 신경 쓸 일이 없을 겁니다."

그 경찰관도 인간인지라 중요한 사람이라는 느낌을 얻고 싶었다. 그래서 내가 자책하기 시작했을 때 그의 자존감을 한껏 키우려면 자비를 베푸는 관대한 태도를 취할 수밖에 없었다.

반면 내가 자신을 보호하려고 애썼다면 어떻게 되었을까? 음, 혹시 경찰관과 실랑이했던 경험이 있다면 충분히 짐작할 것이다. 나는 그와 맞서는 대신 그가 절대적으로 옳고 내가 절대적으로 잘못했다는 사실을 인정했다. 그것도 재빨리 솔직하고 확실하게 인정했다.

이처럼 내가 그의 입장을 이해하고 그가 내 입장을 이해하자 품위 있게 상황을 마무리할 수 있었다. 체스터필드 경이라도 일주일 전만 해도 나를 법정에 세우겠다고 위협했던 이 경찰관만큼 품위 있게 마무리할 수는 없을 것이다.

상대방이 여러분의 체면을 손상시킬만한 일들을 생각하고 있거나 말하고 싶어 하거나 혹은 말할 작정이라면 여러분의 입으로 직접 그 사람보다 앞서 털어놓아라. 그러면 나와 렉스에게 경찰관이 그랬듯이 상대방이 넓은 마음으로 여러분을 용서하고 여러분의 실수를 눈감아 줄 것이다.

상업 예술가 페르디난드 E. 워렌은 이 테크닉을 이용해 잔소리가 많은 까다로운 예술품 수집가로부터 호의를 얻었다.

워렌은 "광고와 출판을 목적으로 그림을 그릴 때는 정확성과 정밀성이 필요하다"며 자신의 경험담을 전해주었다.

일부 미술감독은 그들이 의뢰한 작품을 빠른 시일 내에 완성해달라고 요구합니다. 이런 경우에 사소한 실수가 일어나기 마련이죠. 특히 한 미술감독은 사소한 일에도 언제나 트집 잡기를 좋아한답니다. 그의 비난보다는 공격적인 태도 때문에 정말 정나미가 뚝 떨어진 채 그의 사무실을 나서기가 일쑤였죠.

최근에 이 감독에게 급히 완성한 작품을 건넨 적이 있었습니다. 그후 그가 제게 전화를 걸어서 무언가 잘못되었다며 즉시 자기 사무실로 오라고 말했습니다. 그곳에 도착했더니 이미 예상했던(그리고 두려웠던) 일이 일어났더군요. 그는 마침내 찾아온 비난을 퍼부을 기회에 몹시 흡족해하면서 칼을 갈고 있었죠. 그리고 제게 왜 이렇게 저렇게 하지 않았냐고 다그쳤습니다. 마침내 제가 배웠던 자아비판 테크닉을 적용할 기회가 찾아온 겁니다. 저는 이렇게 말했습니다.

"감독님, 당신의 말이 사실이라면 모두 제 탓이고 제 실수에 대해 변명할 여지도 없습니다. 오랫동안 당신이 의뢰한 그림을 그렸으니 실수를 저지르지 말아야 하는데. 부끄러울 따름입니다."

그랬더니 그가 곧바로 저를 변호하기 시작했습니다. "예, 맞습니다. 하지만 그래도 그리 심각한 실수는 아닙니다." 저는 그의 말을 가로막으며 말했습니다. "모든 실수에는 대가가 따르기 마련이고 그건 언제나 짜증스러운 일이죠."

그가 끼어들려 했지만 전 기회를 주지 않았습니다. 그때 저는 환상적인 시간을 즐기고 있었거든요. 난생 처음 자아비판을 하고 있었잖아요. 그리고 그 시간이 몹시 흡족했습니다.

"좀 더 신중해야 했는데. 작품을 많이 의뢰하시는 분이시니 당신은 마땅히 최고의 작품을 얻어야 합니다. 다시 그리겠습니다." 그랬더니 그가 만류하고 나서더군요. "아닙니다, 아니에요. 그렇게 번거롭게 할 작정은 아니었습니다." 그는 내 작품을 칭찬하면서 단지 약간만 수정하기를 바랄 뿐이며 내 사소한 실수는 회사에 아무런 손해도 끼치지 않을 뿐더러 걱정할 필요도 없는 소소한 부분이라고 안심시켰습니다.

제가 열렬히 자아비판을 한 덕분에 싸우겠다는 그의 의지가 사라진 거죠. 그는 결국 내게 점심까지 대접했답니다. 그리고 헤어지기 전에 수표를 건네고 다른 작품을 의뢰하더군요.

실수를 스스로 인정할 용기를 내면 어느 정도 만족감을 느낄 수 있다. 죄책감과 방어적인 태도를 말끔히 없애주는 것은 물론 실수로 말미암아 발생한 문제를 해결하는 데 도움이 되기도 한다.

어떤 바보라도 자신의 실수를 변명할 줄 안다. 그리고 바보는 대부분 그렇게 한다. 하지만 자신의 실수를 인정하면 뭇사람들 사이에서 단연 돋보이며 품위를 지켰다는 느낌을 얻고 환희를 맛볼 수 있다.

역사에 길이 남은 로버트 E. 리 장군의 미담을 살펴보자. 그는 게티스버그 전투에서 피켓 장군이 감행한 공격이 실패하자 그것이 오로지 자신의 잘못이라고 말했다.

피켓 장군의 진격 작전은 서양 역사상 가장 멋지고 화려한 공격이었다. 피켓 장군 자체가 수려한 외모의 소유자였다. 길게 기른 그의 적갈색 머리카락은 어깨까지 닿을 정도였다. 그리고 이탈리아 출정에 나섰던 나폴레옹처럼 전장에서 거의 매일같이 불타는 애정을 담은 연애편지를 썼다.

그 비극적인 7월의 오후에 피켓 장군이 북군 전선을 향해 의기양양하게 진군했을 때 그의 충실한 병사들은 그에게 환호했다. 그리고 그들은 환호성을 지르고 대열을 이루어 피켓 장군 뒤를 따랐다. 깃발이 펄럭였고 총검은 태양빛에 번쩍거렸다. 실로 장관이었다. 대담무쌍하고 장엄한 광경이었다. 이 모습을 발견한 북군의 전선에는 탄성이 절로 흘러나왔다.

피켓의 군대는 초원을 가로지르고 협곡을 건너 과수원과 옥수수밭을 지나며 거침없이 전진했다. 병사들이 전진하는 동안 적군의 포탄은 그들의 대열에 거대한 구덩이들을 쉴 새 없이 뚫어놓았다. 그러나 그들은 불굴의 의지로 조금도 흔들리지 않고 행군을 계속했다.

그 순간 느닷없이 북군 보병대가 매복해있던 묘지능선의 석벽 뒤에서 나타나 돌진하던 피켓의 군대에 일제 사격을 개시했다. 언덕 마루는 순식간에 화염판과 도살장, 그리고 불타는 화산을 방불케 하는 모습으로 변했다. 몇 분이 채 지나지 않아 한 명을 제외한 피켓의 모든 여단장이 쓰러졌고 병사 5천 명 가운데 5분의 4가 전사했다.

최후의 돌격에서 군대를 지휘하던 루이스 A. 아미스테드 장군은 앞으로 달려나가 석벽을 뛰어넘고 그의 칼끝에 모자를 얹어 흔들며 이렇게 소리쳤다. "적군을 무찔러라, 제군들!"

병사들은 명령을 따랐다. 그들은 석벽을 뛰어넘고, 총검으로 적군을 무찌르고, 두꺼운 머스켓 소총으로 적의 머리를 강타하고, 묘지능선 남쪽에 승전 깃발을 꽂았다. 하지만 깃발이 휘날린 것은 일순간에 지나지 않았다. 비록 짧았지만 그 순간은 남군이 최대 업적을 거둔 순간으로 기록되었다.

그러나 그처럼 멋지고 대담했던 피켓의 공격은 종말의 시작일 뿐이었다. 리 장군은 패배했다. 북군을 돌파할 수 없었다. 그리고 그는 직감했다.

남군의 운명은 이미 결정되었다. 무척 슬프고 충격을 받은 리 장군은 사직서를 제출하고 남부연합 대통령인 제퍼슨 데이비스에게 '더 젊고 유능한 인재'를 등용하라고 부탁했다. 만일 리 장군이 다른 사람에게 피켓 장군의 공격이 참패한 책임을 전가하려 했다면 수십 가지 변명을 댈 수 있었을 것이다. '몇몇 사단장이 그의 기대를 저버렸다', '보병대 공격을 지원해야 할 기병대가 뒤늦게 도착했다', '이것이 잘못되었고 저것이 뒤틀렸다.'

하지만 고결한 리 장군은 다른 사람을 탓하지 않았다. 만신창이가 된 피켓의 병사들이 남군 전선으로 회군했을 때 리 장군은 말을 타고 달려 나가 병사들을 일일이 맞이하면서 자신을 탓하는 숭고한 모습을 보여주었다.

그는 "이 모든 것이 내 탓이오, 이 전쟁의 패자는 오로지 나뿐이오"라고 탄식했다. 패배를 인정할 용기와 성품을 갖춘 장군은 역사상 그리 흔치 않다.

엘버트 허버드는 전국을 떠들썩하게 만든 가장 독창적인 작가로 손꼽히며 그의 자극적인 글은 흔히 격렬한 분노를 일으켰다. 하지만 허버드는 보기 드문 인간관계 기술 덕분에 적을 친구로 만들었다.

이를테면 심기가 불편한 어떤 독자로부터 자신은 이런저런 글에 공감할 수 없다고 전하면서 그를 대단치 않은 사람으로 표현하는 말로 마무리한 편지를 받으면 엘버트 허버드는 이처럼 답장했다.

그 글을 돌이켜 생각해보니 저도 완전히 공감할 수 없군요. 어제 제가 쓴 글을 오늘 다시 보면 모두 마음에 들지는 않습니다. 그 문제에 대한 귀하의 의견을 전해주서서 감사합니다. 언제 근처에 오시면 반드시 우리집에 들러주십시오. 그 문제를 철저히 검토해봅시다. 멀리 떨어진 이곳에서 악수를 보냅니다.

당신의 친구로부터

여러분을 이렇게 대하는 사람에게 무슨 말을 할 수 있겠는가?

우리가 옳다면 온화하고 세련된 태도로 사람들이 우리의 의견에 동조하도록 만들어보자. 그리고 우리가 틀렸다면(솔직히 말하면 이런 경우가 아마 의외로 많을 것이다) 우리의 실수를 재빨리 진심을 담아 인정하자. 이 테크닉을 이용한다면 놀라운 성과를 거두는 것은 물론 어쨌든 자신을 변호하려 애쓰는 것보다 그 상황이 훨씬 더 즐거워질 것이다.

다음과 같은 옛 속담을 기억하라.

"싸움으로는 결코 충분히 얻지 못한다. 하지만 양보하면 기대 이상 많은 것을 얻을 것이다."

그러므로 상대를 설득하고 싶다면 원칙 3을 명심하라!

원칙 3 ─────────────────────

잘못했다면 재빨리 진심을 담아 인정하라.

If you are wrong, admit it quickly and emphatically.

화가 치밀 때 다른 사람에게 화풀이를 하면 속이 후련해지는 쾌감을 맛볼 것이다. 하지만 상대방은 어떨까? 그도 여러분이 맛보는 쾌감을 느끼겠는가? 호전적인 말투를 쓰고 적대적인 태도를 보이면 그가 쉽게 여러분에게 동조할 수 있을까?

우드로 윌슨은 이렇게 말했다.

"만일 당신이 주먹을 불끈 쥐고 내게 다가오면 나는 내 주먹이 당신보다 두 배나 빠를 것이라고 큰소리칠 겁니다. 하지만 당신이 내게 다가와 '우리 앉아서 함께 의논합시다. 그래서 우리가 서로 다르다면 왜 다른지, 그리고 무엇이 문제인지 함께 이해합시다'라고 말한다면 우리는 알고 보면 그리 다르지 않고 공감하는 점도 많으니, 인내심과 솔직함, 그리고 서로 돕고 싶다는 소망만 있다면 도울 수 있다는 사실을 발견할 겁니다."

우드로 윌슨이 한 말의 진정한 의미를 존 D. 록펠러 2세보다 더 정확히 이해한 사람은 없다.

1915년 당시 록펠러는 콜로라도 사람들이 가장 경멸하는 인물이었다. 미국 산업 역사상 가장 피비린내 나는 파업이 발생해 2년 동안 콜로라도주는 충격에 휩싸였다. 분노와 적개심에 가득 찬 광부들이 콜로라도 연료 철강회사에게 임금 인상을 요구하고 있었다. 록펠러가 경영하는 회사였다. 기물이 파손되고 군대가 출동했다. 급기야 유혈 사태가 발생해 파업 노동자들이 총탄 세례를 받았다.

분노가 끓어오르는 그 같은 시기에 록펠러는 자신의 생각을 받아들이도록 파업 노동자들을 설득하려 했다. 그리고 성공했다. 어찌된 일일까? 자초지종을 살펴보자.

몇 주 동안 친분을 쌓은 다음 록펠러는 파업 대표들 앞에서 연설을 했다. 그의 연설은 흠 잡을 데 없는 걸작이었다. 연설의 효과는 실로 대단했다. 록펠러를 파멸시킬 기세였던 폭풍우 같은 증오의 파도를 잠재웠다. 수많은 추종자가 록펠러를 따랐다. 마치 친구처럼 사실을 전달했던 그의 연설 덕분에 파업 노동자들은 지금까지 그토록 격렬히 요구했던 임금 인상은 다시 언급하지 않은 채 일터로 돌아갔다.

이 훌륭한 연설은 이렇게 시작된다. 얼마나 우정이 넘치는 연설인지 주목하라. 록펠러는 며칠 전만 해도 그를 시큼한 사과나무에 목매달아 버리겠다는 사람들 앞에 섰다는 사실을 명심하라. 그가 의료 선교단원 앞에서 연설을 했다고 해도 이 이상 인자하고 다정한 모습을 보이지 못했을 것이다.

그의 연설은 '이곳에 서게 되어 영광스럽다', '여러분의 가정을 방문하여', '여러분의 아내와 아이들을 많이 만나고', '우리는 이 자리에서 이방인이 아니라 친구로 만났다', '우정을 나누는 분위기', '우리의 공통 이익', '내가 이 자리에 선 것은 오직 여러분 덕택이다'라는 구절로 빛났다.

오늘은 제 인생에서 기념할 만한 날입니다. 처음으로 이 위대한 기업의 직원 대표, 임원, 관리자들을 한자리에서 만나는 행운을 얻었기 때문입니다. 그리고 이 자리에 서게 되어 영광스러우며 제가 살아있는 한 이 자리를 결코 잊지 않을 것입니다. 이 만남이 2주 전에 열렸다면 저는 아는 사람도 별로 없는 채 여러분 앞에 이방인으로서 이 자리에 섰을 겁니다.

지난주에 남부 탄전의 현장을 모두 방문하고 부재중인 몇몇 사람을 제외한 사실상 모든 대표와 개인적으로 대화를 나누고, 여러분의 가정을 방문하여 여러분의 아내와 아이들을 많이 만날 기회를 가진 덕분에 우리는 이 자리에서 이방인이 아니라 친구로 만났습니다. 저는 이처럼 우정을 나누는 분위기에서 여러분과 우리의 공통 이익을 의논할 기회를 얻게 된 것이 무척 기쁩니다.

이곳은 회사 임원과 직원 대표들이 만나는 자리이므로 임원도 직원 대표도 아닌 제가 이 자리에 선 것은 오직 여러분 덕택입니다. 하지만 저는 여러분과 친밀한 관계라고 느낍니다. 어떤 의미에서 보면 제가 주주와 이사들의 대표이기 때문입니다.

이 연설이야말로 적을 친구로 만드는 절묘한 기술을 보여주는 탁월한 사례가 아니겠는가?

록펠러가 다른 방법을 택했다고 가정해보라. 광부들과 논쟁을 벌이고 그들의 면전에 충격적인 사실을 들이댔다고 가정해보라. 록펠러가 광부들이 잘못했다고 넌지시 암시하는 말투와 어조로 이야기를 했다고 가정해보라. 온갖 논리의 법칙을 동원해 그들이 잘못했다는 사실을 증명했다고 가정해보라. 무슨 일이 일어났겠는가? 분노와 증오, 반발심을 더욱 부채질했을 것이다.

만일 누군가가 여러분에 대한 반감과 갈등으로 괴로워한다면 전 세계 기독교의 논리를 총동원해도 그를 여러분의 생각에 동조하도록 만들지 못할 것이다. 질책하는 부모와 권력을 휘두르는 상사나 남편, 그리고 바가지를 긁는 아내는 사람들이 마음을 바꾸지 않는다는 사실을 깨달아야 할 것이다. 그들이 여러분이나 내게 동의하도록 강요하거나 밀어붙일 수는 없다. 하지만 우리가 진정으로 온화하고 우호적으로 대한다면 그렇게 하도록 이끌 수는 있을 것이다.

'꿀 한 방울이 쓸개즙 한 통보다 더 많은 파리를 잡는다'는 진리가 담긴 옛 속담이 있다. 사람도 마찬가지다. 여러분의 명분에 동조하도록 누군가를 설득하고 싶다면 우선 여러분이 그의 진정한 친구임을 확신시켜라. 바로 그곳에 그의 마음을 사로잡는 꿀 한 방울이 있다. 그것이 단연코 그의 이성을 일깨우는 가장 확실한 방법이다.

기업 경영진은 파업 노동자를 우호적으로 대하는 것이 이롭다는 사실을 이미 알고 있다. 일례로 화이트 자동차회사의 공장 노동자 2천 5백 명이 임금 인상과 유니온 숍(전 종업원의 고용 조건이 사용자와 노동조합의 협정으로 정해지는 기업체-옮긴이)을 요구하며 파업에 들어갔다. 당시 회사 대표였던 로버트 F. 블랙은 화를 내거나 비난하거나 협박하거나 혹은 횡포나 공산주의자라는 말을 전혀 입에 올리지 않았다. 그는 오히려 파업 노동자들을 칭찬했다.

그는 클리블랜드의 여러 신문에 광고를 실어 '평화로운 방법으로 파업하는' 그들에게 찬사를 보냈다. 스트라이크 피켓(노동 쟁의를 할 때 다른 사람들이 공장 등에 일하러 들어가지 못하도록 하는 감시나 감시대-옮긴이)들이 별달리 할 일이 없다는 사실을 발견하고는 스무 개 남짓의 야구방망이와 글러브를 사서 공터에서 야구를 할 수 있도록 허용했다. 볼링을 좋아하는 사람을 위해 볼링장을 빌려주기도 했다.

블랙이 베푼 호의는 언제나 그렇듯이 호의로 보답을 받았다. 파업 노동자들은 빗자루, 삽, 그리고 쓰레기 수레를 빌려서 공장 주변에 널려 있는 성냥개비, 종이 조각, 담배꽁초를 줍기 시작했다.

상상해보라! 임금 인상과 유니온 숍의 인가를 요구하며 투쟁하는 동안 공장 부지를 청소하는 파업 노동자들의 모습을 상상해보라! 이는 미국의 노사 분쟁 역사상 유례를 찾아볼 수 없는 일이었다. 일주일도 채 지나지 않아 어느 편도 반감이나 적의를 품지 않고 타협안에 합의함으로써 파업은 종결되었다.

신과 비슷한 외모에 여호와처럼 말하는 다니엘 웹스터는 역사상 가장 성공적인 변호사로 손꼽힌다. 그는 우호적인 말로써 가장 설득력 있는 변론을 시작한다. "배심원단에서 이 사실을 참작하시기를 부탁드립니다", "아마 이 점을 고려할 가치가 있을 것입니다", "여러분께서 결코 놓치지 않을 것이라고 믿는 몇 가지 사실을 제시하겠습니다" 혹은 "인간의 본성을 이해하신다면 여러분이 이 사실들의 중요성을 쉽게 파악하실 겁니다."

밀어붙이기가 아니다. 강압적인 태도가 아니다. 다른 사람에게 자신의 의견을 강요하려는 시도도 없다. 웹스터는 부드럽고 조용하며 우호적인 방법을 썼으며 그 덕분에 유명해졌다.

여러분이 파업을 조정하거나 배심원단 앞에서 변론을 할 기회는 없을지도 모른다. 하지만 집세를 내려달라고 부탁해야 할 상황이 생길지도 모를 일이다. 그럴 경우 우호적인 방식이 여러분에게 도움이 될까? 한 번 살펴보자.

엔지니어로 일하는 O.L. 스트로브는 집세를 깎고 싶었다. 그렇지만 집주인이 냉정한 사람이라는 사실을 알고 있었다. 스트로브는 수업 중에 경험담을 이렇게 전했다.

저는 집주인에게 임대기간이 끝나면 아파트를 비우고 싶다고 편지를 썼습니다. 사실 이사할 마음은 없었죠. 집세만 내려주면 계속 살 생각이었습니다.

하지만 그럴 가능성은 희박해 보였습니다. 다른 세입자들이 시도해 봤지만 번번이 실패했습니다. 사람들은 하나같이 집주인이 매우 상대하기 까다로운 사람이라고 말하더군요. 하지만 전 '대인관계 강좌를 듣는 중이잖아. 그러니 그에게 실험을 해보고 어떤 결과가 나타나는지 지켜보자'고 생각했죠.

편지를 보내자마자 집주인이 비서와 함께 찾아왔습니다. 저는 친절하게 인사하며 그들을 맞이했죠. 그리고 호의와 열의를 보이며 이야기하기 시작했습니다.

저는 집세가 비싸다는 말부터 시작하지 않았어요. 제가 얼마나 그의 아파트를 좋아하는지부터 이야기했습니다. 정말 전 진심으로 인정하고 아낌없이 칭찬했습니다. 그가 건물을 관리하는 방식에 찬사를 보내고 아파트가 무척 마음에 들어서 한 해 더 살고 싶지만 그럴 여유가 없다고 말했죠.

그는 어떤 세입자에게도 그런 대접을 받아본 적이 없는 것이 분명했습니다. 어떻게 받아들여야 할지 모르더군요.

그러더니 집주인은 자신의 고충을 털어놓기 시작했습니다. 불평하는 세입자들 이야기였습니다. 한 세입자는 열네 통의 편지를 보내기도 했는데 그중 일부는 굉장히 모욕적이었다고 했습니다. 또 어떤 세입자는 위층에 사는 사람이 코를 골지 못하게 집주인이 막지 못하면 임대 계약을 파기하겠다는 협박도 했다고 하더군요.

집주인은 "당신처럼 만족하는 세입자가 있어서 정말 안심이 되네요"라고 말하더군요. 그러고는 부탁하지도 않았는데 제 집세를 조금 깎아주겠다고 제안했습니다. 저는 더 내려주기를 바라는 마음에 제가 지불할 수 있는 액수를 밝혔죠. 그는 한마디 말도 덧붙이지 않고 제 제안을 수락했습니다.

집주인은 자리를 떠나려다 말고 저를 돌아보면서 이렇게 물었습니다. "실내장식은 어떤 식으로 하면 좋을까요?"

만일 제가 다른 세입자들이 썼던 방법으로 집세를 깎으려고 했다면 그들과 똑같이 실패했을 것이 분명합니다. 우호적으로 공감하면서 인정하는 방식이 통하더군요.

또 다른 사례를 들어보자. 사교계의 유명인사인 한 여성을 예로 들 것이다. 롱아일랜드 해변의 가든 시티에 거주하는 도로시 데이 부인의 사연이다.

최근에 몇몇 친구에게 오찬을 대접한 적이 있었죠. 제게는 중요한 행사였고, 당연히 모든 일이 순조롭기를 간절히 바랐습니다. 이런 행사가 있으면 호텔 지배인인 에밀이 훌륭하게 도와주었는데 이 모임에서는 몹시 실망스러웠어요.

오찬은 실패였습니다. 에밀은 어디에서도 보이지 않았어요. 웨이터를 한 명만 보내서 우리의 시중을 들게 했습니다. 게다가 웨이터는 최고급 서비스에 대해서는 눈곱만큼도 아는 게 없었어요. 처음부터 끝까지 내 주빈에게 마지막으로 접대했어요. 그녀에게 볼품없는 작은 셀러리를 큼지막한 접시에 담아내기도 했죠. 고기는 질기고 감자는 느글거리고 엉망진창이었습니다.

정말 화가 났습니다. 시련의 연속이었지만 안간힘을 쓰면서 미소를 지었어요. 마음속으로는 줄곧 이렇게 다짐했죠. '그래, 에밀을 만날 때까지만 기다리자. 따끔하게 한소리해야지.'

이 일이 있었던 날은 수요일이었습니다. 그런데 다음날 밤 저는 인간관계에 대한 강의를 들었어요. 강의를 듣는 동안 에밀에게 퍼부어봐야 소용이 없을 것이라는 사실을 깨달았습니다. 그래 봐야 그를 언짢게 하고 화만 돋우겠죠. 그러면 앞으로 나를 돕고 싶은 마음이 싹 사라질 것이 뻔했습니다.

그래서 에밀의 입장에서 상황을 생각해봤죠. '식재료를 구입한 사람은 그가 아니야. 요리한 사람도 아니야. 몇몇 웨이터가 멍청했던 탓이니 그도 어쩔 수 없었겠지. 어쩌면 내가 지나치게 심각하게 받아들이고 섣불리 분개했을 것이야.' 그래서 그를 비난하기보다는 다정하게 말을 꺼내기로 했습니다. 감사의 말로 말문을 열기로 작정한 겁니다.

이 방법은 멋지게 통했습니다. 다음날 에밀을 만났는데 그는 자신을 방어할 심산으로 지레 화를 내며 맞서 싸울 태세더군요.

나는 이렇게 말했습니다. "이봐요, 에밀. 내가 대접하는 자리에서 당신이 나를 도와주는 것이 얼마나 큰 의미인지 알아주면 좋겠어요. 당신은 뉴욕 최고의 지배인이에요. 당신이 직접 식재료를 구매하고 요리를 하는 게 아니라는 건 물론 잘 알아요. 수요일에 일어난 일은 당신으로서도 어쩔 수 없는 일이었어요."

그 순간 구름이 걷히더군요. 에밀이 웃는 얼굴로 말했죠. "맞습니다, 부인. 주방이 문제였어요. 제 잘못이 아닙니다."

나는 계속해서 이렇게 말했습니다. "사실 다른 파티를 계획하고 있는데, 에밀, 그래서 당신의 조언이 필요해요. 우리가 주방에 기회를 한 번 더 주는 게 좋을까요?", "아, 물론입니다, 부인. 그렇고말고요. 지난번 같은 일은 다시는 없을 겁니다."

다음주에 나는 다시 한 번 친구들에게 오찬을 대접했어요. 에밀과 함께 메뉴를 계획했죠. 그의 팁은 반으로 줄였지만 지난번 실수는 들추지 않았어요.

우리 일행이 도착했을 때 테이블은 아메리칸 뷰티 장미 스물네 송이로 화려하게 장식되어 있었습니다. 에밀이 손수 시중을 들었죠. 내가 메리 여왕을 대접해도 그 정도로 신경 쓰지 못할 겁니다. 음식은 훌륭했고 따뜻했죠. 서비스도 완벽했습니다. 한 명이 아니라 네 명의 웨이터가 음식을 내놓았고요. 에밀은 마무리로 맛있는 민트를 직접 대접했습니다.

우리가 자리를 뜨려 할 때 주빈이 이렇게 말하더군요. "호텔 지배인에게 마법이라도 걸었나요. 이런 서비스와 관심을 지금껏 받아 본 적이 없어요."

틀린 말이 아니었죠. 내가 다정한 접근방식과 진심 어린 마음으로 주문을 걸었으니까요.

수년 전 북서부 미주리 주 변두리에서 숲을 가로질러 시골 학교까지 맨발로 걸어 다니던 어린 시절, 나는 태양과 바람에 관한 우화를 읽었다. 태양과 바람은 누가 더 강자인지를 두고 티격태격하고 있었다.

바람이 이렇게 말했다. "내가 힘이 세다는 걸 증명해주겠어. 저기 외투를 입은 노인을 보게나. 내가 자네보다 더 빨리 그의 외투를 벗길 수 있다고 장담하네."

그래서 태양은 구름 뒤로 숨었고 바람은 회오리바람이 일어날 만큼 입김을 불어댔다. 그러나 바람이 거세질수록 노인은 외투를 더욱 바짝 잡아당겼다.

마침내 바람은 기세를 가라앉히고 포기했다. 그때 구름 뒤에 숨었던 태양이 모습을 드러내고 노인을 향해 온화하게 미소를 지었다. 그러자 노인은 이마의 맺힌 땀을 닦아내며 외투를 벗었다. 태양은 바람에게 온화함과 친절함이 언제나 분노와 완력보다 강하다고 말했다.

내가 이 우화를 읽던 어린 시절에도 보스턴이라는 먼 도시에서 이 이야기의 진실이 실제로 입증되고 있었다. 보스턴은 내가 살아 있는 동안 직접 볼 것이라고는 꿈도 꾸지 못했던 교육과 문화의 역사적 중심지였다.

이를 입증한 사람은 훗날 내 강좌의 수강생이 되었던 내과 의사 B박사였다. 그는 수업 시간에 이같은 이야기를 전했다.

당시 보스턴의 여러 신문에는 가짜 의료 시술자들의 광고가 난무했다. 인간의 질병을 고칠 수 있는 척하지만 사실 '남성성의 상실'과 같은 끔찍한 상태를 들먹이며 순진한 환자들에게 겁을 주면서 등쳐먹는 돌팔이 의사와 낙태 시술자들의 광고였다.

그들이 실시하는 치료란 환자들을 공포심에 사로잡히게 할 뿐 쓸모 있는 치료는 전혀 없었다. 낙태 시술자 때문에 많은 사람이 목숨을 잃었으나 유죄 판결을 받은 사례는 거의 없었다. 대부분 소액의 벌금을 물거나 정치적 영향력을 이용해 풀려났다.

상황이 심각한 지경에 이르자 보스턴의 양식 있는 사람들이 분개하며 들고 일어났다. 성직자들은 설교를 통해 신문의 광고 행태를 비난하며 이런 광고가 더 이상 실리지 않도록 해달라고 하느님께 간절히 기도했다. 시민 단체, 기업가, 여성 단체, 교회, 청년 단체가 모두 신문 광고를 비난하며 퇴치운동에 나섰지만 허사였다. 주 의회는 이런 수치스러운 광고를 불법화하기 위해 혹독한 전쟁을 치렀다. 하지만 뇌물과 정치적 영향력에 무릎을 꿇고 말았다.

B박사는 당시 그레이터 보스턴 크리스천 엔데버 시민위원회의 회장을 맡고 있었다. 이 위원회는 모든 방법을 총동원했지만 실패했다. 이 의료계의 범죄자를 처벌할 수 있는 희망이 보이지 않았다.

그러던 어느 날 자정이 지난 한밤중에 B박사는 보스턴에서 아무도 떠올리지 않은 방법을 시도했다. 친절, 동정, 그리고 인정의 방법이었다. 그는 신문 발행인이 스스로 광고를 중단하게 만들 생각이었다.

B박사는 〈보스턴 헤럴드〉지의 발행인에게 보낼 편지에 그 신문을 무척 높이 평가한다는 자기 뜻을 밝혔다. "저는 지금껏 항상 〈보스턴 헤럴드〉를 읽었습니다. 뉴스 기사가 선정적이지 않고 깔끔했습니다. 사설은 탁월했습니다. 그것은 환상적인 가족 신문이었습니다. 그리고 제가 생각하기에 〈보스턴 헤럴드〉지는 뉴잉글랜드에서 가장 우수한 신문이며 미국 전역에서도 가장 훌륭한 신문으로 손꼽힙니다." 그런 다음 그는 이런 말을 덧붙였다.

"어린 딸을 둔 한 친구가 있습니다. 그런데 며칠 전 그의 딸이 귀사의 신문에 실린 한 광고를 큰소리로 읽어주더랍니다. 그러고는 몇몇 문구의 뜻을 묻는데 솔직히 친구는 뭐라고 답해야 할지 몰라 난감했답니다. 보스턴의 상류층 집안이 귀사의 신문을 많이 읽습니다. 제 친구의 집에서 그런 일이 일어난다면 십중팔구 다른 여러 가정에서도 일어나지 않겠습니까? 만일 어린 딸이 있다면 그 아이가 귀사의 신문 광고를 읽으면 좋겠습니까? 그리고 광고를 읽고 내용에 대해 묻는다면 어떻게 설명하시겠습니까?

다른 모든 면에서는 거의 완벽한 〈보스턴 헤럴드〉지 같은 훌륭한 신문에 이런 특성이 있다는 게 유감스럽네요. 몇몇 아버지들이 신문을 집어 드는 딸아이의 모습을 보고 기겁을 하게 만드는 특성 말입니다. 귀사 신문의 다른 독자 수천 명이 저와 똑같이 생각할 가능성은 없을까요?"

이틀 후 B박사는 이 신문의 발행인으로부터 답장을 받았다. B박사는 30년 동안이나 이 편지를 서류철에 보관하고 있다가 내 강좌에 참가했을 때 내게 건네주었다. 나는 지금 그 편지를 앞에 두고 이 글을 쓰고 있다. 편지를 보낸 날짜는 1904년 10월 13일이다.

선생님께

저는 이번 달 11일에 우리 신문사로 보내신 귀하의 편지에 대해 진심으로 감사드립니다. 그 편지 때문에 이곳 책임자가 된 이후 처음으로 심사숙고한 끝에 마침내 어떤 조치를 결정하게 되었습니다.

이번 월요일부터 〈보스턴 헤럴드〉지는 가능한 한 불쾌한 광고들을 모조리 전면 삭제할 생각입니다. 의료 수첩, 회전 스프레이 주사기 등의 광고는 완전히 '제거'하고 이번에 제거하지 못하는 다른 의료 광고는 불쾌감을 주지 않도록 철저하게 편집하겠습니다.

이 문제에서 도움이 되었던 호의적인 편지를 보내주신 점에 대해 귀하게 다시 한 번 감사드리며 계속 구독자로 남아주시길 간곡히 부탁합니다.

발행인 W.E. 해스켈 올림

기원전 6백 년 이솝은 그리스 크로이소스 대왕의 궁전에서 거주하면서 불멸의 우화를 지었다. 비록 노예 신분이었지만 지금으로부터 2천 6백 년 전 아테네에서 전했던 인간 본성에 대한 그의 진리는 오늘날 보스턴과 버밍엄에서도 여전히 빛을 발하고 있다. 태양이 바람보다 더 빨리 여러분의 외투를 벗길 수 있다. 사람을 변화시키는 것은 세상의 모진 풍파가 아니라 친절함, 우호적인 태도, 그리고 인정이다.

'꿀 한 방울이 쓸개즙 한 통보다 더 많은 파리를 잡는다'는 링컨의 명언을 명심하라.

그러므로 상대를 설득하고 싶다면 원칙 4를 명심하라!

원칙 4 ————————————————————————————

우호적인 태도로 시작하라.

Begin in a friendly way.

　사람들과 대화를 나눌 때 서로 의견이 다른 주제부터 시작하지 마라. 서로 동의하는 주제를 강조하면서(계속 강조하면서) 대화를 시작해야 한다. 가능하다면 목적이 아니라 방법만 다를 뿐 사실은 두 사람 모두 같은 목적을 성취하기 위해 노력하고 있다는 사실을 강조한다.

　상대방이 처음부터 "예, 그렇습니다"라고 말하도록 이끌어라. 상대방의 입에서 "아니오"라는 말이 나오지 않도록 해야 한다. 오버스트리트 교수는 '아니오'라는 반응을 매우 극복하기 어려운 장애물이라고 표현했다.

　일단 '아니오'라고 말했다면 사람들은 자신의 인격에 대한 자존심을 잃지 않기 위해 일관성을 유지하려고 애쓴다. 이내 '아니오'라고 대답한 것이 경솔했다고 후회할지도 모른다. 하지만 소중한 자존심을 버릴 수는 없다. 일단 내뱉은 말이라면 끝까지 고수해야 한다고 생각한다. 따라서 반드시 상대방이 긍정적인 방향으로 출발하도록 이끌어야 한다.

노련한 화자는 처음부터 '예'라는 반응을 많이 이끌어낸다. 그러면 청자는 심리적 작용에 따라 긍정적인 방향으로 움직인다. 이는 당구공의 움직임과 유사하다. 일단 한 방향으로 보내라. 그러면 다른 힘이 가세하지 않는 한 옆길로 새지 않는다. 반대 방향으로 보내려면 더 큰 힘이 필요하다.

심리적 작용 방식은 매우 뚜렷하다. 누군가 '아니오'라고 말했고 그것이 진심이었다면 그 사람이 말한 것은 세 글자로 구성된 단순한 단어에 그치지 않는다.

다시 말해 모든 유기조직(육체, 신경, 근육)이 동조해 거부 상태를 형성한다. 대개 순식간이지만 이따금 눈에 띌 만큼 신체적인 후퇴 현상이 일어나거나 후퇴할 준비를 한다. 요컨대 신경근육체계 전체가 수용에 대항할 태세를 갖추는 것이다.

반대로 '예'라고 답할 때는 후퇴 활동이 일어나지 않는다. 유기조직이 전진 상태(움직이고, 수용하고, 개방적인 태도)를 보인다. 따라서 대화 초기에 '예'라는 반응을 많이 이끌어낼수록 우리의 궁극적인 제안이 주목을 받을 가능성이 커진다.

이 '예' 반응은 매우 단순한 테크닉이다. 그런데도 사람들은 이 테크닉을 얼마나 자주 무시하는가! 처음부터 다른 사람들과 충돌하고 맞서야만 자신이 중요한 사람이라는 느낌을 얻을 수 있다고 여기는 것처럼 보인다.

학생, 고객, 자녀, 남편 혹은 아내가 대화를 시작할 때부터 '아니오'라고 대답하도록 만들어보라. 그 가시 돋친 부정을 긍정으로 바꾸려면 천사의 지혜와 인내심을 총동원해야 할 것이다.

뉴욕시에 위치한 그리니치 저축은행의 은행원 제임스 에버슨은 이 '예, 그렇습니다' 테크닉을 이용한 덕분에 가망 고객을 잃을 뻔했던 위기를 넘길 수 있었다.

에버슨은 당시 상황을 이렇게 전했다.

한 고객이 계좌를 개설하러 오셨습니다. 그래서 저는 우리 은행의 일반 양식을 작성해달라고 건넸죠. 그는 어떤 질문에는 기꺼이 대답했지만 어떤 질문에는 대답하지 않겠다고 단호하게 거절하더군요.

인간관계 기술을 배우지 않았다면 이 가망 고객에게 해당 정보를 은행에 제시하지 않으면 계좌를 개설할 수 없다고 말했을 겁니다. 부끄러운 얘기지만 예전에는 그렇게 말하곤 했죠.

그렇게 결론을 통보하면 기분은 당연히 좋아졌습니다. 누가 주도권 자인지를 알리고 은행 규칙과 규정은 아무나 무시할 수 없다는 사실을 밝혔으니 말입니다. 하지만 그런 태도로는 고객이 되기 위해 우리 은행을 찾아온 사람을 환영하고 존중한다는 느낌은 분명 전하지 못했을 것입니다.

오늘 아침 전 사소한 생활의 지혜를 이용하기로 마음먹었습니다. 은행 입장이 아니라 고객이 원하는 일에 대해 이야기하기로 작정했죠. 그리고 무엇보다 처음부터 그에게서 '예, 그렇습니다'라는 대답을 이끌어내기로 결심했습니다.

그래서 저는 그의 말에 순순히 동의했죠. 그가 제공하지 않으려던 정보는 사실 반드시 필요한 것이 아니라고 말했습니다.

그리고 이렇게 덧붙였죠. "하지만 만일 고객께서 우리 은행에 예금액을 남기신 채로 사망하신다면 은행에서 법적 상속인에게 예금액을 이전해야 하겠죠?"

그는 "예, 물론이죠"라고 대답했습니다.

전 계속해서 말했습니다. "사망하실 경우 착오나 지연되는 일 없이 은행에서 고객님이 원하신 대로 조치할 수 있도록 상속인의 이름을 기입하시는 편이 좋지 않을까요?"

그는 또 다시 "예"라고 대답했습니다.

우리가 은행 입장이 아니라 고객의 편의를 위해 그 정보를 요청한 것이라는 사실을 깨닫자 그 젊은 고객의 태도가 한층 부드럽게 변했습니다. 그 젊은이는 은행을 나서기에 앞서 제게 완벽한 신상 정보를 제공했을 뿐만 아니라 권한 신탁계정을 개설하고 자신의 어머니를 수혜자로 지정했습니다. 자신의 어머니와 관련된 모든 질문에 기꺼이 대답한 것은 물론이고요.

제가 처음부터 그에게서 "예, 그렇습니다"라는 답변을 이끌어낸 덕분에 그는 자신이 문제시했던 요점은 까맣게 잊은 채 제가 제시한 모든 사항을 흔쾌히 따랐습니다.

웨스팅하우스 전기회사의 영업사원 조지프 앨리슨은 다음의 사연을 전했다.

제 담당구역에 회사에서 거래하고 싶어하던 사람이 있었습니다. 제 선임자가 그 사람에게 10년 동안 공을 들였지만 아무것도 팔지 못했습니다.

그 구역을 맡은 다음 저도 3년 동안 꾸준히 그에게 전화를 걸었으나 주문을 단 한 건도 받지 못했죠. 열세 번이나 전화를 걸고 면담을 한 끝에 겨우 전동기 몇 대를 팔았습니다. 그리고 이 제품이 괜찮다고 판단되면 수백 대를 더 주문할 거라 내심 기대하고 있었습니다.

전 그렇게 확신했습니다. 그래서 3주 후에 의기양양하게 그를 찾아갔습니다.

도착하자마자 그 주임 엔지니어가 충격적인 통보를 하더군요.

"앨리슨 씨, 나머지 전동기를 당신에게서 구매하지 않겠습니다." 저는 깜짝 놀라 "어째서요?"라고 물었습니다. "당신 회사 전동기는 너무 뜨겁습니다. 손도 대지 못할 정도입니다."

전 직감적으로 논쟁을 벌여봤자 소용이 없을 것이라고 느꼈습니다. 논쟁이라면 신물이 나도록 해봤으니까요. 그래서 "예, 그렇습니다" 테크닉을 떠올렸습니다.

저는 그에게 말했습니다. "음, 스미스 씨, 당신 말에 100퍼센트 동의합니다. 저 전동기가 너무 뜨겁다면 더 이상 사지 말아야 하죠. 전기제조업체협회에서 규정한 기준 온도를 넘지 않는 전동기를 구하셔야 합니다. 그렇겠죠?"

그는 그렇다고 동의하더군요. 첫 번째 '예'를 얻어낸 겁니다.

"전기제조업체협회는 적정 설계된 전동기의 온도를 상온보다 높은 화씨 72도(약 섭씨 22도) 정도로 규정하고 있습니다. 맞습니까?"

그가 다시 '예'라고 동의했죠. "정확히 맞습니다. 하지만 당신 회사 전동기는 그보다 더 뜨겁습니다."

전 그와 논쟁하지 않았습니다. 그저 이렇게 물었습니다. "작업장 온도가 얼마나 되나요?"

그는 "아, 화씨 75도(약 섭씨 24도)쯤 되죠"라고 대답했습니다.

"음, 만일 작업장 온도 화씨 75도에 72도를 더하면 총 화씨 147도가 되네요. 화씨 147도 정도 되는 물주전자를 손으로 잡으면 화상을 입지 않을까요?"

그는 다시 한 번 "그렇죠"라고 대답했습니다.

그래서 전 다음과 같은 제안을 내놓았습니다. "전동기에 손을 대지 않는 게 좋지 않을까요?"

그는 "당신 말이 맞는 것 같네요"라고 인정하더군요.

우리는 잠시 잡담을 계속 나누었죠. 그런 다음 그는 비서를 부르더니 다음달에 3만 5천 달러 정도 주문을 할 계획을 잡았습니다.

몇 해 동안 수천 달러에 상당하는 거래 기회를 놓친 후에야 비로소 논쟁하는 것은 전혀 득이 되지 않으며 상대방의 관점에서 상황을 이해하고 그 사람에게서 "예, 그렇습니다"라는 답변을 이끌어내는 편이 한층 더 이롭고 흥미롭다는 사실을 깨닫게 되었죠.

일명 '아테네의 귀찮은 사람'이라고 불리던 소크라테스는 세계에서 가장 위대한 철학자로 손꼽힌다. 그는 역사를 통틀어 오직 소수의 사람만 성취할 수 있는 일을 해냈다. 인간의 사고방식을 완전히 탈바꿈시킨 것이다. 그리고 세상을 떠난 지 2천4백 년이 지난 지금도 그는 이 풍진 세상에 영향을 미친 가장 지혜로운 설득자로서 존경받고 있다.

그는 어떤 방법을 썼을까? 사람들에게 틀렸다고 지적했을까? 오, 아니다. 소크라테스는 그러지 않았다. 그는 그럴 정도로 어리석지 않았다. 오늘날 '소크라테스 문답법'이라고 일컬어지는 그의 완벽한 기법의 토대는 '예, 그렇습니다' 반응을 이끌어내는 방식이다.

소크라테스는 상대방이 동의할만한 질문을 던졌다. 그는 만족스러울 때까지 계속해서 상대방의 동의를 하나씩 얻어냈다. 마침내 상대방이 자기도 모르게 몇 분 전만 해도 극단적으로 반대했던 결론을 수용할 때까지 질문을 계속했다.

앞으로 누군가에게 틀렸다고 지적하고 싶은 충동이 생기면 노년의 소크라테스를 기억하고 긍정적인 질문을 하자. '예, 그렇습니다'라는 반응을 얻을 수 있는 질문 말이다.

중국에는 동양의 유서 깊은 지혜가 담긴 옛 속담이 있다. '사뿐사뿐 걷는 사람이 멀리 간다.' 그 고상한 중국인들은 5천 년 동안 인간의 본성을 연구하고 놀랄 만한 통찰력을 얻었다. '사뿐사뿐 걷는 사람이 멀리 간다.'

그러므로 상대를 설득하고 싶다면 원칙 5를 명심하라!

원칙 5

상대방이 곧바로 '예, 그렇습니다'하고 말하도록 이끌어라.

Get the other person saying 'yes, yes' immediately.

[6] ──────────── 불만에 대처하는 안전밸브

자신의 의견을 따르도록 다른 사람을 설득하려는 사람은 대부분 지나치리만큼 말이 많다. 상대방이 자신의 이야기를 하도록 기회를 주어라. 그들의 사업과 문제에 대해 더 많이 알고 있는 사람은 여러분이 아니라 그들이다. 그러니 그들에게 질문을 하라. 그들이 여러분에게 무언가 이야기하도록 기회를 주어라.

상대방의 이야기에 동의할 수 없다면 그의 말을 자르고 싶은 충동이 일어날지도 모른다. 하지만 자제하라. 마음속에 표현해야 할 생각이 아우성치고 있다면 그들은 결코 여러분에게 주의를 기울이지 않는다. 그러니 열린 마음으로 끈기 있게 귀를 기울여라. 성심성의껏 들어라. 그들이 자신의 생각을 남김없이 이야기하도록 격려해라.

사업을 할 때도 이 방법이 효과적일까? 한 번 살펴보자. 다음은 어쩔 수 없이 이 방법을 써야만 했던 한 영업사원의 경험담이다.

미국의 한 대규모 자동차 제조업체가 한 해 동안 필요한 좌석 커버용 직물의 납품업체를 결정하기 위해 협상 중이었다. 주요 제조업체 세 곳에서 견본 자동차의 커버를 만들었다. 자동차회사의 임원들이 세 견본을 빠짐없이 검토하고, 각 제조업체 대표에게 계약을 위한 마지막 발표 기회를 주겠다고 통지서를 보냈다.

한 제조업체의 대표 R은 발표 장소에 도착하던 날 심한 후두염에 시달렸다. 그는 수업 중에 경험담을 다음과 같이 전했다.

임원들 앞에서 발표할 순서가 되었을 때 제 목소리는 완전히 쉰 상태였죠. 작은 소리조차 낼 수 없었습니다. 회의실로 안내를 받았는데 그곳에는 섬유공학 기사, 구매 담당자, 영업국장, 그리고 회사 대표이사가 앉아 있었습니다. 저는 자리에서 일어나 말을 해보려고 안간힘을 썼지만 꺽꺽거리는 소리밖에 나지 않았습니다.

그래서 전 종이에 '여러분, 목소리가 쉬는 바람에 말을 할 수 없습니다'라고 써서 탁자에 둘러 앉아 있는 임원들에게 보여주었죠.

그러자 대표이사가 "제가 대신 발표하도록 하죠"하며 나서더군요. 그는 우리 회사 견본을 보여주며 장점을 칭찬했습니다. 우리 견본의 장점에 대해 열띤 토론이 펼쳐졌죠. 토론이 진행되는 동안 제 대신 발표하고 있던 대표이사가 제 역할을 모두 맡아주셨습니다. 저는 이따금 미소를 짓거나 고개를 끄덕이거나 혹은 몸짓을 하는 것밖에 한 일이 없었죠.

이처럼 독특한 회의 덕분에 우리 회사는 계약을 따냈습니다. 총 160만 달러에 상당하는 좌석 커버용 직물 약 50만 야드가 필요한 계약이었습니다. 제가 이제껏 따낸 계약 가운데 가장 큰 건이었습니다.

만일 제 목소리가 쉬지 않았다면 계약을 따지 못했을지도 모릅니다. 제가 전반적인 계획을 잘못 이해하고 있었거든요. 순전히 우연한 기회에 다른 사람에게 이야기할 기회를 주는 것이 이로울 때가 있다는 사실을 깨달았습니다.

필라델피아 전기회사에 근무하는 조셉 S. 웨브도 이같은 발견을 했다. 웨브가 부유한 네덜란드 출신 농부들이 사는 펜실베이니아 시골 지역을 둘러볼 때의 일이다.

"저 사람들은 왜 전기를 안 쓰나요?" 잘 정돈되어 있는 농가 앞을 지나며 웨브가 지역 담당자에게 물었다.

"저 사람들은 구두쇠라서 아무것도 사지 않습니다." 지역 담당자가 무시하는 투로 대답하고는 말을 이었다. "전기를 넣으려 노력해봤는데 전혀 가망성이 없습니다."

실제로 그럴지도 모른다. 하지만 웨브는 다시 한 번 시도해봐야겠다고 결심하고 한 농가의 문을 두드렸다. 문이 아주 조금 열리고 나이가 지극한 부인이 나왔다. 웨브는 그때의 상황을 이렇게 전했다.

제가 전기회사 직원이라는 것을 알자마자 부인은 문을 닫아버렸죠.

다시 노크를 하자 부인이 문을 열었습니다. 그러더니 이번에는 저희 회사를 도둑이라고 했습니다.

"드러켄브로드 부인, 죄송합니다만 저는 전기를 팔기 위해 온 것이 아닙니다. 그저 달걀을 사러 왔답니다"라고 하자 그녀는 문을 조금 더 열고는 의심하는 눈초리로 쳐다봤습니다.

"아주 좋은 도미니크종 닭을 키우고 계시네요. 신선한 달걀을 사고 싶습니다." 그러자 문이 조금 더 열렸습니다.

"내 닭이 도미니크종인지 어떻게 알았수?" 부인이 제게 물었습니다. 저는 "저도 닭을 기르고 있습니다. 이렇게 훌륭한 도미니크종 닭들은 처음 봅니다"하고 답했습니다.

"그럼 왜 댁네 달걀을 사용하지 않는 거요?" 아직도 의심스러운 듯 부인이 물었습니다. "저희 집 닭은 레그혼종이라 달걀이 하얗습니다. 직접 요리를 하시니까 아시겠지만 케이크를 만들 때는 노란 달걀이 좋죠."

이런 이야기가 오가자 드러켄브로드 부인은 훨씬 호의적인 태도로 현관에 나왔습니다. 저는 계속해서 말했습니다. "사실 남편께서 기르는 암소보다 부인께서 기르시는 닭에서 나오는 수입이 훨씬 더 좋다고 생각합니다만, 어떤가요?"

부인은 이 말이 마음에 쏙 들었습니다. 효과 만점이었습니다. 부인은 그 사실을 이야기하고 싶어 하지만 아쉽게도 남편은 그 점을 인정하지 않았던 모양입니다.

부인이 저희에게 닭장을 구경시켜 주었습니다. 둘러보는 중에 부인이 직접 고안한 여러 가지 작은 장치들이 보이기에 저는 '진심으로 인정하고 칭찬'했습니다. 그새 저희는 서로의 닭 사육 방법을 나누는 사이가 되었습니다. 그러다가 부인은 이웃 중에 닭장에 전등을 설치해 더 많은 수익을 얻는 사람이 있다며, 본인도 그렇게 할 수 있는지 저의 솔직한 의견을 물었습니다.

2주 후에 드러켄브로드 부인의 도미니크종 암탉들은 밝은 전등 불빛 아래서 예전보다 만족스럽게 생활하게 되었습니다. 물론 그 전에 저는 전기 설치 주문을 받았고, 부인은 그 후 더 많은 달걀을 얻을 수 있었습니다.

하지만 중요한 건 지금부터의 이야기입니다. 만일 부인 스스로 먼저 말을 꺼내도록 만들지 못했다면 저는 결코 그 집에 전기를 팔 수 없었을 것입니다. 그런 사람들에게는 절대 뭔가를 팔 수 없습니다. 그 사람들이 스스로 사도록 만들어야 합니다.

뉴욕의 한 신문에 독특한 능력과 경력을 요구하는 구인 광고가 실렸다. 찰스 T. 쿠벨리스가 광고에 실린 사서함으로 지원서를 보냈다. 며칠 후 그는 면접을 보러 오라는 통지서를 받았다. 그는 면접을 보러 가기에 앞서 월스트리트를 몇 시간씩 돌아다니면서 그 회사의 창립자에 대한 정보를 샅샅이 찾았다.

면접을 보는 동안 그는 이렇게 말했다. "귀사처럼 대단한 업적을 세운 기업에 입사한다면 무척 영광스러울 겁니다. 대표님께서 28년 전 작은 사무실에서 속기사 한 명으로 창업하셨다는 이야기를 들었습니다. 사실인가요?"

성공한 사람들은 누구나 어려웠던 지난날을 회상하며 흐뭇해한다. 그 대표도 예외는 아니었다.

그는 자신이 어떻게 단돈 450달러와 독창적인 아이디어만으로 창업을 했는지 한참 동안 이야기했다. 휴일에도 쉬지 못하고 하루에 12시간에서 16시간씩 일하면서 어떻게 난관을 이겨내고 주변의 비웃음과 싸웠는지, 월스트리트에서 가장 이름난 경영자들이 그를 찾아와 조언과 정보를 구하기까지 어떻게 역경을 극복하고 마침내 성공했는지 구구절절이 이야기했다.

그는 자신의 그런 위업에 긍지를 느꼈다. 물론 그럴만한 자격이 충분했다. 그는 자신의 성공담을 전하며 몹시 뿌듯한 시간을 보냈다. 마지막으로 대표는 쿠벨리스의 경력을 간단히 묻고는 부사장을 불러서 이렇게 말했다. "이 사람이 바로 우리가 찾던 사람인 것 같습니다."

쿠벨리스는 미래의 고용주가 거둔 업적을 조사하기 위해 수고를 아끼지 않았다. 상대방이 대화를 주도하도록 격려함으로써 그에게 긍정적인 인상을 심어주었다.

우리의 친구들은 우리의 자랑을 들어주기보다는 자신의 업적을 자랑하기에 더욱 여념이 없다. 프랑스 철학자 라 로슈푸코는 이런 말을 남겼다.

"적을 만들고 싶다면 친구보다 뛰어난 사람이 되어라. 하지만 친구를 원한다면 친구가 당신보다 뛰어난 사람이 되도록 하라."

이 말은 왜 진리인가? 친구들이 우리보다 뛰어나면 그들은 자존감을 느낀다. 하지만 우리가 친구들보다 뛰어나면 그들은(적어도 그중 일부는) 열등감과 질투를 느낀다.

'Die reinste Freude ist die Schadenfreude'라는 독일 속담이 있다. 해석하면 이런 뜻이 된다. '진정한 기쁨은 우리가 부러워하던 사람의 불행에서 얻는 사악한 기쁨이다.' 그렇다. 여러분의 친구 가운데 몇몇은 여러분의 승리보다는 고통에서 십중팔구 더 많은 만족감을 얻을 것이다.

그러므로 우리의 성과를 최소화하자. 겸손해지자. 그러면 언제나 성공할 것이다.

어빈 코브는 효과적인 기술을 알고 있었다. 한 변호사가 증인석에 선 코브에게 이렇게 말한 적이 있었다. "코브 씨, 제가 알기로 당신은 미국에서 가장 유명한 작가로 손꼽히십니다. 맞습니까?" 코브는 이렇게 답변했다. "제가 분에 넘치게 운이 좋았을 겁니다."

여러분이나 나는 대단한 인물이 아니다. 그러니 겸손해야 한다. 지금으로부터 백 년이 지나면 우리는 모두 죽어서 완전히 기억 속에서 사라질 것이다. 따라서 다른 사람이 이야기하도록 격려하라.

다시 한 번 잠시 생각해보자. 여러분이나 나는 자랑할 만한 것이 그리 많지 않다. 어떻게 하면 멍청이가 되는지 알고 있는가? 그리 어렵지 않다. 우리의 갑상선에서 5센트어치의 요오드만 꺼내면 그만이다. 의사가 우리의 목에 있는 갑상선을 열고 요오드를 조금만 빼내면 우리는 금세 천치로 변한다. 우리를 정신병원으로 보낼 수 있는 것은 5센트를 주고 모퉁이 약국에서 살 수 있는 소량의 요오드이다. 5센트어치의 요오드 말이다! 어떤가? 우리는 그리 대단한 인물이 아니지 않은가?

그러므로 상대를 설득하고 싶다면 원칙 6을 명심하라!

원칙 6 ————————————————————

상대방이 이야기를 많이 하도록 기회를 주어라.

Let the other man do a great deal of the talking.

[7]───────────────── 협력을
얻는 방법

여러분은 누군가 은쟁반에 담아 건넨 아이디어보다 본인이 직접 발견한 아이디어를 더욱 신뢰하는가? 만일 그렇다면 다른 사람에게 자신의 의견을 강요하려는 것은 잘못된 판단이 아닐까? 제안을 하고 상대방이 결론을 내리도록 기다리는 편이 한결 현명하지 않을까?

필라델피아 출신으로 내 강좌에 참석했던 아돌프 셀츠는 자동차 전시장에서 영업부장으로 근무했다. 그는 어느 날 실의에 빠져 의욕을 상실한 자동차 영업사원들에게 열의를 불어넣어야 할 상황에 놓이게 되었다.

그는 회의를 소집하고 그들이 자신에게 원하는 바가 무엇인지 물었다. 그리고 그들이 원하는 사항을 칠판에 모두 적고는 이렇게 말했다.

"여러분이 제게 원하는 이 사항을 다 해드리겠습니다. 이제 여러분에게 필요한 자세가 무엇인지 말해주십시오." 직원들은 거침없이 대답했다. 충성심, 정직성, 독창성, 낙천성, 팀워크, 하루 8시간의 열정적인 업무활동. 그들은 새로운 용기와 영감을 얻고 회의를 마쳤다. 한 세일즈맨은 자진해서 하루에 14시간 일하겠다고 나섰다. 셸츠는 내게 판매 실적이 경이로울 정도로 좋아졌다고 전해주었다.

셸츠는 이렇게 말했다. "직원들은 저와 일종의 도덕적인 거래를 한 겁니다. 제가 그들이 원하는 바를 실천했으므로 직원들 역시 자신들의 결심을 지키려고 한거죠. 그들의 요구사항을 함께 의논한 그 회의가 그들에게 필요한 자극제였던 셈입니다."

설득을 당하거나 지시를 받는다는 느낌을 좋아할 사람은 아무도 없다. 우리는 자발적으로 결정하거나 자신의 생각에 따라 행동한다는 느낌을 더 좋아한다. 우리는 누군가 우리의 소망, 욕구, 생각을 의논해주기를 바란다.

유진 웨슨의 사례를 살펴보자. 그가 이 진리를 깨닫기 전까지 손해본 수수료만 해도 수천 달러에 이를 것이다.

웨슨은 한 스튜디오에서 스타일리스트와 섬유 제조업체에 납품할 디자인을 만들었다. 그는 3년 동안 매주 한 번씩 뉴욕의 유명 스타일리스트를 방문했다.

"그는 한 번도 거절하지 않고 저를 만나주었지만 디자인을 샀던 적은 없었습니다. 항상 제 디자인을 매우 꼼꼼하게 살펴보고 이렇게 말했죠. '웨슨 씨, 오늘은 적당한 게 없네요.'"

150번이나 실패한 다음에야 웨슨은 자신의 생각과 아이디어가 틀에 박혀 있다는 생각이 들었다. 그래서 일주일에 한 번 저녁 시간을 인간의 행동에 영향을 미치는 방법을 공부하는 데 투자하기로 결심했다. 그러면 새로운 아이디어를 개발하고 새로운 열정을 불러일으킬 수 있을 것 같았다.

그러던 어느 날 새로 배운 방법을 적용해보기로 마음먹었다. 대여섯 장의 미완성 디자인을 옆구리에 끼고 그 스타일리스트에게 달려갔다. "괜찮으시다면 작은 부탁 하나 드려도 될까요? 이건 완성되지 않은 디자인들입니다. 어떻게 마무리하면 당신이 쓰실 수 있을지 말씀해주십시오."

잠시 동안 아무 말도 하지 않고 디자인을 쳐다보던 스타일리스트는 이렇게 말했다. "며칠만 여기 두고 가십시오, 웨슨 씨. 그리고 나중에 다시 오시죠."

웨슨은 사흘 후 그를 찾아가 조언을 얻은 다음 디자인을 가지고 돌아왔다. 그러고는 고객의 의견에 따라 디자인을 마무리했다. 어떤 결과를 얻었을까? 디자인을 모두 팔았다.

그 후에 이 고객은 웨슨에게 다른 디자인을 수십 장 주문했고 모두 고객이 원하는 대로 그렸다. 웨슨은 이렇게 말했다.

"몇 해 동안 그에게 팔지 못했던 이유를 깨달았습니다. 제가 그에게 필요하다고 지레짐작하고 일방적으로 팔려고 애썼기 때문이죠. 그래서 접근방식을 완전히 바꾸고 그의 조언을 구했습니다. 그 덕분에 그는 직접 디자인을 창작하고 있다고 느꼈죠. 실제로 그랬고요. 굳이 팔려고 애쓸 필요가 없었습니다. 그가 자진해서 샀으니까요."

또 다른 사례를 살펴보자. 뉴욕 주지사로 재직할 당시 시어도어 루스벨트는 대단한 업적을 세웠다. 그는 정계 거물들과 좋은 관계를 유지하면서도 그들이 몹시 싫어하는 개혁을 밀어붙였다. 그때 그가 실행했던 방법은 다음과 같다.

루스벨트는 어떤 중요한 직위의 후임자를 선택해야 할 상황이 생길 경우, 정계 거물들을 초대해 추천을 부탁했다. 그는 당시 상황을 이렇게 전했다.

그들은 먼저 쓸모없는 정당의 맹목적인 지지자, 그러니까 '보살펴 줘야 할' 사람들을 제안했습니다. 그래서 난 대중이 인정하지 않을 테니 그런 사람을 임명하는 것은 정치적인 면에서 현명하지 않다고 말했죠.

그랬더니 그들이 또 다른 정당의 맹목적인 지지자로 오랫동안 공직에 몸담았던 사람의 이름을 거론하더군요. 단점도 없지만, 장점도 찾기 어려운 사람 말입니다. 그래서 나는 이 사람도 대중의 기대에 미치지 못할 것이라고 말하며 그 직책에 확실히 제격인 인물은 없겠냐고 물었죠.

그들은 세 번째로 훌륭하지만 그리 뛰어나지 않은 사람을 추천했습니다. 나는 또 그들에게 고맙지만 한 번 더 생각하라고 부탁했습니다. 그들의 네 번째 제안은 수락할만했습니다. 즉, 내가 직접 선택해도 괜찮은 사람을 지목했거든요. 그래서 나는 그동안 도와주셔서 감사하다고 말하며 그들 덕분에 이 사람을 임명할 수 있었다고 공을 돌렸습니다. 그리고 지금까지 내가 조언을 구하며 그들을 기쁘게 만들었으니 이제 그들이 나를 기쁘게 만들 차례라고 덧붙였습니다.

그들은 루스벨트의 말에 따랐다. 공무원 법안과 가맹점 세법안 같은 대대적인 개혁안을 지지한 것이다.

명심하라. 루스벨트는 상대방과 의논하고 그의 조언을 존중하기 위해 노력을 아끼지 않았다. 루스벨트는 중요한 직책을 임명할 때 정계 거물들이 직접 후보자를 선택했다고 느끼게 하였다.

롱아일랜드의 한 자동차 영업사원은 이와 똑같은 기술을 이용해 스코틀랜드 출신의 샌디 부부에게 중고차를 판매했다.

하지만 처음엔 녹록지 않았다. 이 영업사원은 그들에게 여러 자동차를 차례로 보여주었지만, 그들은 그때마다 "이것은 어울리지 않는다", "저것은 상태가 좋지 않다", "가격이 너무 비싸다"라며 흠을 잡았다.

특히 아내 샌디는 어떤 가격을 제시하든 항상 너무 비싸다고 말했다. 영업사원은 이 무렵 내 강좌를 듣고 있던 차라 수강생들에게 도와달라고 호소했다.

우리는 샌디에게 판매하려고 애쓰지 말고 샌디가 사게 만들어야 한다고 조언했다. 샌디에게 어떤 것을 사라고 말하지 말고, 샌디가 어떤 것을 사겠다고 말하게 하라는 뜻이었다. 요컨대 샌디가 자신이 아이디어를 제시했다고 느끼게 하라고 했다.

며칠 후 낡은 자동차를 새 자동차로 바꾸고 싶어 하는 고객이 찾아왔다. 영업사원은 이 고객의 중고 자동차가 샌디의 마음에 들 것으로 판단했다. 그래서 전화기를 들고 샌디에게 특혜를 베풀어 약간의 조언을 해달라고 부탁했다.

샌디가 도착했을 때 영업사원은 말했다. "당신은 현명한 고객이십니다. 자동차의 가치를 아시죠. 이 자동차를 꼼꼼하게 살피고 시승하신 다음에 얼마에 거래해야 할지 제안해주시겠습니까?"

샌디는 무척 환하게 미소를 지었다. 영업사원이 조언을 구하며 그녀의 능력을 인정했기 때문이다. 그녀는 퀸스 대로로 자동차를 몰아 자메이카에서 포레스트 힐스 사이를 왕복하고는 이렇게 조언했다. "이 자동차를 3백 달러에 산다면 횡재한 겁니다."

영업사원은 다시 샌디에게 물었다. "제가 그 가격에 이 자동차를 사면 당신은 구매할 의향이 있으신가요?" 3백 달러에? 물론 그녀는 산다고 했다. 그것은 그녀의 제안이자 그녀의 감정가가 아니었던가. 거래는 즉시 성사되었다.

이런 방식은 사업계와 정치계는 물론 가정생활에서도 효과적이다. 한 방사선 제조업자도 이와 똑같은 심리 원칙을 이용해서 브룩클린에 있는 한 병원에 장비를 판매했다. 그 병원은 증축공사를 하고 최첨단 방사선과를 만들 장비를 구입할 예정이었다. 방사선과의 책임자 L박사는 자사 장비의 장점을 장황하게 늘어놓는 영업사원들에게 몹시 시달렸다.

하지만 한 제조업자는 남달리 노련했다. 그는 다른 사람들에 비해 인간의 본성을 훤하게 꿰뚫고 있었다. 그는 이런 편지를 보냈다.

우리 공장에서 최근 새로운 종류의 방사선 장비를 완성했습니다. 이 기계의 첫 선적분이 지금 막 사무실에 도착했는데 완벽하지 않군요.

우리는 일단 그렇게 판단하고 개선책을 모색하고 있습니다. 그래서 만일 박사님께서 잠시 살펴보시고 성능을 개선할 방법에 대해 귀한 조언을 주신다면 대단히 감사하겠습니다. 얼마나 바쁜 분인지 익히 알고 있기에 박사님을 모시러 제 차를 보낼 예정이니 편한 시간을 알려주십시오.

L박사는 수업 중에 그 일에 대해 이렇게 전했다.

그 편지를 받고 깜짝 놀랐죠. 사실 놀라는 한편 기분이 우쭐하기도 했습니다. 지금껏 제 조언을 구한 방사선 제조업자는 한 사람도 없었거든요. 덕분에 제가 중요한 사람이라는 기분이 들었습니다.

전 그 주에는 매일 밤 바빴지만 저녁 식사 약속 하나를 취소하고 장비를 살펴보러 갔습니다. 그런데 장비를 살펴보면 볼수록 무척 마음에 들더군요.

그걸 제게 팔려고 애쓰는 사람은 아무도 없었지만 구입하는 것이 병원을 위한 길이라는 생각이 들었습니다. 전 장비가 우수하다고 확신하고 자진해서 설치해달라고 주문했습니다.

랠프 월도 에머슨은《자신감》이라는 수필에서 이렇게 썼다.

"모든 걸작에서 우리는 우리가 스스로 버렸던 수많은 아이디어를 발견한다. 그들이 어떤 범접할 수 없는 당당한 모습으로 우리에게 돌아온 것이다."

에드워드 M. 하우스 대령은 우드로 윌슨 대통령의 재임 기간 동안 국내외 문제에 막강한 영향력을 휘둘렀다. 은밀한 협의나 조언이 필요할 때 윌슨 대통령은 각료들보다 오히려 하우스 대령을 의지했다.

대체 하우스 대령은 어떤 방법으로 대통령에게 영향력을 행사했을까? 다행스럽게도 하우스 대령 본인이 그 비결을 아서 D. 하우든 스미스에게 알려주었고, 스미스는《더 새터데이 이브닝 포스트》의 한 기사에서 하우스 대령의 말을 인용했다.

"대통령을 알게 된 후에 어떤 의견을 받아들이도록 설득할 수 있는 가장 좋은 방법을 깨달았습니다. 무심하게 대통령의 마음속에 그 생각을 심는 것이죠. 그의 관심을 끌기 위해서가 아니라 스스로 그것을 생각하도록 말입니다.

처음 이 방법이 효과를 거둔 것은 순전히 우연이었습니다. 백악관으로 대통령을 찾아가 어떤 정책을 채택하도록 설득했는데, 그는 그다지 탐탁지 않은 눈치더군요. 그런데 며칠 뒤 만찬에서 깜짝 놀랄 일이 있었습니다. 대통령께서 제 제안을 마치 자신의 생각인 양 말씀하는 게 아닙니까?"

하우스가 대통령의 말을 가로채며 "그건 각하의 아이디어가 아닙니다. 제 겁니다"라고 말했을까? 오, 그렇지 않다. 그는 그 정도로 어리석지 않았다. 명예 따위에는 관심이 없었다. 그가 원한 것은 결과였다. 그래서 하우스는 그것이 대통령의 아이디어라고 생각하도록 내버려두었다. 그뿐만 아니다. 공식적으로도 그것을 대통령의 아이디어로 인정받도록 내버려두었다.

우리가 교제하는 모든 사람이 우드로 윌슨처럼 한낱 인간일 뿐이라는 사실을 기억하자. 그리고 하우스 대령의 테크닉을 이용하자.

캐나다의 아름다운 지방 뉴브런즈윅에 거주하는 한 사나이가 이 테크닉을 이용해서 내 마음을 사로잡았다. 당시 나는 뉴브런즈윅에서 낚시와 카누놀이를 즐길 계획을 세우고 있었다. 그래서 정보를 구하려고 여행사에 편지를 썼다. 아마 내 이름과 주소가 분명 우편물 수신자 명단에 올라있었을 것이다. 얼마 지나지 않아 야영장과 가이드로부터 수십 통의 편지와 책자, 추천장이 쇄도했으니 말이다.

나는 어느 곳을 선택해야 할지 몰라 당황스러웠다. 그런데 기발한 방법을 쓴 야영장 주인이 있었다. 그는 자신의 야영장을 이용했던 몇몇 뉴욕 사람들의 이름과 전화번호를 보내고 그들에게 전화를 걸어 직접 자기 야영장의 장점을 확인하라고 전했다.

놀랍게도 그 목록에 내가 아는 사람이 있었다. 나는 그에게 전화를 걸어 그의 경험담을 들은 다음 야영장에 내가 도착할 날짜를 알려주었다. 다른 야영장은 내게 그들의 서비스를 알리기 위해 애를 썼지만 한 곳만은 내가 스스로 결정하도록 기회를 주었다. 승자는 바로 그곳이었다.

2천5백 년 전 중국의 현인 노자는 이 책의 독자들이 활용할만한 몇 가지 지혜를 남겼다.

"무릇 강과 바다가 백여 줄기의 계곡물을 품는 것은 그들이 언제나 낮은 곳에 머물기 때문이다. 그로 인해 계곡물 위에 군림할 수 있는 것이다. 그러니 뭇 백성 위에 있고자 하는 현인은 자신을 그들보다 낮추어야 한다. 그러면 백성보다 높은 곳에 있다 해도 백성이 그의 무게를 느끼지 못하며, 백성보다 앞선 곳에 있다 해도 백성이 이를 모욕으로 생각지 않는다."

그러므로 상대를 설득하고 싶다면 원칙 7을 명심하라!

원칙 7 ────────────────────────

상대방이 어떤 아이디어를 자신의 것이라고 여기게 내버려두라.

Let the other fellow feel that the idea is his.

[8] ———————— 기적을 안겨줄 공식

다른 사람의 생각이 완전히 틀릴 때가 있을 것이다. 그러나 그들은 그렇게 생각하지 않는다. 그들을 나무라지 마라. 바보라도 이것쯤은 할 수 있다. 그들을 이해하려고 노력하라. 이는 오직 지혜롭고 관대하며 비범한 사람들만 할 수 있는 일이다.

상대방이 어떤 행동과 생각을 하는 데는 그만한 이유가 있기 마련이다. 그 이유를 찾아내라. 그러면 그의 행동, 어쩌면 그의 성격까지 이해할 수 있을 것이다. 진정으로 상대방의 입장이 되려고 노력하라.

'내가 그의 입장이라면 어떻게 느끼고 반응할까?'를 한 번쯤 생각해보면 시간을 낭비하거나 짜증을 내는 일은 없을 것이다. '원인에 관심을 기울이면 결과를 싫어할 가능성이 줄어들기' 때문이다. 뿐만 아니라 인간관계 기술도 크게 향상할 것이다.

케네스 M. 구드는 《사람을 금으로 바꾸는 방법》에서 이렇게 말했다.

"잠시 멈추어라. 잠시 멈추어 자기 문제에 쏟는 여러분의 지대한 관심과 그밖에 다른 문제에 기울이는 가벼운 관심이 얼마나 다른지 비교해보라.

그리고 세상 사람들 역시 여러분과 다르지 않다는 사실을 명심하라! 그러면 링컨이나 루스벨트처럼 인간관계의 바탕이 되는 유일한 원칙을 발견할 것이다. 즉, 인간관계의 성공은 상대방의 관점을 얼마나 공감하며 이해하는지에 달려 있다는 사실을 깨닫게 될 것이다."

뉴욕주 헴프스테드에 거주하는 샘 더글러스의 아내는 잡초를 뽑고, 비료를 주고, 일주일에 두 번씩 잔디를 깎으며 잔디밭을 가꾼다. 그런데도 더글러스는 4년 전 그들이 이 집으로 이사 왔던 때보다 잔디밭이 별반 나아지지 않았다고 아내에게 말하고는 했다. 당연히 아내는 남편의 말에 상처를 받았고, 남편이 그런 말을 할 때면 언제나 저녁 시간의 평화가 깨지고 말았다.

우리 강좌에 참가하고 나서야 더글러스는 얼마나 어리석었는지 비로소 깨달았다. 아내가 잔디를 가꾸며 즐거워하고 그런 수고에 칭찬 한마디를 해주면 정말 감동할 것이라는 생각은 그때껏 전혀 하지 않았던 것이다.

어느 날 저녁 식사를 마친 뒤 아내는 잡초를 뽑아야겠다며 남편에게 같이 나가자고 청했다. 남편은 처음에는 거절했지만 마음을 고쳐먹었다. 그녀를 따라 나가서 잡초 뽑는 일을 도왔다. 아내는 무척 기쁜 모양이었다. 두 사람은 한 시간 동안 열심히 일하면서 즐거운 대화를 나누었다.

그날 저녁 이후 남편은 이따금 아내를 도와서 정원을 가꾸었다. 그리고 그녀 덕분에 잔디밭이 얼마나 멋진지, 마치 콘크리트 같던 안뜰이 얼마나 환상적으로 변했는지 모른다며 칭찬했다. 결과가 궁금한가? 물론 두 사람은 더욱 행복해졌다. 한낱 잡초에 지나지 않았지만 더글러스가 아내의 입장에서 사물을 보는 법을 배웠기 때문이다.

제럴드 S. 니렌버그 박사는 《소통하기》에 이렇게 썼다.

"대화에서 여러분이 상대방의 생각과 감정을 자신의 것만큼 중요하게 여긴다는 사실을 보여주면 그의 협조를 얻을 수 있다. 대화를 시작할 때 상대방에게 대화의 목적이나 방향을 알린다. 그리고 여러분이 청자라면 어떤 말을 듣고 싶을지 염두에 두고 말하면서 상대방의 관점을 수용하면 상대방이 마음을 열고 여러분의 의견을 귀담아 들을 것이다."

나는 집 근처에 있는 공원에서 산책하거나 말을 타면서 항상 즐거운 시간을 보냈다. 마치 고대 갈리아 지방의 드루이드(고대 켈트족 종교였던 드루이드교의 성직자-옮긴이)라도 되는 듯 참나무에 대한 내 애정은 숭배에 가까웠다. 그래서 계절마다 쓸데없이 화재에 희생된 어린 나무와 관목을 보면 몹시 괴로웠다.

화재의 주범은 부주의한 흡연자가 버린 담배꽁초가 아니었다. 대부분 공원에서 생각 없이 굴며 나무 아래에서 소시지나 달걀을 구워먹는 청소년 때문에 일어난 불이었다. 이따금 불이 걷잡을 수 없이 타오르는 바람에 소방차를 동원해 화재를 진압해야 했다.

공원 언저리에는 불을 지피는 사람은 누구든 벌금형이나 금고형에 처할 수 있다는 표지판이 있었다. 그런데 좀처럼 사람이 다니지 않는 곳에 표지판이 있으니 보는 사람이 많지 않았다. 기마 경관에게 공원을 감시할 임무를 맡겼으나 그가 소홀한 탓에 계절마다 화재가 끊이지 않았다.

한 번은 내가 경관에게 급히 달려가 공원에서 불길이 급속도로 번지고 있으니 소방서에 신고하라고 알렸다. 그런데 그는 심드렁하게 자기 관할 구역이 아니니 상관할 필요가 없다고 답했다. 누굴 믿어야 한단 말인가.

그래서 나는 사건 이후에 말을 타고 다닐 때면 마치 그 국유지를 보호하는 자칭 1인 위원회가 된 것처럼 행동했다. 안타깝게도 처음에는 다른 사람의 관점을 이해할 시도조차 하지 않았다.

나무 아래에서 타오르는 불길이 보이면 몹시 못마땅한 데다 옳은 일을 하고 싶은 마음도 간절했기에 나도 그만 실수를 저질렀다. 말을 타고 아이들에게 달려가 불을 피우면 감옥에 갈 수 있다고 경고하면서 근엄한 목소리로 당장 끄라고 명령했다. 말을 듣지 않으면 체포하겠다고 으름장을 놓기도 했다. 그들의 관점은 전혀 생각하지 않은 채 내 감정만 토로한 것이다.

결과가 어땠을까? 아이들은 내 말을 따랐다. 부루퉁한 얼굴로 씩씩대면서. 언덕 너머로 내 모습이 사라지면 그들은 십중팔구 다시 불을 피우고 공원이 모조리 타버리길 바랐을 것이다.

그 후 몇 해 동안 나는 인간관계의 지식과 요령을 좀 더 익히고 다른 사람의 관점으로 사물을 바라보는 습관을 좀 더 길렀다. 그래서 지금은 불길이 눈에 띄면 이렇게 말문을 열곤 한다.

"재미있니, 얘들아? 저녁거리로 뭘 만들고 있니? 어렸을 때 나도 불 피우는 걸 좋아했지. 지금도 그렇고. 하지만 공원에서 불을 피우는 건 무척 위험하단다.

너희들은 다르겠지만 다른 아이들은 그리 조심성이 많지 않더구나. 그런 아이들이 너희들이 불을 피우는 걸 보면 따라서 불을 피울 게다. 그런데 그 아이들이 집으로 돌아갈 때 불을 제대로 끄지 않으면 마른 낙엽으로 불길이 번져서 나무들이 타 죽는단다. 우리가 지금 좀 더 조심하지 않으면 아마 이곳에는 나무가 남지 않을 거야. 더군다나 불을 피우면 감옥에 갈수도 있단다. 나도 이래라저래라 간섭하면서 즐거운 분위기를 망치고 싶지는 않아.

하지만 지금 모닥불 가까이에 있는 낙엽을 모두 치워주면 어떨까? 집으로 돌아가기 전에는 꼼꼼하게 흙을 모아서, 아주 많이 모아서 불을 덮어주면 어떨까, 그럴 거지? 그리고 앞으로 재미있게 놀고 싶으면 저기 언덕 위에 있는 모래밭에서 불을 피울 수 있겠지? 그곳이라면 별 탈이 없을 거야. 고맙다 얘들아, 즐겁게 지내렴."

이런 말에 아이들의 반응이 얼마나 달라졌는지 모른다. 아이들은 자발적으로 돕고 싶어했다. 부루퉁한 얼굴을 하거나 씩씩대지 않았다. 강요에 못 이겨 명령을 따르지 않았다. 얼굴을 붉힐 일도 없었다. 내가 아이들의 관점을 고려하며 상황을 처리했기 때문에 그들도 나도 기분이 한결 좋아졌다.

앞으로 누군가에게 불을 끄라거나 여러분의 제품을 구매하라거나 혹은 여러분이 후원하는 자선단체에 돈을 기부하라고 부탁할 예정이라면 먼저 잠시 멈춰서 눈을 감은 다음 전체 상황을 상대방의 관점으로 바라보려고 노력하라. 그리고 이렇게 자문해보라. '그 사람이 이 일을 해야 할 이유가 무엇인가?'

물론 시간이 걸리겠지만 이렇게 하면 적을 만들지 않고 더욱 긍정적인 결과를 얻을 수 있다. 뿐만 아니라 갈등이나 발품을 팔아야 할 일도 줄어들 것이다.

하버드 대학교 경영대학원의 던햄 학장은 이렇게 말했다.

"면담을 앞두고 내가 할 이야기와 (상대방의 관심사와 동기에 대한 정보를 토대로 판단한) 상대방의 예상 답변을 명확하게 파악하지 못한 채 사무실로 들어갈 바에는 차라리 그의 사무실 앞에 있는 보도에서 2시간 동안 서성이겠다."

이는 매우 중요한 말이다. 따라서 되풀이해서 강조하겠다.

"면담을 앞두고 내가 할 이야기와 (상대방의 관심사와 동기에 대한 정보를 토대로 판단한) 상대방의 예상 답변을 명확하게 파악하지 못한 채 사무실로 들어갈 바에는 차라리 그의 사무실 앞에 있는 보도에서 2시간 동안 서성이겠다."

　여러분이 이 책을 읽고 오직 한 가지 성과를 거둔다면 (항상 다른 사람의 관점으로 생각하고 그 사람의 시각으로 상황을 이해하려는 경향이 커졌다면) 그것은 분명 여러분 경력을 뒷받침할 디딤돌이 될 것이다.

　그러므로 상대를 설득하고 싶다면 원칙 8을 명심하라!

원칙 8 ────────────────────────────

　다른 사람의 관점으로 상황을 보기 위해 진심으로 노력하라.

　Try honestly to see things from the other person point of view.

———————————————— 모든 사람이
원하는 것

논쟁을 중단시키고, 반감을 없애고, 선의를 얻고, 상대방이 여러분에게 귀를 기울이게 만들 주문을 알고 싶은가? 그런가? 좋다. 주문은 바로 이것이다.

"그렇게 생각한다고 해서 당신을 탓할 생각은 티끌만큼도 없습니다. 제가 당신이라도 분명 그럴 것입니다."

이런 대답을 들으면 세상에서 가장 심술궂은 사람이라도 한풀 꺾일 것이다. 100퍼센트 진심을 담아 그렇다고 말할 수 있다. 실제로 여러분이 상대방이 된다면 그와 똑같이 생각할 것이 분명하기 때문이다.

알 카포네의 예를 들어보자. 가령 여러분이 알 카포네와 똑같은 몸과 기질, 정신을 타고났다고 하자. 그와 똑같은 환경에서 똑같은 경험을 했다고 하자. 그러면 여러분은 지금 정확히 그와 똑같은 모습으로 똑같은 위치에 서 있을 것이다. 그를 지금의 그로 만든 것은 바로 그런 요인들, 오직 그런 요인들 때문이다. 이를테면 여러분이 방울뱀이 아닌 것은 여러분의 부모가 방울뱀이 아니기 때문이다.

여러분이 현재의 모습이 되기까지 여러분이 기여한 바는 거의 없다. 그리고 짜증스럽고, 괴팍스럽고, 도무지 도리를 모르는 상대방이 그런 모습이 되기까지 그가 기여한 바는 거의 없다. 그 불쌍한 인간들을 가엾게 여겨라, 안타깝게 여겨라, 동정하라. 그리고 이렇게 생각하라. '하느님의 은총이 없었다면 나도 저렇게 되었을 거야.'

앞으로 여러분이 만날 사람 가운데 4분의 3은 모두 동정에 굶주리고 목말라하고 있을 것이다. 그들을 동정하라. 그러면 그들에게 사랑받을 것이다.

《작은 아씨들》의 작가 루이자 메이 올컷에 대한 방송을 한 적이 있다. 당연히 나는 그녀가 그 불후의 명작을 쓴 곳은 매사추세츠주 콩코드라는 사실을 알고 있었다.

그런데 무심코 뉴햄프셔주 콩코드에 있는 그녀의 옛집을 방문한 적이 있다고 말실수를 했다. 만일 뉴햄프셔라는 말을 한 번 했다면 아마 사람들이 눈감아주었을지도 모른다. 그런데 아뿔싸! 두 번이나 실수를 저질렀다. 그 바람에 마치 내 무방비 상태의 머리 주변에서 말벌떼가 소용돌이치듯 비난을 쏟아붙이는 편지와 전보가 물밀듯이 쇄도했다. 대부분 사람들은 분개했고 몇몇 사람들은 모욕을 주었다.

매사추세츠주 콩코드에서 자라서 당시 필라델피아에서 거주하던 콜로니얼 데임이라는 여성은 내게 극심한 분노를 터트렸다. 내가 올컷을 뉴기니의 식인종이라고 비난했어도 그처럼 신랄한 비난을 받지는 않았을 것이다.

편지를 읽으면서 나는 이렇게 혼잣말을 했다. '감사합니다, 하느님. 이 여자와 결혼하지 않은 게 천만다행입니다.'

나는 비록 지명을 잘못 말하는 실수를 저질렀지만, 그녀는 예의에 어긋나는 더 큰 실수를 저질렀다는 답장을 하고 싶었다. 편지 첫머리에 그렇게 쓰고 싶었다. 소매를 걷어붙이고 내 진심을 토로할 작정이었다. 하지만 나는 그러지 않았다. 침착하게 마음을 다스렸다. 성마른 바보나 그런 짓을 한다고 생각했기 때문이다. 사실 바보는 대부분 꼭 그렇게 할 것이다.

나는 바보가 되고 싶지는 않았다. 그래서 그녀의 적의를 호의로 바꾸기로 결심했다. 그것은 도전이며 일종의 게임이었다. 나는 이렇게 생각했다. '내가 그 여자라도 아마 똑같은 기분이었을 거야.' 그래서 그녀의 관점에 공감하기로 결심했다.

훗날 필라델피아에 갈 일이 있었을 때 나는 그녀에게 전화를 걸었다. 그리고 다음과 같은 대화를 나누었다.

나 : 부인, 몇 주 전에 제게 편지를 보내셨지요? 그래서 고맙다는 말을 전하고 싶습니다.

그녀 : (날카로우면서 세련되고 얌전한 목소리로) 실례지만 전화 거신 분은 누구신가요?

236

나 : 서로 만난 적은 없지요. 저는 데일 카네기라고 합니다. 몇 주 전에 루이자 메이 올컷에 대한 방송에서 저를 보셨지요. 전 그때 그녀가 뉴햄프셔주 콩코드에 살았다고 말하는 바람에 용서받지 못할 실수를 저질렀고요. 멍청하기 짝이 없는 실수였죠. 그래서 그 점을 사과드립니다. 일부러 시간을 내서서 편지를 보내주시다니 감사합니다.

그녀 : 그런 편지를 보냈다니 정말 죄송합니다. 카네기 씨, 제가 이성을 잃었습니다. 사과드립니다.

나 : 아닙니다! 그렇지 않습니다! 사과할 사람은 부인이 아니라 바로 접니다. 초등학교 학생이라도 그런 실수는 하지 않을 겁니다. 그 다음주 일요일 방송에서 사과드렸지만 부인께도 개인적으로 사과드리고 싶군요.

그녀 : 제 고향이 매사추세츠 콩코드랍니다. 우리 집안은 2백 년 동안 매사추세츠 지방의 명문가였으며, 전 우리 고향에 대단한 긍지를 느낍니다. 올컷이 뉴햄프셔에 살았다고 말씀하실 때 전 몹시 상처를 받았습니다. 하지만 그런 편지를 쓴 건 정말 창피하군요.

나 : 제 실수 때문에 매사추세츠 주민들도 상처를 입었지만 저 또한 제 자신에 대해 속상했답니다. 어쨌든 부인만한 지위와 교양을 갖추신 분이 짬을 내서서 라디오 방송 출연자에게 편지를 보내는 일은 그리 흔치 않지요. 그러니 앞으로 실수를 발견하신다면 또 편지를 보내주시길 바랍니다.

그녀 : 제 비판을 그렇게 받아주시니 진심으로 기쁩니다. 멋진 분이신 것 같아요. 만나 뵙고 싶습니다.

내가 사과를 하고 그녀의 관점에 공감하자 그녀 역시 사과를 하고 내 관점에 공감했다. 나는 마음을 다스리고 모욕을 친절로 보답했다는 사실에 만족감을 느꼈다. 그녀에게 악담을 퍼붓기보다는 그녀가 나를 좋아하게 만들면서 훨씬 더 큰 쾌감을 느꼈다.

백악관에 입성한 사람은 누구나 거의 매일같이 인간관계에서 까다로운 문제를 겪게 된다. 태프트 대통령도 예외가 아니었다. 그는 경험을 통해 적의라는 산성을 중화시킬 때 공감이 엄청난 화학적 가치를 발휘한다는 사실을 깨달았다.

태프트는《공직자의 윤리》라는 자신의 책에서 한 일화를 재미있게 설명했다. 그가 야심이 많았지만 몹시 낙담했던 한 어머니의 분노를 해소시켜준 이야기이다.

워싱턴에서 상당한 정치적 영향력을 행사하는 인물의 부인이 나를 찾아와 자기 아들을 어떤 직책에 임명해달라고 6주가 넘도록 부탁했다. 그녀는 꽤 많은 상원의원과 하원의원에게 도움을 청하고 그들을 대동해서는 자기 아들을 강력히 추천하도록 손을 썼다. 그 직책에는 전문적인 자질이 필요했고 해당 관청 책임자의 추천도 있었던 터라 나는 다른 사람을 임명했다.

얼마 후 나는 그 어머니로부터 편지 한 통을 받았다. 그녀는 편지에서 내가 마음만 먹었다면 들어줄 수 있었던 부탁을 거절했다며 나를 몹시 배은망덕한 사람이라고 말했다. 뿐만 아니라 내가 지지하던 행정

법안에 찬성하라고 주 의원들을 설득한 것도 자기였는데 이런 식으로 보답했다고 불만을 터트렸다.

이런 편지를 받으면 여러분은 곧바로 무례하거나 약간 오만한 상대 방에게 어떻게 하면 본때를 보여줄까 생각한다. 그런 다음 답장을 쓸 것이다. 이때 현명한 사람이라면 편지를 서랍에 넣은 뒤 서랍을 잠글 것이다. 그리고 이틀 뒤 편지를 꺼내보라(그런 무례한 편지를 쓴 사람들은 답장이 이틀 늦는다 해도 전혀 개의치 않을 것이다). 그 정도 간격을 두고 꺼내 보면 결코 그 편지를 보내지 않을 것이다.

그때 나는 이 방법을 썼다. 자리에 앉아 최대한 공손하게 편지를 썼다. 편지에 그런 상황에서 어머니라면 얼마나 실망했을지 충분히 이해 하지만 그 사안은 순전히 개인적인 선호도로 결정할 수 없었고 전문 적인 자질을 갖춘 사람을 선발해야 했기에 해당 관청 책임자의 추천을 따랐다고 밝혔다. 그리고 아들이 당시 맡고 있던 직책에서 어머니가 그에게 기대하는 일을 성취하기를 바란다는 내 뜻을 전했다.

그 후 이 글을 받은 그녀는 창피스러웠는지 앞서 그런 편지를 써서 미안하다는 글을 내게 보내왔다.

내가 제출한 임명서는 곧바로 승인되지 않았다. 어느 정도 시간이 지 났을 때 나는 그 부인의 남편 이름으로 보낸 편지 한 통을 받았다. 하지 만 필체는 예전에 부인이 보낸 편지와 똑같았다. 그 편지에는 자기 아 내가 이 사건으로 몹시 낙담하여 신경 쇠약으로 몸져눕더니 중증 위암 에 걸렸다고 쓰여 있었다. 그리고 아내가 회복할 수 있도록 일차 임명

결정을 철회하고 아들을 임명해줄 수 없겠느냐고 부탁했다.

나는 이번에는 남편 이름으로 답장을 보냈다. 그리고 그 진단이 오진이기를 바라며 아내의 중환 때문에 얼마나 상심이 클지 이해하지만 이미 제출한 임명서를 철회할 수는 없다고 밝혔다. 결국 내가 지명한 사람이 승인을 받았다.

답장을 보내고 이틀이 지났을 때 백악관에서 음악회가 열렸다. 나와 아내를 처음 맞이한 사람들은 숨이 넘어가기 직전이라던 그 부인과 그녀의 남편이었다.

솔 휴록은 미국에서 최고로 인정받을 만한 공연 기획자이다. 그는 거의 반세기 동안 샬랴핀, 이사도라 덩컨, 파블로바 같은 세계 정상급 예술가들과 함께 작업했다. 휴록은 개성이 강한 스타들을 대할 때는 그들의 특이한 성격에 공감하고, 또 공감해야 한다는 사실을 일찌감치 깨달았다고 말했다.

그는 3년 동안 메트로폴리탄의 상류층 관객을 사로잡은 최고의 베이스 가수 샬랴핀의 기획자로 일했다. 하지만 샬랴핀은 항상 골칫거리였다. 그는 버릇없는 어린아이처럼 굴었다. 휴록의 독특한 표현을 빌리자면 "그는 모든 면에서 엉망진창인 친구였다."

일례로 샬랴핀은 공연 당일 정오쯤에 휴록에게 전화를 걸어서는 이렇게 말하곤 했다. "솔, 컨디션이 몹시 좋지 않습니다. 목구멍이 벌겋게 부었습니다. 오늘밤에는 노래를 못 부르겠습니다." 그러면 휴록이 실랑이를 벌였을까? 오, 그렇지 않다. 기획자가 예술가를 그런 식으로 다루면 안 된다는 것쯤은 익히 알고 있다.

휴록은 서둘러 샬랴핀의 호텔로 달려가서는 동정의 말을 한껏 퍼붓는다. 몹시 안타까운 표정으로 "가엾은 친구 같으니, 가엾기 짝이 없군! 이 불쌍한 친구야. 그럼 그렇고말고. 노래를 부르면 안 되지. 당장 공연을 취소하겠네. 그러면 2천 달러 정도 손해를 보겠지만 그 정도는 손상될 자네 명성에 비하면 새 발의 피지."

그러면 샬랴핀은 한숨을 내쉬며 이렇게 말한다. "오후 늦게 다시 들러보시는 게 좋겠군요. 5시에 오셔서 내 상태가 어떤지 확인해주시죠."

휴록은 5시에 다시 그의 호텔로 달려가서 동정의 말을 하며 공연을 취소하겠다고 고집을 피운다. 그러면 샬랴핀은 또 한숨을 내쉬며 이렇게 말한다. "음, 나중에 다시 들러보시는 게 좋겠군요. 그때쯤이면 괜찮을 것 같습니다."

7시 30분 무렵 그 위대한 베이스는 휴록이 메트로폴리탄의 무대로 올라가 '샬랴핀이 심한 감기에 걸려서 목소리가 좋지 않다'고 양해를 구한다면 노래를 부르겠다고 말한다. 휴록은 그러겠다고 약속한다. 그것이 그 베이스 가수를 무대에 서게 만들 유일한 방법임을 알기 때문이다.

아서 I. 게이츠는 그의 훌륭한 책《교육 심리학》에서 이렇게 말했다. "인간이라는 종족은 보편적으로 동정을 갈망한다. 어린아이는 자신의 상처를 열심히 보여준다. 심지어 무한한 동정을 얻기 위해 자상이나

타박상을 만드는 등 자해를 하기도 한다. 성인도 이와 똑같은 목적으로 멍 자국을 보여주고, 사고 경위나 통증, 특히 수술 과정을 상세하게 설명한다. 현실이든 상상이든 간에 모든 불행에 대한 '자기 연민'은 사실 어느 정도 보편적인 현상이다."

그러므로 상대를 설득하고 싶다면 원칙 9를 명심하라!

원칙 9 ────────────────────────────

상대방의 생각과 소망에 공감하라.

Be sympathetic with the other person ideas and desires.

[10]——————— 모든 사람이 좋아하는 호소 방법

나는 제시 제임스(미국 서부의 무법자-옮긴이)가 활약하던 미주리주 변두리에서 성장했다. 그리고 당시 제시 제임스의 아들이 살았던 미주리주 커니의 제임스 농장을 방문했다.

제임스의 며느리는 제시가 열차와 은행을 털고 그 돈을 이웃 농부들에게 주면서 융자금을 갚으라고 했다는 이야기를 전해주었다.

제시 제임스는 수 세대가 흐른 뒤 더치 슐츠, '쌍권총 크로울리', 알카포네, 그 밖에 조직범죄단의 '대부'들이 그랬듯이 십중팔구 자신을 이상주의자라고 여겼을 것이다. 사실 여러분 주변의 모든 사람들은 내심 자신을 존경하고 스스로 훌륭하고 이타적인 사람이라고 생각한다.

J. 피어폰트 모건은 자신의 경험을 통해 사람이 어떤 일을 하는 데는 두 가지 이유가 있다는 사실을 깨달았다. 즉, 그럴듯하게 들리는 이유와 실제 이유이다.

본인은 그 실제 이유를 알고 있을 것이다. 여러분은 이 이유를 굳이 강조할 필요가 없다. 하지만 알고 보면 인간은 누구나 이상주의자이기에 그럴듯하게 들리는 동기를 내세우고 싶어 한다. 따라서 사람들을 변화시키려면 좀 더 고상한 동기에 호소해야 한다.

너무 이상적인 이야기라 사업에 적용하기가 어려울까? 한번 살펴보자. 펜실베이니아주 글레놀든에 위치한 파렐 미첼 컴퍼니의 해밀턴 J. 파렐의 경험을 예로 들어보자. 파렐의 한 세입자가 어느 날 불평을 늘어놓으며 이사를 하겠다고 으름장을 놓았다. 임대기간은 4개월이 남았지만 그는 임대기간과 상관없이 곧장 나가겠다고 통지했다.

파렐은 수업 중에 다음과 같이 자신의 경험담을 전했다.

그들은 겨울 동안 우리집에서 세 들어 살았습니다. 일 년 중 집세가 가장 비싼 시기죠. 그 사람들이 아파트를 나가면 가을까지 다시 세를 놓기가 어려울 터였습니다. 그동안의 임대료가 날아갈 생각을 하니 정말이지 화가 치밀더군요.

평상시 같았으면 당장 그 세입자를 찾아가 임대 계약서를 다시 살펴보라고 말했을 겁니다. 만일 지금 이사를 간다면 남은 기간 동안의 집세를 한꺼번에 지불해야 하며 제가 반드시 받아내고 말겠다고 짚어주었겠죠.

하지만 그때는 냉정을 잃고 한바탕 소란을 피우는 대신 다른 작전을 시도하기로 마음먹었습니다. 그리고 이렇게 말문을 열었습니다.

"사정은 잘 들었습니다. 그런데 전 왜 이사할 생각을 하셨는지 이해가 가지 않네요. 다년간 임대업을 해보니 사람을 좀 볼 줄 알겠더군요. 당신을 처음 본 순간 약속을 지키는 사람이라는 걸 단박에 알아봤죠. 누가 내기를 걸자고 해도 장담할 자신이 있습니다.

한 가지 제안을 하도록 하죠. 며칠 말미를 드릴 테니 생각해보십시오. 지금부터 집세 내는 날인 다음달 1일 사이에 아무 때나 제게 오셔서 이사하고 싶다고 말씀하시면 약속드리건대 그걸 최종 결정이라고 받아들이겠습니다. 이사하실 수 있도록 특별히 조치해드리고 제 판단이 틀렸다고 인정하겠습니다. 하지만 당신이 약속을 지키고 계약서대로 따를 분이라는 제 생각에는 변함이 없습니다. 결국 우리는 인간 아니면 원숭이인데 어느 편을 선택할지 결정권은 우리에게 있지요."

약속한 날짜가 다가왔을 때 그가 직접 찾아와서 임대료를 지불하더군요. 그는 아내와 상의한 끝에 계속 살기로 결정했다고 말했습니다. 명예를 지키는 방법은 계약기간이 끝날 때까지 사는 것밖에 없다는 결론을 내린 것이죠.

작고한 노스클리프 경은 한 신문에 공개하고 싶지 않은 자신의 사진이 실린 것을 발견하고 편집자에게 편지를 보냈다. 그가 과연 "앞으로 이 사진을 싣지 않기를 원합니다. 전 그 사진이 싫습니다"라고 썼을까? 그렇지 않다. 그는 좀 더 고상한 동기에 호소했다. 그는 인간이라면 누구나 가지고 있는 어머니에 대한 존경과 사랑에 호소했다. 그가 보낸 편지에는 이렇게 쓰여 있었다. "앞으로 이 사진을 싣지 않으면 좋겠습니다. 우리 어머니께서 싫어하는 사진입니다."

존 D. 록펠러 2세 역시 자기 자녀들의 사진을 찍는 사진 기자를 말리기 위해 더 고상한 동기에 호소했다. 그는 "아이들 사진이 공개되는 걸 원치 않습니다"라고 말하지 않았다. 대신 아이들을 보호하려는 모든 인간의 간절한 소망에 호소했다. "이해하실 겁니다. 여러분 중에도 아이를 두신 분이 있을 테니까요. 아시다시피 아이들이 지나치게 주목을 받는 일은 그다지 바람직하지 않습니다."

사이러스 H.K. 커티스는 《더 새터데이 이브닝 포스트》와 《레이디스 홈 저널》을 소유한 백만장자였다. 메인주 출신의 가난한 소년이었던 그가 바야흐로 훗날 그를 백만장자로 만들어줄 대단한 경력을 시작할 무렵이었다. 그는 작가들에게 원고료를 지불할 여유가 없었다. 돈을 주지 않으면 글을 쓰지 않는 일류 작가들을 섭외할 형편이 되지 못했다. 그래서 그들의 고상한 동기에 호소했다. 일례로 그는 불후의 명작 《작은 아씨들》의 작가로 당시 최전성기를 누리던 루이자 메이 올컷을 설득해 잡지에 실을 글을 받아냈다. 그것은 커티스가 올컷 대신 그녀가 가장 좋아하는 자선단체에 100달러를 기부한 대가였다.

그러면 회의론자들은 아마 이렇게 말할 것이다. "오, 그런 건 노스클리프나 록펠러 아니면 감상적인 소설가에게나 통하는 방법이죠. 과연 내가 상대하는 끈질긴 채무자에게도 통할까요!"

여러분의 생각이 옳을지도 모른다. 모든 사례에 효과적인 원칙은 없다. 모든 사람에게 효과적인 원칙도 없다. 현재 여러분이 거두고 있는 결과에 만족한다면 바꿀 이유가 있겠는가? 그러나 만족하지 못한다면 실험을 마다할 이유가 있겠는가?

어떤 경우든 상관없이 우리 강좌에 참가했던 제임스 L. 토마스의 실화를 읽으면 흥미로울 것이다.

한 자동차회사의 고객 여섯 명이 서비스 대금을 지불하지 못한다고 말했다. 전체 대금에 이의를 제기한 고객은 없었지만 모두들 일부 대금이 잘못 청구되었다고 주장했다. 회사 측에서는 모든 고객이 서비스를 받은 후에 서명을 했으므로 아무런 문제가 없다고 판단했다. 그러나 그것이 첫 번째 실수였다.

신용 거래 부서의 직원들은 체납된 대금을 징수하기 위해 다음 조치를 취했다. 그들이 성공했을까?

1. 각 고객을 방문해서 장기 체납된 대금을 징수하러 왔다고 퉁명스럽게 말했다.
2. 회사 측이 절대적으로 무조건 옳으며 따라서 고객이 절대적으로 무조건 틀렸다고 명백히 밝혔다.
3. 회사 측이 고객은 결코 따라올 수 없을 정도로 자동차에 대해 많이 알고 있다고 시사했다. 그러니 논쟁을 벌여봐야 소용이 없을 것이다.
4. 그 결과 그들은 논쟁을 시작했다.

이 가운데 고객과 화해하고 대금을 완납하는 데 도움이 된 방법이 있을까? 여러분이 직접 대답할 수 있을 것이다.

사태가 이 지경에 이르자 신용 거래 부장은 법률 지식으로 무장하고 공격할 태세를 취했다. 그때 다행스럽게도 한 가지 문제가 그의 이목을 끌었다. 대금 미납 고객들을 살펴보던 부장이 그들은 여태껏 대금을 신속하게 지불한 고객이라는 사실을 발견한 것이다. 무언가 잘못된 것이다. 징수 방법이 무언가 크게 잘못된 것이다. 그래서 그는 제임스 L. 토마스를 불러서 이 '회수 불능' 계정을 처리할 임무를 맡겼다.

토마스는 다음과 같은 조치를 취했다고 전했다.

1. 고객을 방문하는 목적은 장기 체납된 대금을 징수하는 것이었다. 우리는 청구서에 아무런 문제가 없다고 생각했다. 그러나 나는 이 점에 대해서는 한마디도 언급하지 않았다. 나는 회사에서 취한 조치나 취하지 못한 조치를 확인하기 위해 방문했다고 설명했다.

2. 고객의 이야기를 듣기 전에는 아무런 의견을 제시하지 않겠다고 분명히 밝혔다. 그리고 회사는 결코 실수할 리 없다고 주장하지 않겠다고 말했다.

3. 내 관심사는 오직 고객의 자동차이며 이 세상에서 그 자동차를 가장 잘 아는 사람은 고객이므로 그 문제에 있어서는 고객이 전문가라고 말했다.

4. 나는 고객에게 이야기할 기회를 주고 그가 원하고 기대하는 관심

과 동정심을 가지고 그의 이야기를 경청했다.

5. 마침내 고객이 이성적인 태도를 보이자 나는 이 모든 상황을 그가 생각하는 공명정대성을 중심으로 설명했다. 더 고상한 동기에 호소한 것이다.

"우선 저 역시 이 문제의 처리 방식이 잘못되었다고 생각한다는 점을 알려드리고 싶습니다. 우리 직원 한 사람 때문에 불편을 겪으면서 몹시 불쾌하고 짜증스러웠겠군요. 그런 일에 대해 몹시 유감스럽게 생각하며 회사를 대표해서 제가 사과드리겠습니다.

이 자리에 앉아 고객님의 입장을 들으면서 고객님의 인내심과 공정심에 무척 감동했습니다. 그래서 제가 한 가지 부탁을 드리겠습니다. 누구보다도 고객님께서 가장 정확하게 파악하고 가장 훌륭하게 처리할 수 있는 일입니다. 이건 고객님의 청구서입니다. 조심스럽지만 만일 고객님이 우리 회사 대표라면 어떻게 처리하실지 생각하시고 청구액을 조정해주시길 부탁드립니다. 어떻게 조정하시든 고객님께 모두 맡기겠습니다."

그들이 청구액을 조정했을까? 당연히 그렇다. 그리고 매우 즐거워했다. 조정된 청구서는 150달러에서 400달러까지 다양했다. 고객이 자신에게 유리하게 조정했을까? 물론이다. 하지만 그런 사람은 단 한 명이었다. 그 고객은 쟁점이 되었던 청구액을 단 한 푼도 낼 수 없다고 버텼다. 그러나 나머지 다섯 명은 회사에게 유리하도록 조정했다. 지금부터가 가장 재미있는 대목이다. 그 후 2년 동안 이 여섯 명의 고객은 하나같이 이 회사에서 새 자동차를 구매했다.

토마스는 이렇게 말했다.

"이 경험에서 전 이런 교훈을 얻었습니다. 고객에 관한 정보가 없을 경우에는 일단 고객은 성실하고 정직하며 진실할 뿐만 아니라 옳다는 확신만 든다면 대금을 기꺼이 지불할 사람이라는 전제를 토대로 일을 처리해야 한다는 점이죠. 다른 식으로 좀 더 명확하게 표현하자면 사람들은 정직하며 자신의 의무를 다하려고 노력한다는 겁니다. 이 원칙의 예외는 비교적 소수에 불과하죠. 그리고 저는 툭하면 속임수를 쓰는 사람이라도 여러분이 그를 정직하고 공정하며 믿을만한 사람이라고 확신한다는 점만 전달하면 대부분 호의적으로 대한다고 믿습니다."

그러므로 상대를 설득하고 싶다면 원칙 10을 명심하라!

원칙 10

더 고상한 동기에 호소하라.

Appeal to the nobler motives.

[11]————————————— 극적으로
표현하라

몇 해 전 〈필라델피아 이브닝 불러틴〉은 걷잡을 수 없이 떠도는 허위 사실 때문에 비난을 받았다. 악의적인 소문이 떠돌고 있었다. 광고주들은 그 신문에는 기사보다 광고가 많아서 독자들이 싫어한다는 소문을 들었다. 신속한 조치가 필요했다. 소문을 잠재워야 했다.

하지만 어떻게 할 것인가? 〈필라델피아 이브닝 불러틴〉은 다음과 같은 방법으로 처리했다.

〈필라델피아 이브닝 불러틴〉은 일상적인 평일 신문에서 모든 종류의 읽을거리를 골라내고 분류했다. 그리고《하루》라는 제목의 책으로 발행했다.

이 책은 총 307페이지였는데 이는 양장본 책과 맞먹는 분량이었다. 〈필라델피아 이브닝 불러틴〉은 하루 동안의 모든 뉴스와 특집 기사를 인쇄해서 몇 달러가 아니라 단돈 몇 센트에 판매했다.

〈필라델피아 이브닝 불러틴〉은 이 책을 출판해서 자사 신문에 홍미로운 읽을거리가 엄청나게 많다는 사실을 극적으로 표현했다. 그림이나 단조로운 이야기보다도 한층 더 생생하고 홍미로우며 인상적으로 사실을 전달한 것이다.

비즈니스맨이 어떻게 고객의 지갑을 열게 하는지를 홍미진진하게 보여주는 케네스 구드와 젠 코프먼의 《비즈니스의 쇼맨십》을 읽어보라. 이 책에서는 가망 고객의 귓전에 성냥불을 켜서 자사의 냉장고가 얼마나 소음이 없는지 극적으로 보여주면서 냉장고를 판매하는 일렉트로룩스의 방식을 보여준다.

1달러 95센트짜리 모자에 명배우 앤 소던의 서명을 넣어 유명인을 활용한 사례가 된 시어스 로벅사의 카달로그, 움직이는 쇼윈도 디스플레이가 멈출 경우 관심도가 80퍼센트가 감소한다는 것을 보여준 조지 웰바움, 가망 고객에게 5년 전 똑같이 1천 달러의 가치가 있었던 두 가지 채권의 목록을 보여주는 방법으로 유가증권을 판매했던 퍼시 파이팅, 미키 마우스가 백과사전에 오르게 된 경위와 장난감에 미키 마우스의 이름을 붙여서 파산 위기의 한 공장을 구한 일, 더글러스 항공의 실제 제어판을 복제한 창문으로 행인을 끌어모은 이스턴 항공사, 자사와 경쟁 회사의 제품이 벌이는 가상의 권투 시합을 방송함으로써 자사 판매 사원들의 사기를 높인 헤리 알렉산더, 우연히 전시된 캔디 진열장에 조명을 비추었더니 판매량이 두 배로 증가한 사례, 튼튼함을 입증하기 위해 자사 자동차 위에 코끼리를 세운 크라이슬러.

뉴욕 대학교의 리처드 보든과 앨빈 부스는 1만 5천 건의 판매 상담을 분석했다. 그들은 《논쟁에서 이기는 법》을 출간하고 '판매의 여섯 가지 원칙'이라는 원칙을 제시했다. 이것은 이후 영화로 제작되어 수백 개 대기업의 판매 사원들에게 상영되었다.

두 사람은 연구에서 발견한 원칙을 설명하는 것은 물론 실제로 시연도 한다. 관객 앞에서 말싸움을 벌이면서 판매를 성사시키는 옳고 그른 방법을 직접 보여준다.

요즘은 연출의 시대이다. 단순히 사실을 전달하는 것만으로는 부족하다. 쇼맨십을 사용해서 사실을 생생하고 극적으로 전해야 한다. 영화나 라디오, TV에서도 그렇게 하고 있다. 여러분도 관심을 끌려면 그렇게 해야 한다.

제임스 B. 보이턴은 장문의 장황한 시장 보고서를 발표해야 했다. 그의 회사에서 실시했던 유명 콜드크림 브랜드에 관한 심층 연구가 막 마무리되었다. 이 시장의 경쟁 상황에 대한 데이터가 시급하게 필요했다. 이 연구 결과에 관심을 가질 만한 가망 고객은 광고업계의 거물이었다.

보이턴의 첫 번째 시도는 시작도 하기 전에 실패로 끝났다. 보이턴은 자신의 경험담을 이렇게 전했다.

첫 번째 만남에서 우리는 정작 핵심에서 벗어나 조사 방법을 두고 쓸데없이 논쟁을 벌였습니다. 우리는 서로 자기주장만 했습니다. 그는 제가 틀렸다고 말했고, 나는 내가 옳다는 사실을 증명하려고 갖은 애를 썼죠.

마침내 제 주장이 옳은 것으로 결론이 나서 만족스러웠습니다. 그런데 제게 할애된 시간이 다 되어 면담은 그 상태로 끝나고 말았죠. 아무런 성과도 없었는데 말입니다.

두 번째 면담에서는 조사 방법, 수치와 데이터의 도표 따위에 신경 쓰지 않았습니다. 곧장 만나러 가서 제가 조사한 결과를 극적으로 표현했죠.

제가 사무실에 들어섰을 때 그는 전화를 받느라 바쁘더군요. 그가 통화를 마무리하는 동안 저는 서류 가방을 열고 그의 책상에 콜드크림 32통을 내놓았습니다. 모두 그에게 익숙한 제품이었습니다. 경쟁 업체의 크림이었죠.

저는 모든 통에 개별적으로 시장 조사 결과를 항목별로 기입한 표를 달아놓았습니다. 간단하게 극적으로 표현했죠.

그다음은 어떻게 되었을까요?

더 이상 논쟁할 필요가 없었죠. 새롭고 독특한 방법이었습니다. 그는 첫 번째와 두 번째 콜드크림을 차례로 집어 들고 표에 적힌 정보를 읽었습니다.

우리는 계속 호의적인 이야기가 오갔고 그가 추가 질문을 했습니다. 무척 관심 있는 눈치더군요. 원래 그가 처음 제게 제공한 시간은 10분이었지만 10분, 20분, 40분, 1시간이 흐른 다음에도 대화가 끊이지 않았습니다.

제가 설명한 내용은 지난번과 똑같았습니다. 하지만 이번에는 극적인 표현과 쇼맨십을 이용했고 그 결과는 판이했습니다.

그러므로 상대를 설득하고 싶다면 원칙 11을 명심하라!

원칙 11 ─────────────────────

자신의 생각을 극적으로 표현하라.

Dramatize your ideas.

[12] ——— 다른 어떤 방법도 효과가 없다면 이 방법을 시도하라

찰스 슈워브의 공장 가운데 직원들이 작업 할당량을 채우지 못하는 곳이 있었다. 슈워브는 그 공장 관리자에게 "당신처럼 유능한 관리자가 할당량을 채우도록 공장을 관리하지 못하다니 어찌된 일입니까?"라고 물었다.

관리자가 이렇게 대답했다. "저도 모르겠습니다. 직원들을 설득도 해보고, 강요도 해보고, 욕설이나 악담도 해보고, 강등시키거나 해고하겠다고 협박도 해보았죠. 하지만 어떤 방법도 통하지 않았습니다. 그냥 도통 일하려고 하지 않습니다."

이런 이야기가 오고간 것은 하루가 끝나갈 무렵 야간 교대조가 출근하기 직전이었다. 슈워브는 관리자에게 분필 한 자루를 가져오라고 부탁하고는 가장 가까이에 있던 한 직원에게 "오늘 당신 조에서 열처리를 몇 번이나 했나요?"라고 물었다.

"여섯 번이요." 슈워브는 더 이상 아무 말 하지 않고 바닥에다 크게 '6'이라고 쓰고는 밖으로 나갔다.

작업장에 들어온 야간 교대조는 '6'이라는 숫자를 보고 그게 무슨 뜻이냐고 물었다.

주간 교대조가 대답했다. "오늘 사장님이 왔다 가셨네. 우리에게 열처리를 몇 번 했냐고 물으시기에 여섯 번이라고 대답했지. 그랬더니 바닥에다 그렇게 쓰시더군."

다음날 아침 슈워브는 그 공장에 다시 들렀다. 야간 교대조는 '6'을 지우고 대신 큼지막하게 '7'이라고 써놓았다.

다음날 아침 주간 교대조가 출근 보고를 하던 중에 바닥에 큼지막하게 쓴 '7'을 발견했다. '그렇다면 야간 교대조가 주간 교대조보다 일을 더 잘한다고 생각한다는 말인가? 그렇다는 거지? 그렇다면 야간 교대조에게 본때를 보여줘야지.'

주간 교대조는 열의를 다해 힘차게 일하기 시작했고 일과를 마쳤을 때 뽐을 내듯이 대단히 큼지막하게 '10'을 남기고 퇴근했다. 생산량은 증가하기 시작했다.

얼마 후 항상 할당량을 채우지 못하던 이 공장은 다른 어떤 공장보다 많은 양을 생산했다.

비법은 무엇일까? 찰스 슈워브는 이렇게 설명했다.

"결실을 얻는 비법은 경쟁심을 자극하는 것입니다. 탐욕스럽게 돈을 벌겠다는 경쟁심이 아니라 남보다 뛰어나고 싶다는 욕구에서 비롯된 경쟁심 말입니다."

남보다 뛰어나고 싶다는 욕구! 도전! 결투 신청! 이는 기백이 넘치는 사람에게 호소하는 확실한 방법이다.

도전이 없었다면 시어도어 루스벨트는 결코 미국 대통령이 되지 못했을 것이다. 쿠바에서 돌아오자마자 그는 뉴욕 주지사로 선출되었다. 하지만 반대 세력이 그가 법적으로 뉴욕 주민이 아니라는 사실을 밝히며 몰아세우자 루스벨트는 사퇴의 뜻을 표명했다.

그때 당시 뉴욕주 상원의원이었던 토마스 콜리어 플랫이 도전정신을 불러일으켰다. 시어도어 루스벨트를 바라보며 쩌렁쩌렁한 목소리로 이렇게 소리쳤다. "산후안의 영웅이 한낱 겁쟁이로 변했소이까?"

루스벨트는 계속 맞서 싸웠고 나머지 이야기는 역사에 기록되어 있다. 도전이 그의 인생을 바꾼 것은 물론이고 조국의 운명에도 지대한 영향을 끼쳤다.

고대 그리스 시대 국왕 호위대의 좌우명은 이렇다.

"인간은 누구나 두려움을 가지고 있다. 하지만 용감한 사람들은 두려움을 억누르고 전진한다. 이따금 죽음이 기다리기도 하지만 언제나 그 끝에는 승리가 있다."

뉴욕 주지사로 재임하던 당시 알 스미스는 난제에 부딪혔다. 악마의 섬 서부에 위치한 교도소로 악명이 자자했던 싱싱 교도소의 소장이 공석이었다. 추문과 험악한 소문이 교도소 담을 넘어 흘러나왔다. 스미스는 싱싱 교도소를 통제할 강인한 사람을 찾아야 했다. 한마디로 철인이 필요했다. 그는 뉴햄프턴의 루이스 E. 로스를 불렀다.

로스가 도착하자 스미스는 유쾌한 목소리로 이렇게 말했다. "싱싱 교도소를 맡아보는 게 어떻겠소?"

로스는 소스라치게 놀랐다. 싱싱 교도소가 얼마나 위험한 곳인지 익히 알고 있었기 때문이다. 그 자리는 정치 판도에 따라 그때그때 변하는 정치적인 자리였다. 툭하면 교도소장이 바뀌었다. 3주 만에 물러난 사람도 있었다. 로스는 자신의 경력을 고려해야 했다. 과연 위험을 무릅쓸만한 가치가 있을까?

그가 망설인다는 사실을 알아챈 스미스는 의자에 몸을 기대고 미소를 지었다. "젊은 친구, 자네가 두려워한다고 해서 탓하지는 않겠네. 어려운 자리니 말일세. 대단한 인물이라야 그 자리에서 버텨낼 거야."

스미스는 도전정신을 불러일으켰다. 로스는 '대단한' 사람이 필요한 임무에 도전하고 싶었다. 그래서 도전했다. 그리고 버텨냈다. 당대 최고의 교도소장이 되었다. 그가 저술한 《싱싱에서의 2만 년》은 수만 부가 팔렸다. 그가 출연한 방송과 개인적인 일화를 바탕으로 수십 편의 영화가 제작되었다. 그가 범죄인을 '교화한 일'은 교도소 개혁 과정에 기적을 일으켰다.

대기업 파이어스톤 타이어 및 고무회사의 창립자 하비 S. 파이어스톤은 이런 말을 남겼다.

"훌륭한 인재가 보수에 이끌리고 오직 보수 때문에 남아 있는 것은 본 적이 없습니다. 그들을 이끌고 남아 있게 만드는 것은 게임 자체라고 생각합니다."

성공한 사람들이 하나같이 좋아하는 것은 바로 그것이다. 게임, 자신을 표현할 기회, 자신의 가치를 증명하고 다른 사람을 능가하고 승리할 기회이다. 바로 이 때문에 달리기 경주, 호그 콜링 콘테스트(라디오나 텔레비전의 아나운서 오디션-옮긴이), 파이 먹기 대회가 열리는 것이다. 다시 말해 다른 사람을 능가하고 싶다는 욕구, 중요한 사람이라고 인정받고 싶은 욕구이다.

그러므로 상대를 설득하고 싶다면 원칙 12를 명심하라!

원칙 12 ───────────────────────────────

도전정신을 불러일으켜라.
Throw down a challenge.

사람을 설득하는 방법

원칙 1   논쟁에서 이길 수 있는 유일한 길은 논쟁을 피하는 것이다.

원칙 2   상대방의 의견을 존중하라. 상대방의 잘못을 말하지 마라.

원칙 3   잘못했다면 재빨리 진심을 담아 인정하라.

원칙 4   우호적인 태도로 시작하라.

원칙 5   상대방이 곧바로 '예, 그렇습니다' 하고 말하도록 이끌어라.

원칙 6   상대방이 이야기를 많이 하도록 기회를 주어라.

원칙 7   상대방이 어떤 아이디어를 자신의 것이라고 여기게 내버려두라.

원칙 8   다른 사람의 관점으로 상황을 보기 위해 진심으로 노력하라.

원칙 9   상대방의 생각과 소망에 공감하라.

원칙 10   더 고상한 동기에 호소하라.

원칙 11   자신의 생각을 극적으로 표현하라.

원칙 12   도전정신을 불러일으켜라.

4장

리더가
사람을 바꾸는 방법

상대방이 바람직한 덕목을 이미 갖추고 있다고 가정하고

그 사실을 공개적으로 말하는 것이 좋다.

상대방에게 그가 지키고 싶을 만한 좋은 평판을 제시하라.

그러면 그는 여러분을 실망시키지 않기 위해 혼신의 노력을 다할 것이다.

캘빈 쿨리지 행정부가 집권하던 시절 한 친구가 백악관에 초대되어 주말을 보냈다. 대통령 개인 집무실을 돌아보던 중 쿨리지 대통령이 어떤 비서에게 하는 말을 우연히 듣게 되었다. "오늘 아침에 입은 원피스가 참 예쁘군. 자넨 정말 젊고 매력적이네."

이는 분명 과묵한 캘(쿨리지 대통령의 별명-옮긴이)이 평생 동안 비서에게 건넸던 가장 대단한 찬사였을 것이다. 좀처럼 들을 수 없는 뜻밖의 칭찬을 받은 비서는 당황스러워하며 얼굴을 붉혔다. 그러자 쿨리지는 이렇게 덧붙였다. "음, 너무 뿌듯해하지는 말게나. 기분 좋으라고 일부러 한 소리야. 앞으로 자네가 마침표에 조금 더 신경을 쓰면 좋겠네."

그가 사용한 방법은 다소 노골적이지만 심리학적인 면에서 보면 매우 훌륭했다. 장점에 대해 칭찬을 들은 다음 불쾌한 소식을 들으면 마음이 좀 편하기 때문이다.

이발사는 손님의 면도를 하기 전에 먼저 비누 거품을 칠한다. 1896년 대통령에 출마했을 때 매킨리도 이와 똑같은 원리를 이용했다. 당시 유명한 공화당원이 선거 유세용 연설문을 썼다. 그는 내심 이 연설문이 키케로, 패트릭 헨리, 다니엘 웹스터 같은 명연설가의 연설문을 모두 합친 것보다 조금 더 훌륭하다고 자신했다.

이 사나이는 대단히 들뜬 모습으로 자신이 쓴 불후의 연설문을 매킨리에게 큰 소리로 읽어주었다. 연설문은 나쁘지 않았으나 완벽하지는 않았다. 거센 비난을 받을 여지도 있었다. 매킨리는 그에게 상처를 주고 싶지 않았다. 그의 대단한 열정에 찬물을 끼얹는 일은 없어야 했으나 어쨌든 퇴짜를 놓아야 했다. 그가 얼마나 매끄럽게 이 문제를 처리했는지 살펴보자.

"이보게 친구, 훌륭하고 멋진 연설문이군. 이보다 더 훌륭한 연설문을 쓸 만한 사람은 없을 걸세. 아주 정확한 지적들을 많이 했군. 이런 연설이라면 어떤 자리라도 대체로 어울리겠군. 그런데 이번 행사에도 이 연설이 어울리겠나? 자네 관점에서 보면 논리적이고 타당하지만 나는 정당의 관점으로 효과를 고려해야 한다네. 그러니 집으로 돌아가서 내가 제시하는 방침에 따라 연설문을 쓴 다음 한 부 보내주게나."

그는 시키는 대로 했다. 매킨리는 두 번째 연설문을 살펴보고 그가 고쳐 쓸 수 있도록 도와주었다. 그리고 매킨리는 선거 유세 동안 가장 인상적인 연설가로 활약했다.

다음은 에이브러햄 링컨이 쓴 편지 가운데 두 번째로 유명한 것이다

(링컨의 편지 중 가장 유명한 것은 전쟁터에서 다섯 아들을 잃은 빅스비 부인에게 보낸 것으로, 그들의 전사로 말미암아 애통한 자신의 심정을 표현했다). 링컨이 이 편지를 쓰기까지 5분도 채 걸리지 않은 것처럼 보인다. 하지만 이 편지는 1926년 공개 경매에서 1만 2천 달러에 판매되었다. 이는 링컨이 반세기 동안 힘들게 일하며 모았던 돈보다 훨씬 많은 액수였다.

이 편지는 남북 전쟁 당시 가장 암울했던 1863년 4월 26일 조지프 후커 장군에게 보낸 것이었다. 18개월 동안 북군을 이끄는 사령관들은 참패를 되풀이했다. 아무런 성과도 없고 어리석기 짝이 없는 인간 살상이나 다름없었다.

전국은 공포의 도가니였다. 수천 명의 병사가 탈영했다. 급기야 링컨이 소속된 공화당 상원 의원들까지 격분하여 링컨의 퇴진을 요구했다. 링컨은 이렇게 말했다. "우리는 파멸하기 직전이다. 하느님까지 우리에게 등을 돌린 것처럼 보인다. 한 줄기 희망의 빛마저 보이지 않는다." 그토록 암담한 슬픔과 혼란 속에서 링컨은 그 편지를 썼다.

나는 그 편지를 다음에 실을 것이다. 편지에는 미국의 운명이 한 사령관의 행동에 달려 있을지도 모르는 중요한 시기에 그를 변화시키기 위해 고군분투하는 링컨의 모습이 고스란히 담겨 있기 때문이다.

이는 링컨이 대통령으로 취임한 이후 쓴 것 가운데 가장 신랄한 편지일 것이다. 그럼에도 링컨은 후커 장군의 중대한 실책을 언급하기 전에 그를 칭찬했다.

그렇다, 장군은 중대한 실책을 저질렀다. 하지만 링컨은 그렇게 표현하지 않았다. 링컨은 더욱 신중하고 외교적인 방식으로 다음과 같이 썼다. '장군에게 전적으로 만족하지 못한 점이 몇 가지 있습니다.'

후커 장군에게 보낸 편지는 다음과 같다. 링컨의 재치와 외교적인 수완에 주목하라!

본인은 장군을 포토맥 군대의 지휘관으로 임명했습니다. 물론 나름대로 충분한 이유가 있다고 판단하고 내린 결정이었습니다. 그러나 지금으로서는 제가 장군에게 전적으로 만족하지 못한 점이 몇 가지 있다는 사실을 알리는 것이 최선이라고 생각합니다.

저는 장군이 용맹하고 노련한 군인이라고 믿으며 물론 그 점을 좋아합니다. 또한 장군이 정치와 자신의 직분을 혼동하지 않는다고 믿으며 그것이 올바른 판단이라고 생각합니다. 장군에게는 자신에 대한 믿음이 있으며 이는 절대적인 것은 아닐지 모르나 소중한 자질입니다.

장군에게는 야망이 있으며 이는 적당한 한계만 넘지 않는다면 해보다는 득이 됩니다. 그러나 번사이드 장군이 군대를 지휘하는 동안 장군은 자신의 야망에 사로잡혀 번사이드 장군에게 완강히 맞섰습니다. 이로써 공훈을 세운 존경할 만한 동료와 조국에 중대한 과오를 범했습니다.

믿을 만한 소식통에 따르면 장군은 최근 군대와 정부에 독재자가 필요하다고 말했습니다. 물론 저는 이 말을 했기 때문이 아니라 이 말을 했음에도 불구하고 장군에게 지휘권을 맡겼습니다. 성공한 장군만이 독재자로 행세할 수 있습니다. 제가 장군께 요구하는 것은 군사적인 성공입니다. 따라서 저는

268

독재자가 될 위험을 감수할 것입니다.

정부는 힘이 닿는 한 장군을 지원할 것입니다. 지금까지도 그래왔고, 어떤 지휘관에게라도 그렇게 할 것입니다. 장군은 군대에 지휘관을 비난하며 지휘관의 자신감을 손상시키는 풍조를 조성하는 데 일조했습니다. 저는 이 풍조가 장군에게 영향을 미칠까 봐 상당히 두렵습니다. 장군이 그 풍조를 일소하도록 제가 있는 힘껏 돕겠습니다.

그런 풍조가 지배하는 군대라면 장군은 물론이고 나폴레옹이 되살아난다 해도 바람직한 성과를 거두지 못할 것입니다. 그러니 경거망동을 삼가십시오. 경거망동을 삼가는 한편 넘치는 활력과 부단한 경계심을 갖추고 전진해서 우리에게 승리를 안겨주십시오.

여러분은 쿨리지, 매킨리, 링컨 같은 사람이 아니다. 일상적인 사업 관계에서 이 원칙이 여러분에게 효과적일지 궁금하지 않은가? 그렇다면 살펴보자. 필라델피아의 와크 컴퍼니에 근무하는 W.P. 가우의 경험담을 예로 들어보자.

와크 컴퍼니는 특정한 날까지 필라델피아의 한 대형 사무용 빌딩을 완공하기로 계약을 맺었다. 모든 일이 순조롭게 진행되었다. 건물이 거의 완공 단계에 이르렀을 때 갑자가 한 협력업체가 예정된 날짜에 제품을 인도할 수 없다고 알렸다. 건물 외부에 들어갈 청동 장식을 제작하는 업체였다. 공사가 중단될 위기였다. 만일 공사가 이대로 중단된다면 막대한 벌금은 물론 어마어마한 손실을 초래할 것이다. 단 한 사람의 탓으로 말이다.

장거리 전화! 논쟁! 격앙된 대화! 그러나 모두 허사였다. 결국 동굴 속에 칩거한 청동 사자의 갈기를 잡아 뽑기 위해 가우가 파견되었다.

협력업체 대표와 인사를 나누자마자 가우는 "브루클린에서 대표님과 동명이인이 없다는 사실을 아시나요?"라고 물었다. 대표는 흠칫 놀라며 "아니오, 몰랐습니다"라고 대답했다.

"음, 오늘 아침 기차에서 내려서 이곳 주소를 찾으려고 전화번호부를 뒤졌는데 브루클린 전화번호부에 대표님 이름은 한 명밖에 없더군요."

협력업체 대표는 "그건 전혀 몰랐네요"라고 대답하고는 관심을 보이면서 전화번호부를 확인해보았다. 그러고는 자랑스럽다는 듯이 말했다. "음, 흔치 않은 이름이죠. 우리 집안은 2백 년 전에 네덜란드에서 이주해 뉴욕에 정착했죠." 그는 몇 분 동안 그의 가문과 조상에 대해 이야기했다. 그가 집안 이야기를 마치자 가우는 공장 규모에 찬사를 보내고 자신이 방문한 다른 여러 공장과 견주어 봐도 훌륭하다고 말했다. "지금껏 본 청동 공장 가운데 가장 깨끗하고 깔끔하군요."

그러자 협력업체 대표는 이렇게 말했다. "이 사업을 일구느라 평생을 바쳤죠. 전 무척 자랑스럽습니다. 공장 한번 둘러보시겠습니까?"

공장을 시찰하는 동안 가우는 조립 체계를 칭찬하고 일부 경쟁업체와 비교했을 때 우수한 점과 그 이유를 설명했다. 몇몇 기계는 생소하다고 말하자 협력업체 대표는 자신이 직접 발명했다고 밝혔다. 그리고 꽤 오랜 시간을 할애해서 그 기계가 어떻게 작동하며 얼마나 작업 성과가 훌륭한지 보여주었다. 그러고는 점심을 함께 먹자고 조르다시피 했다. 그때껏 가우가 방문한 진짜 목적에 대해 한마디도 꺼내지 않았다는 점에 주목하라.

점심을 마친 후 협력업체 대표는 이렇게 말했다. "이제, 본론으로 들어갑시다. 전 당연히 당신이 이곳에 오신 목적을 압니다. 우리의 만남이 이렇게 즐거울 거라고는 기대하지 않았습니다. 다른 주문을 연기해서라도 당신 회사가 주문한 물품을 제작해서 배송하기로 약속드리죠."

가우는 한마디 부탁도 하지 않고 원하는 모든 것을 얻었다. 물품이 제시간에 도착했고, 건물은 계약서에 명시된 날짜에 정확하게 완공되었다.

만일 가우가 그런 경우에 흔히 볼 수 있는 강압적인 방식을 썼더라면 이런 결과를 얻을 수 있었을까?

그러므로 리더가 되고 싶다면 원칙 1처럼 해보라!

원칙 1 ───────────────────────────────

칭찬과 진심 어린 인정으로 대화를 시작하라.

Begin with praise and honest appreciation.

[2] —————————— 미움을 사지 않고
비판하는 방법

어느 날 정오 무렵 자신의 한 제철소를 지나가던 찰스 슈워브는 우연히 일부 직원이 담배를 피우는 모습을 발견했다. 그들의 머리 바로 위에는 '금연'이라는 표지판이 있었다. 슈워브가 그 표지판을 가리키며 "까막눈입니까?"라고 다그쳤을까? 천만에, 슈워브는 그러지 않았다. 그는 직원들을 향해 걸어가서 시가를 하나씩 건네며 말했다. "여러분, 밖에 나가서 피우면 고맙겠습니다."

직원들은 자신들이 규칙을 어기는 모습을 슈워브가 봤다는 사실을 알고 있었다. 그런데도 그 점에 대해서 한마디도 하지 않은 채 작은 선물까지 건네며 자신들이 중요한 사람이라고 느끼게 해 준 슈워브를 존경하게 되었다. 이런 사람을 어찌 좋아하지 않을 수 있겠는가?

존 워너메이커도 이와 같은 테크닉을 사용했다. 그는 매일 필라델피아에 있는 자신의 대형 매장을 둘러보곤 했다. 한 번은 어떤 고객이 계

272

산대에서 기다리는 모습을 발견했다. 그런데 아무도 그녀에게 전혀 주의를 기울이지 않았다. 판매 사원들은 대체 어디에 갔을까? 아, 그들은 계산대 반대편에서 자기네들끼리 웃고 떠드느라 여념이 없었다. 워너메이커는 한마디도 하지 않았다. 조용히 계산대 뒤로 들어가서 직접 그 고객의 계산을 도왔다. 그리고 판매 사원들에게 고객이 구매한 물품을 포장하도록 맡기고는 자리를 떠났다.

1887년 3월 8일 달변가 헨리 워드 비처가 세상을 떠났다. 그다음 일요일 라이먼 애벗은 비처의 죽음으로 고요해진 단상에서 연설을 해달라는 초청을 받았다. 최선을 다하고 싶었던 애벗은 플로베르에 버금갈 정도로 꼼꼼하게 설교를 고치고 다듬었다. 그러고는 아내에게 미리 읽어주었다. 그것은 대부분의 연설 원고처럼 형편없었다. 만일 사리분별이 없는 사람이었다면 아마 이렇게 말했을 것이다. "라이먼, 정말 형편없어요. 그 원고로는 어림없어요. 아마 모두들 꾸벅꾸벅 졸고 있을 걸요? 백과사전 읽는 것 같아요. 수년 동안 설교를 했는데 그것밖에 안 되나요? 도무지 사람이 말하는 것 같지 않아요. 좀 자연스럽게 해봐요. 그런 걸 읽다가는 창피만 당할 거예요."

아내는 그렇게 말할 수도 있었다. 만일 그랬다면 무슨 일이 벌어졌을지 굳이 말하지 않아도 알 것이다. 물론 그의 아내도 이 점을 알았다. 그래서 그녀는 한마디로 그 원고가 〈노스 아메리칸 리뷰〉에서라면 훌륭한 기사가 될 것이라고 말했다. 다시 말해 그녀는 원고를 칭찬하는 한편 연설에는 어울리지 않을 것이라는 뜻을 시사했다. 라이먼 애벗은 아내의 요점을 알아차리고 정성 들여 준비한 원고를 찢어버렸다. 그리고 메모를 이용하지 않고 설교를 했다.

다른 사람의 실수를 바로잡는 가장 효과적인 방법은 잘못을 간접적으로 알게 하는 것이다.

그러므로 리더가 되려면 원칙 2처럼 해보라!

원칙 2 ────────────────────────
다른 사람의 실수는 간접적으로 지적하라.
Call attention to people mistakes indirectly.

[3] ──────────────── 자신의 실수를
먼저 이야기하라

조카 조세핀이 내 비서로 일하려고 뉴욕으로 왔다. 당시 조세핀은 열아홉 살로 고등학교를 졸업한 지 3년이 되었으나 업무 경험은 사실상 전혀 없었다. 훗날 그녀는 수에즈 서부에서 가장 유능한 비서로 인정받았지만 초기에는 개선해야 할 점이 상당히 많았다.

어느 날 그녀를 나무라려는데 문득 이런 생각이 들었다. '데일 카네기, 잠깐만. 자네 나이는 조세핀의 곱절이고 업무 경력은 만 배나 많아. 그런데 어떻게 그녀에게 자네와 똑같은 관점과 판단력, 창의력을 갖추기를 기대할 수 있겠나? 자네도 뭐 그리 뛰어나지는 않네만. 자네는 열아홉 살에 뭘 하고 있었나? 자네가 저지른 멍청한 잘못과 큰 실수를 기억하는가? 자네가 이런저런 일을 했던 시절을 기억하는가?' 나는 솔직하고 공평한 시각으로 문제를 고려한 다음 열아홉 살로서 조세핀의 평균 성적은 그 시절의 나보다 훌륭하다는 결론을 내렸다. 부끄러운 이야기지만 그런데도 나는 그녀를 그다지 칭찬하지 않았다.

그 일이 있고 난 후 나는 조세핀에게 실수를 지적하고 싶을 때면 다음과 같이 말했다. "조세핀, 실수를 했구나. 그런데 하느님도 아시지만 나는 이보다 더 형편없는 실수를 많이 저질렀단다. 사람의 판단력은 선천적으로 타고나는 기술이 아니지. 오직 경험을 통해서만 얻을 수 있는 거야. 넌 지금 네 나이였을 때의 나보다 더 훌륭하단다. 내가 저지른 그렇게 멍청하고 어리석은 실수를 생각하면 난 너나 다른 사람을 비난할 자격이 없는 사람이야. 하지만 네가 이렇게 처리했더라면 좀 더 현명하지 않았을까?"

자신도 결코 완벽하지 않았다는 사실을 인정하면서 여러분을 비판한다면 실수를 조목조목 설명하는 말을 경청하는 것이 그다지 어렵지는 않을 것이다. 그렇지 않겠는가?

품위 있는 베른하르트 폰 뷜로는 1909년 이런 방식이 절실히 필요하다는 사실을 깨달았다. 폰 뷜로는 당시 독일 제국 총리였으며, 일명 '오만한 빌헬름'이라 일컬어지는 빌헬름 2세가 왕위를 지키고 있었다. 마지막 독일 황제인 빌헬름 2세는 육군과 해군을 양성하고 막강한 전력을 자랑했다.

그때 깜짝 놀랄 만한 사건이 일어났다. 황제가 믿을 수 없는 폭탄선언을 한 것이다. 그의 발언은 유럽 대륙을 뒤흔들고 전 세계에 연이은 충격을 안겼다. 설상가상으로 영국을 방문하는 동안 공개 석상에서 어리석고 독선적이며 터무니없는 발표를 한 것도 모자라 〈데일리 텔레

그래프〉에 게재해도 좋다는 허가를 내렸다.

이를테면 "나는 영국에 우호적인 유일한 독일인이다", "일본의 위협에 대항할 해군을 양성하고 있다", "러시아와 프랑스에게 굴욕을 당하지 않은 것은 오로지 내 덕분이다", "내가 원정 계획을 세웠기 때문에 영국의 로버츠 경이 남아프리카 공화국에서 보어인을 물리칠 수 있었다"고 말했다.

지난 백 년 동안 평화를 유지하고 있던 시기에 유럽의 군주로부터 그런 어처구니없는 발언이 나온 적은 없었다. 마치 벌집을 쑤신 듯 유럽 대륙 전역이 발칵 뒤집혔다. 영국은 격분했다. 독일 정치가들은 아연실색했다. 이런 소동에 몹시 당황한 황제는 제국 총리인 폰 뷜로에게 책임을 져달라고 말했다. 황제가 총리에게 작금의 사태는 황제에게 그런 발언을 하도록 조언한 총리에게 책임이 있다고 발표하라고 제안한 것이다.

폰 뷜로는 다음과 같이 주장했다. "하지만 폐하, 제가 생각하기로는 독일이나 영국에서는 제가 감히 폐하께 그런 발언을 하라고 조언할 수 있다고 여길 사람이 결단코 없습니다."

이 말을 입 밖으로 내는 순간 폰 뷜로는 중대한 실수를 저질렀다는 사실을 직감했다. 황제는 노발대발하며 이렇게 고함을 질렀다.

"총리는 과인을 큰 실수나 저지르는 바보 멍청이로 여기는군. 자네라면 결코 저지르지 않았을 큰 실수 말일세!"

폰 뷜로는 비난하기에 앞서 칭찬부터 해야 했다는 사실을 비로소 깨달았다. 하지만 그러기에는 이미 늦었기 때문에 어쩔 수 없이 차선책을 택했다. 비난한 다음 칭찬한 것이다. 그리고 실로 기적 같은 결과를 얻었다.

그는 공손하게 말했다. "결코 그런 뜻은 아닙니다. 폐하께서는 여러 모로 저보다 뛰어나십니다. 해군이나 육군에 대한 지식은 물론이고 무엇보다 자연 과학에서 월등하시지요. 폐하께서 기압계나 무선 전신, 혹은 뢴트겐 광선에 대해 설명하실 때면 전 몹시 감탄하며 경청하곤 합니다. 부끄럽게도 전 자연 과학이라면 어떤 분야든 창피스러울 정도로 무지하고 화학이나 물리학에 대한 개념조차 없으며 가장 단순한 자연 현상이라도 전혀 설명할 수 없습니다."

그는 계속해서 덧붙였다. "하지만 그 대신 제게는 약간의 역사 지식과 정치, 특히 외교 방면에서 유용한 자질이 몇 가지 있습니다."

황제는 빙긋이 웃었다. 폰 뷜로에게 칭찬을 받았기 때문이었다. 폰 뷜로는 황제를 높이고 자신을 낮추었다. 그다음부터 황제는 어떤 일이라도 용서할 기세였다. 그는 감격에 겨워 이렇게 소리쳤다. "과인이 항상 우리는 완벽한 한 쌍이라고 말하지 않았소? 우리 두 사람은 꼭 붙어 있어야 하며 앞으로도 그럴 것이오!"

그는 폰 뷜로의 손을 맞잡고 몇 번이고 흔들었다. 그리고 그날 오후 열의에 넘친 황제는 주먹을 불끈 쥐고는 큰소리로 다음과 같이 말했다. "누구든 과인에게 폰 뷜로의 흉을 본다면 정면으로 한 방 날리겠소." 폰 뷜로는 가까스로 위기에서 벗어났다.

그는 상당히 빈틈없는 외교관이었지만 한 가지 실수를 저질렀다. 황제를 보호가 필요한 얼뜨기처럼 암시하기보다는 먼저 자신의 단점과 빌헬름 2세의 우수함을 언급하며 말을 시작해야 했다.

자신을 낮추고 상대방을 칭찬하는 몇 마디 말로 모욕감을 느낀 오만한 황제를 충실한 친구로 바꿀 수 있다면, 일상생활에서 겸손과 칭찬이 여러분에게 어떤 영향을 미칠지 상상해보라.

그러므로 리더가 되려면 원칙 3처럼 해보라!

원칙 3 ─────────────────────────────

상대방을 비판하기에 앞서 자신의 실수를 이야기하라.

Talk about your own mistakes before criticizing the other person.

[4] ─────────────── # 명령받는 것을
좋아하는 사람은 없다

　　언젠가 미국 전기작가협회의 회장인 아이다 타벨과 식사를 한 적이
있다. 내가 이 책을 쓰고 있다고 말한 후 우리의 대화는 인간관계라는
중대한 주제로 넘어갔다.

　　그녀는 오언 D. 영의 전기를 집필하면서 3년 동안 오언 D. 영과 같은
사무실에서 일했던 한 남자와 인터뷰를 했다고 전했다. 그는 3년 동안
오언 D. 영이 그 누구에게도 직접적으로 명령하는 모습을 본 적이 없
다고 말했다. 이를 테면 오언 D. 영은 결코 "이 일이나 저 일을 해라"
혹은 "이 일이나 저 일을 하지 마라"고 말하지 않았다. 대신 "이 점을
고려할 수도 있겠네요" 아니면 "그 방법이 효과가 있을까요?"라고 말
했다. 편지를 받아쓰고 나면 "이거 어떻습니까?"라고 물어보았다. 그
리고 비서의 편지를 살펴볼 때면 "이 문장을 이런 식으로 바꾸면 더 나
을 것 같군요"라고 제안했다.

그는 언제나 직원들이 스스로 일할 기회를 주었다. 결코 일하라고 명령하지 않았다. 그들이 직접 해보고 실수에서 배우도록 기회를 주었다.

이런 테크닉을 사용하면 상대방이 실수를 바로잡기가 쉽다. 상대방의 자존심을 지켜주고 그가 중요한 사람이라는 느낌을 전할 수 있다. 반발이 아니라 협력을 유도할 수 있다.

그러므로 리더가 되려면 원칙 4처럼 해보라!

원칙 4 ────────────────────────

직접적으로 명령하는 대신 질문하라.
Ask questions instead of giving direct orders.

[5]——————— 상대방의 체면을 세워주어라

몇 해 전 제너럴 일렉트릭 컴퍼니는 찰스 스타인메츠를 부서장 직책에서 해고해야 할 난감한 상황에 놓이게 되었다. 그는 전기 분야에서는 첫 번째로 손꼽히는 천재였지만 회계부장으로는 낙제생이었다. 그러나 회사에서는 그에게 상처를 주고 싶지 않았다. 그는 회사에 없어서는 안 될 인재이지만 상당히 예민한 사람이었다. 그들은 스타인메츠를 제너럴 일렉트릭 컴퍼니 컨설팅 엔지니어에 임명했다. 새로운 직책이었지만 업무는 예전과 다름없었다. 그리고 다른 사람에게 회계부장 자리를 맡겼다.

스타인메츠는 흐뭇해했다. 경영진도 마찬가지였다. 그들은 회사에서 가장 예민한 주요 인물의 체면을 세워주면서 풍파를 일으키지 않고 교묘하게 인사이동을 실시하는 데 성공했다.

다른 사람의 체면을 세워주는 것! 이 얼마나 중요한 일인가? 그런데도 잠시 틈을 내어 이를 되새기는 사람이 우리 가운데 몇이나 되는가? 우리는 상대방이 자존심에 상처를 입을 것이라는 생각은 하지 않은 채 우리 마음대로 행동하고, 다른 사람이 보는 앞에서 자녀나 직원의 흠을 잡고, 위협하고, 비판하면서 상대방의 감정을 짓밟는다. 몇 분 동안 생각하고, 남을 배려하는 한두 마디 말을 하고, 상대방의 태도를 진심으로 이해한다면 상대방의 상처가 한층 줄어들 것이다!

앞으로 직원을 해고하거나 질책해야 할 불쾌한 상황이 오면 이 점을 명심하자.

다음은 공인 회계사 마샬 A. 그레인저가 들려준 이야기이다.

직원을 해고하는 일은 그다지 유쾌하지 않습니다. 해고당하는 일은 더욱 그렇겠지요. 우리 회사 업무는 대개 주기적으로 진행됩니다. 따라서 소득세 납부 기간이 끝나면 직원을 많이 해고해야 하죠.

해고하는 것을 좋아하는 사람은 아마 거의 없을 겁니다. 그래서 우리 회사는 차라리 빨리 일을 해치우는 습관이 생겼는데 대개 이런 방법을 씁니다. "앉으십시오. 스미스 씨. 시즌이 끝났습니다. 더 이상 당신에게 맡길 업무가 없는 것 같군요. 업무가 많은 시즌 동안만 당신을 임시로 고용했다는 사실은 물론 잘 아실 겁니다." 등등.

그러면 사람들은 실망감과 동시에 굴욕감을 느낍니다. 대부분은 평생 회계 분야에서 일한 사람들이기 때문에 그처럼 아무렇지도 않게 직원을 해고하는 회사에 특별한 애정은 없죠.

최근에 전 좀 더 요령 있게 배려하는 마음으로 임시 직원을 해고하기로 마음먹었습니다. 그래서 겨울 동안 그들이 처리한 업무를 신중하게 살펴본 다음 한 사람씩 불렀습니다. 그리고 이런 식으로 말했죠.

"스미스 씨, 업무를 훌륭하게 해내셨습니다(실제로 그랬다면). 회사에서 당신을 뉴어크에 파견해서 어려운 임무를 맡긴 적이 있었죠. 준비할 시간도 부족했을 텐데 훌륭하게 처리하고 당당하게 돌아오셨더군요. 우리는 스미스 씨가 무척 자랑스럽다는 사실을 알려드리고 싶습니다. 당신은 능력 있는 분입니다. 어디에서 근무하시든 도움이 되는 인재가 되실 겁니다. 우리 회사는 당신의 능력을 믿으며 응원하고 있습니다. 이 점을 잊지 마시길 바랍니다."

효과가 어땠을까요? 사람들은 해고당한 일을 훨씬 더 긍정적으로 받아들이고 떠났습니다. '굴욕감'을 느끼지 않았죠. 그들에게 맡길 업무가 있다면 계속 고용할 것이라는 사실을 아니까요. 그리고 우리가 다시 그들을 원하면 개인적인 애정을 품고 돌아옵니다.

작고한 드와이트 모로는 상대방의 목을 조르려고 덤벼드는 호전적인 사람들을 화해시키는 신비로운 능력의 소유자였다. 그렇다면 어떤 방법을 썼을까?

그는 양측의 옳은 의견을 꼼꼼하게 찾아내어 칭찬하고 강조하며 조심스럽게 설명했다. 그리고 어떤 식으로 해결되더라도 결코 어느 한 사람이 잘못했다고 말하지 않았다.

이는 모든 중재자가 알고 있는 사실이다. 사람들의 체면을 세워주어라.

전 세계의 진정한 위인들은 개인의 승리에 흡족해하며 시간을 낭비하지 않는다. 한 가지 사례를 들어보자.

1922년 터키 사람들은 수 세기 동안 적대 관계였던 그리스 사람들을 터키 영토에서 영원히 몰아내기로 했다.

무스타파 케말은 나폴레옹처럼 연설을 하며 자국 병사들에게 '제군들의 목표는 지중해'라고 선언하고는 현대 역사에서 가장 치열한 전투를 시작했다. 마침내 터키가 승리했다. 그리스의 두 장군 트리쿠피스와 디예니스가 항복하기 위해 케말의 본부로 향할 때 터키 사람들은 정복당한 적군에게 저주를 퍼부었다.

하지만 케말은 여느 승자와는 사뭇 다른 태도를 보였다.

그는 두 사람의 손을 부여잡으며 "앉으시오, 여러분. 분명 피곤하실 텐데"라고 말했다. 그러고는 출정에 대해 자세히 이야기를 나누고 패배 때문에 두 사람이 입은 충격을 완화해주었다. 케말은 병사 대 병사로서 그들에게 '전쟁은 가장 선한 사람이 패배하는 게임'이라고 말했다.

우리가 옳고 상대방이 확실히 틀렸다 하더라도 상대방의 체면을 세워주지 않으면 그의 자존심은 산산조각이 나고 만다.

프랑스의 전설적인 조종사 겸 작가인 앙투안 드 생텍쥐페리는 이런 글을 남겼다. "나는 상대방의 자아상을 손상시키는 말이나 행동을 할 권리가 없다. 중요한 것은 내가 생각하는 그의 모습이 아니라 그가 생각하는 자신의 모습이다. 한 사람의 존엄성에 상처를 입히는 것은 범죄나 다름없다."

그러므로 리더가 되려면 원칙 5처럼 해보라!

원칙 5 ─────────────────────────────

상대방의 체면을 세워주어라.

Let the other person save face.

[6]———————— 사람을 성공하도록
격려하는 방법

피트 바로우는 내 오랜 친구이다. 그는 동물 쇼를 하면서 일생 동안 서커스와 보드빌 쇼(노래, 춤, 만담, 곡예 등을 섞은 쇼-옮긴이)를 따라 유랑했다. 나는 피트가 그의 쇼에 출연할 새로운 개들을 훈련시키는 모습을 구경하는 것이 좋았다. 그는 개가 아주 조금이라도 실력이 좋아지면 개를 다독거리고, 칭찬하고, 고기를 주면서 수선을 떨었다.

이는 결코 새로운 방법이 아니다. 동물 조련사들은 수백 년 동안 이 같은 테크닉을 사용했다.

그렇다면 상대방을 변화시키고자 할 때 이 같은 일반상식을 적용하면 어떨까? 채찍 대신 고기를 이용하면 어떨까? 비난하기보다 칭찬하면 어떨까? 아주 조금이라도 좋아지면 칭찬하자. 그러면 상대방이 힘을 얻어 계속 발전할 것이다.

워든 루이스 E. 로스 교도소장이 말한 바로는 싱싱 교도소에서 복역

하는 상습 범죄자에게 아주 사소한 부분이라도 칭찬을 해주면 그만한 보답이 따른다고 한다. 로스는 이 책을 쓰는 동안 내게 보낸 편지에서 이처럼 말했다.

"저는 수감자들의 노력을 적절히 칭찬하면 그들의 잘못을 혹독하게 비판하고 비난하는 것보다 그들로부터 협조를 얻고 궁극적으로 재활하는 과정에 더 바람직한 결과를 얻는다는 사실을 깨달았습니다."

나는 싱싱 교도소에 투옥된 적이 없다. 적어도 지금까지는 그렇다. 하지만 돌이켜보면 칭찬 몇 마디 덕분에 내 인생이 송두리째 변했다는 사실을 깨닫는다. 여러분의 인생도 마찬가지라고 말할 수 있는가? 역사를 되돌아보면 마치 마법을 부린 듯 수직상승한 놀라운 사례가 무수히 많다.

예컨대 수년 전 나폴리의 한 공장에서 일하는 열 살 된 한 소년이 있었다. 소년은 성악가가 되고 싶은 마음이 간절했다. 하지만 그의 첫 번째 스승은 그에게 좌절을 안겨주었다. "너는 성악가가 될 수 없어. 타고난 목소리가 없거든. 네 목소리는 마치 덧문에서 불어 들어오는 바람 소리 같구나."

그러나 가난한 농부였던 그의 어머니는 아들의 어깨를 감싸며 칭찬했다. 아들이 반드시 성악가가 될 것이라고 믿으며 이미 향상된 모습을 보았다며 다독였다. 소년은 음악 수업료를 낼 돈을 모으기 위해 맨

발로 걸어 다녔다.

어머니의 기분 좋은 칭찬과 격려는 소년의 인생을 바꿔놓았다. 엔리코 카루소라는 이름의 이 소년은 당대 가장 유명하고 위대한 오페라 가수가 되었다.

19세기 초반 런던의 한 소년은 작가가 되겠다는 뜻을 품었다. 그러나 무엇 하나 그의 바람대로 되는 일이 없었다. 그가 학교에 다닌 기간은 고작 4년이었다. 아버지가 빚을 갚지 못해 교도소에 수감되는 바람에 소년은 굶주림의 고통에 시달려야 했다. 가까스로 쥐가 들끓는 창고에서 구두약병에 상표를 붙이는 일자리를 구했다. 밤이면 런던 빈민가의 부랑아였던 두 소년과 함께 음침한 다락방에서 잠을 잤다.

자신에게 글 쓰는 재주가 있는지 자신할 수 없었던 소년은 아무도 비웃지 못하도록 칠흑같이 어두운 밤에 몰래 빠져나와 원고를 보내곤 했다. 하지만 보내는 소설마다 거절당했다. 오랜 기다림 끝에 한 편이 채택되는 경사스러운 날이 드디어 찾아왔다.

사실 원고료는 한 푼도 받지 못했지만 한 편집자로부터 칭찬을 받았다. 인정을 받은 것이다. 몹시 감격한 소년은 뺨 위로 눈물을 하염없이 흘리며 정처 없이 거리를 헤매었다.

결국 한 편의 글이 출판되었다. 칭찬과 인정이 소년의 인생을 완전히 바꾸어 놓았다. 그 편집자의 격려가 없었다면 소년은 쥐가 득시글대는 창고에서 일생을 보냈을지도 모른다. 아마 소년의 이름이 귀에 익숙할 것이다. 그의 이름은 바로 찰스 디킨스이다.

런던의 또 다른 한 소년은 포목점에서 점원으로 일하며 생계를 꾸리고 있었다. 새벽 5시에 일어나 상점을 청소하고 하루 14시간 동안 노예처럼 일해야 했다. 순전히 고된 노동이었기에 소년은 그 일이 몹시 싫었다.

2년 뒤 어느 날 아침 그는 더 이상 견딜 수가 없었다. 잠에서 깨자마자 아침밥도 먹지 않고 15마일(약 24킬로미터)을 터벅터벅 걸어서 가정부로 일하던 어머니를 만나러 갔다.

소년은 어머니에게 간청하며 눈물을 흘렸다. 그 상점에서 더 일해야 한다면 스스로 목숨을 끊겠다고 호소하며 애원했다. 그러고는 예전에 다니던 학교의 교장 선생님께 자신은 너무 상심하여 더 이상 살고 싶지 않다는 눈물겹고 애절한 편지를 보냈다.

교장 선생님은 먼저 그를 칭찬한 후, 그가 매우 똑똑하고 지금보다 더 좋은 일을 할 수 있다고 격려하면서 그에게 선생님이 되는 것이 어떠냐고 제안했다.

그 칭찬은 소년의 미래를 완전히 바꾸었고 영국 문학사에 길이 남을 영향을 미쳤다. 그 소년이 계속 글을 써서 셀 수 없을 만큼 많은 베스트셀러를 탄생시키고 1백만 달러가 넘는 돈을 벌었기 때문이다. 여러분은 분명 그를 알고 있을 것이다. 그는 다름 아닌 H.G. 웰스이다.

1922년 캘리포니아 변두리에 사는 가수를 꿈꾸는 어떤 젊은 남자가 아내를 부양하느라 고생하고 있었다. 그는 일요일이면 교회 성가대에서 노래하고 결혼식에서 '오 프라미스 미'를 불러서 가끔 5달러를 벌었다. 살림이 궁색해서 시내에서는 살 수 없었던 탓에 포도밭 한가운데 있는 금방이라도 쓰러질 것 같은 집에 세를 들었다.

한 달 집세는 고작 12달러 50센트였지만 이 얼마 되지 않는 집세마저도 내지 못해 열 달이나 밀려 있었다. 그는 집세를 갚기 위해 포도밭에서 포도를 따며 일했다. 그가 내게 이야기했듯이 포도를 먹는 일 말고는 딱히 할 일이 없는 때도 있었다. 그는 낙담한 나머지 가수의 길을 포기하고 트럭을 팔 작정이었다.

그때 루퍼트 휴즈가 다음과 같이 칭찬의 말을 건넸다. "자네는 좋은 가수가 될 소질이 있네. 뉴욕에서 공부하게나."

그는 최근 그 사소한 칭찬, 그 작은 격려가 인생의 전환점이 되었다고 내게 털어놓았다. 휴즈의 말을 들은 다음 2천 5백 달러를 빌려서 동부로 떠날 결심을 했기 때문이다. 여러분도 그의 이름을 들어본 적이 있을 것이다. 그는 바로 미국 서부 출신의 전설적인 바리톤 로렌스 티벳이다.

사람을 변화시키는 일에 대해 이야기해보자. 만약 여러분이 만나는 사람들에게 그들이 가지고 있는 숨은 보석을 깨닫도록 돕는다면 단순히 그들을 변화시키는 것보다 더 많은 성과를 거둘 수 있다. 그야말로 그들을 탈바꿈시킬 수 있다.

과장처럼 들리는가? 그렇다면 미국에서 가장 훌륭한 심리학자이자 철학자로 손꼽히는 윌리엄 제임스의 현명한 조언을 들어보라.

"우리의 잠재성에 견주어본다면 우리는 잠에서 완전히 깨어나지 못한 상태라 할 것이다. 우리는 자신이 가진 육체적, 정신적 자원의 극히 일부만 사용하고 있다. 좀 더 포괄적으로 표현하자면 개개인의 인간은 자신의 한계에 훨씬 미치지 못하는 삶을 살고 있는 것이다. 인간에게는 다양한 종류의 힘이 잠재되어 있지만 타성에 젖어 이를 발휘하지 못한다."

그렇다. 이 글을 읽고 있는 독자들도 다양한 잠재력을 가지고 있지만 타성에 젖어 이를 발휘하지 못한다. 그리고 십중팔구 십분 발휘하지 못하는 이 힘 가운데 한 가지는 사람들을 칭찬하고 그들에게 잠재된 가능성을 일깨우는 마법 같은 능력일 것이다.

능력은 비난을 받으면 시들어버리지만 격려를 받으면 꽃을 피운다.

그러므로 리더가 되려면 원칙 6처럼 해보라!

원칙 6

조금 성장해도 칭찬하고 성장할 때마다 칭찬하라.
"진심으로 인정하고 아낌없이 칭찬하라."
Praise the slightest improvement and praise every improvement.
"Be hearty in your approbation and lavish in your praise."

[7]───────────────── 좋은 평판을
해주어라

뉴욕에 사는 나의 친구 어니스트 겐트 부인이 어느 날 어린 하녀를
고용하고 다음 월요일에 출근하라고 말했다. 그 사이에 겐트 부인은
예전에 하녀가 일하던 집의 부인과 전화 통화를 했다. 그녀는 하녀에
대해 칭찬만 하지는 않았다. 월요일이 되어 하녀가 일하러 왔을 때 겐
트 부인은 말했다.

"넬리, 내가 며칠 전에 네가 전에 일하던 집의 부인에게 전화를 걸었
단다. 그녀는 네가 정직하고 믿을 만한 사람이며 훌륭한 요리사에 아
이들을 잘 돌본다고 하더구나. 하지만 네가 꼼꼼하지 못하고 집 안 청
소를 깔끔하게 못한다는 말도 했단다. 그런데 내 생각에는 그녀가 거
짓말을 한 것 같구나. 네 옷차림이 깔끔하거든. 누가 봐도 알 수 있지.
그래서 나는 네가 네 몸처럼 집도 깔끔하고 깨끗하게 청소할 거라고
믿는다. 우리는 잘 지낼 수 있을 거야."

실제로 그들은 잘 지냈다. 넬리에게 부응해야 할 기대가 생겼고, 실제로 그녀는 그 기대에 훌륭하게 부응했다. 집 안이 빛이 나도록 청소했다. 겐트 부인이 실망하지 않도록 매일 1시간씩 더 먼지를 털고 걸레질을 하곤 했다.

볼드윈 로코모티브 웍스의 대표 사무엘 보클레인은 말했다. "상대방을 존중하면서 그것이 그의 특정한 능력 때문이라고 칭찬해주면 대부분의 사람이 선뜻 여러분을 따를 겁니다."

간단히 말해서 만일 어떤 사람의 특정한 면을 향상시키고 싶다면 마치 그가 그 특정한 면을 이미 갖추고 있다는 듯이 대해라. 셰익스피어는 "비록 그렇지 않더라도 이미 어떤 덕목을 갖춘 것처럼 행동하라"는 말을 남겼다.

상대방이 바람직한 덕목을 이미 갖추고 있다고 가정하고 그 사실을 공개적으로 말하는 것이 좋다. 상대방에게 그가 지키고 싶을 만한 좋은 평판을 제시하라. 그러면 그는 여러분을 실망시키지 않기 위해 혼신의 노력을 다할 것이다.

조제트 르블랑은《추억, 마테를링크와 함께한 나의 인생》에서 비천한 벨기에 출신의 소녀가 고귀한 여성으로 변하는 과정을 묘사했다. 그녀는 이렇게 적고 있다.

근처 호텔에서 하녀가 내 식사를 가져왔다. 하녀가 처음으로 했던 일이 설거지 보조였기 때문에 사람들은 그녀를 '접시 닦이 마리'라고 불렀다. 그녀는 사시에 밭장다리였고 육체적으로나 정신적으로나 볼품 없는 일종의 괴물이었다.

어느 날 불그스름한 손으로 마카로니 접시를 들고 있는 그녀에게 나는 단도직입적으로 이렇게 말했다. "마리, 당신은 당신 내면에 있는 보물을 모르는군요."

으레 자신의 감정을 숨겨왔던 마리는 혹시 불호령이 떨어지는 것은 아닌지 두려워하며 옴짝달싹할 엄두조차 내지 못한 채 잠시 잠자코 있었다. 그러고는 접시를 식탁에 내려놓고 한숨을 쉬더니 순진한 얼굴로 이렇게 말했다.

"부인, 다른 사람이 그런 말을 했다면 믿지 못했을 겁니다." 그녀는 의심을 품지 않았다. 아무런 질문도 하지 않았다. 그저 주방으로 돌아가서 내가 한 말을 되풀이했다. 너무 굳게 믿고 있어서 아무도 그녀를 놀리지 못했다.

그날부터 주변 사람들도 그녀에게 관심을 보이기 시작했다. 그러나 가장 흥미로운 변화는 이 비천한 마리의 내면에서 일어났다. 자신의 내면에 보이지 않는 경이로움이 있다고 믿은 그녀는 용모를 정성스레 가꾸기 시작했다. 그 결과 그녀의 굶주렸던 젊음이 꽃을 피우고 못생긴 외모도 어느 정도 감추어졌다.

두 달 후 그녀가 주방장의 조카와 결혼을 한다고 알려주었다. 그녀는 "저는 이제 귀부인이 될 거랍니다"라며 내게 고맙다고 말했다. 말한마디가 그녀의 인생을 완전히 바꾼 것이다.

조제트 르블랑은 '접시 닦이 마리'에게 지키고 싶은 평판을 주었다. 그리고 그 평판이 결국 그녀를 탈바꿈시켰다.

헨리 클레이 리스너도 프랑스에 주둔하고 있는 미국 보병의 행실을 바로잡기 위해서 이와 같은 기술을 사용했다. 미국에서 가장 인기가 많은 장군인 제임스 G. 하보드는 리스너에게 자기 생각에는 프랑스에 주둔 중인 미국 보병이 자신이 글에서 읽거나 직접 접했던 병사 가운데 가장 깨끗하고 이상적이라고 말했다.

지나친 찬사일까? 어쩌면 그럴 것이다. 하지만 리스너가 이 사례를 어떻게 이용했는지 눈여겨보라. 리스너는 다음과 같은 글을 남겼다.

"나는 장군이 했던 말을 병사들에게 전했다. 그의 말이 진실인지 아닌지는 단 한순간도 의심하지 않았다. 하지만 설령 사실이 아닐지라도 하보드 장군의 의견을 병사들이 알게 된다면 그 기준에 가까워지기 위해 노력할 것으로 판단했다."

이런 말이 있다. '개에게 나쁜 이름을 지어주는 것은 그 개의 목을 매다는 것이나 다름없다.' 하지만 좋은 이름을 붙여준다면 과연 무슨 일이 일어나는지 지켜보라.

부자든 빈민이든 거지든 도둑이든 상관없이 사람들은 거의 예외 없이 정직하다는 평판을 받으면 그에 걸맞게 행동한다.

싱싱의 교도소장 로스는 다음과 같이 말했다.

"악한을 상대해야 할 때 당신이 이기려면 그를 마치 존경스러운 신사처럼 대하는 길 외에는 달리 방법이 없습니다. 그를 신뢰할 만한 사람이라고 믿으십시오. 그러면 그는 그런 대접에 기분이 우쭐해진 나머지 기대에 부응하며 누군가 자신을 믿어준다는 사실에 자부심을 느낄 겁니다."

그러므로 리더가 되려면 원칙 7처럼 해보라!

원칙 7 ────────────────────────

상대방에게 지키고 싶은 좋은 평판을 주어라.

Give a man a fine reputation to live up to.

[8] ─────── 고치기 쉬운 단점처럼
보이게 만들어라

마흔이 다 되도록 독신이었던 내 친구 한 명이 약혼을 했다. 그의 약혼녀가 그에게 뒤늦게나마 댄스 교습을 받으라고 설득했다. 친구는 내게 그 이야기를 전하면서 다음과 같이 털어놓았다.

하느님도 내가 댄스 교습을 받아야 한다는 걸 아실 거야. 20년 전 처음 춤추었을 때나 지금이나 실력이 똑같거든. 나를 처음 가르쳤던 선생님이 진실을 알려줬지. 제대로 하는 게 하나도 없다고, 그래서 지금까지 알던 건 모두 잊어버리고 처음부터 다시 시작해야겠다고 말이야. 그렇지만 난 그녀의 말에 오히려 흥미를 잃고 말았지. 계속하고 싶은 마음이 싹 사라지더군. 그래서 그만둬버렸어.

그 다음 선생님은 아마 내게 거짓말을 했을 거야. 하지만 나는 그게 좋았어. 그 선생님은 무심한 목소리로 내 춤이 약간 구식일지는 모르지만 기본 동작은 모두 괜찮다고 말했지. 그리고 몇 가지 새로운 스텝을 배워도 어렵지 않을 거라고 장담하더군. 첫 번째 선생님은 내 실수를 강조하면서 나를 실망시켰는데 이 선생님은 정반대였어.

그녀는 내가 제대로 한 동작은 계속 칭찬하고 실수는 되도록 언급하지 않았지. "리듬 감각을 타고나셨어요. 정말 타고난 댄서시네요." 지금은 나도 보는 눈이 있으니 지금까지도 그랬고 앞으로도 4류 댄서라는 정도쯤은 알고 있지. 하지만 아직도 마음 깊은 곳에서는 그녀가 진심이었을 거라고 믿고 싶은 마음이 있다네. 확실히 말하자면 그 말을 들으려고 그녀에게 돈을 낸 거야. 하지만 그걸 뭐 하러 굳이 밝히겠나?

아무튼 리듬 감각을 타고났다는 말을 듣지 않았다면 춤을 배우러 다니지 않았을 거야. 그 말을 듣고 용기와 희망을 얻었거든. 그 말 때문에 잘하고 싶은 마음이 생긴 거야.

자녀나 배우자 혹은 부하 직원에게 어떤 점에서 멍청하고 우둔하며 타고난 소질이 없고 제대로 하는 게 하나도 없다고 말해보라. 그러면 잘하기 위해 노력할 동기를 모조리 파괴하게 될 것이다.

반면 정반대의 테크닉을 이용해보라. 마음껏 격려하고, 쉽게 할 수 있는 일처럼 보이게 만들고, 상대방에 대한 믿음을 전하고, 아직 개발하지 않았으나 소질이 있다고 말해주어라. 그러면 그는 더 잘하기 위해 창문 밖에 동이 틀 때까지 연습할 것이다.

인간관계의 탁월한 전문가 로웰 토머스는 이 테크닉을 활용했다. 그는 사람들에게 자신감을 심어주고 용기와 신념을 불어넣었다. 구체적인 예를 들자면 토머스 부부와 주말을 함께 보낸 적이 있었다. 나는 토요일 밤 이글거리는 모닥불 앞에서 다정하게 브리지 게임을 하는 자리에 초대되었다.

"브리지라고요? 아, 아닙니다! 아니에요! 전 빠지겠습니다! 전 브리지는 전혀 모릅니다. 그 게임은 제게 언제나 어둠의 미스터리 같아요. 아닙니다! 아니에요! 절대 못합니다!"

그러자 로웰은 이렇게 화답했다. "음, 데일, 이건 절대로 속임수가 아닐세. 기억력과 판단력만 있으면 돼. 브리지는 자네에게 꼭 맞는 게임일 걸세. 자네를 위한 게임이나 다름없어!"

그러고는 이거 참. 나는 나도 모르는 사이 난생처음 브리지 게임을 하고 있었다. 순전히 브리지에 타고난 소질이 있다는 이야기를 들은 다음부터 그 게임이 쉬워 보였기 때문이다.

브리지라고 하면 나는 엘리 컬버트슨이 떠오른다. 그가 쓴 브리지에 관한 책은 십여 개 언어로 번역되어 백만 부 이상이 팔렸다. 컬버트슨은 그에게 소질이 있다고 장담했던 한 여성이 없었다면 결코 브리지를 직업으로 삼지 않았을 것이라고 말했다.

1922년 미국으로 이주했을 때 컬버트슨은 철학과 사회학 교사로 일하고 싶었지만 여의치 않았다. 다음으로 석탄 파는 일을 했으나 실패했다. 다음에는 커피를 팔았지만 그 역시 실패하고 말았다.

브리지는 몇 차례 해보았으나 언젠가 브리지를 가르치게 되리라고 생각조차 하지 않았다. 실력도 형편없을뿐더러 고집불통이었다. 질문도 많았고 게임이 끝난 다음에도 세세히 되짚어보려는 통에 그와 함께 브리지를 하려는 사람이 없었다.

그러던 중 어여쁜 브리지 선생님 조세핀 딜런을 만나 사랑에 빠졌고 결혼했다. 조세핀은 세심하게 분석하는 그의 모습을 보고 머지않아 카드 게임의 천재가 될 것이라는 확신을 심어주었다.

컬버트슨은 내게 브리지를 직업으로 삼은 것은 오직 조세핀의 격려 때문이었다고 말했다.

그러므로 리더가 되려면 원칙 8처럼 해보라!

원칙 8

격려하라. 단점을 고치기 쉬운 것처럼 보이게 만들어라. 상대가 하기를 바라는 것은 하기 쉬운 것처럼 보이게 하라.

Use encouragement. Make the fault you want to correct seem easy to correct. Make the thing you want the other person to do seem easy to do.

[9] ──────────── 원하는 일을
흔쾌히 하도록 만들어라

1915년 미국은 경악했다. 유럽 국가들이 일 년이 넘도록 인류 역사에서 결코 상상조차 하지 못했던 엄청난 규모로 피비린내 나는 대량 살상을 자행하고 있었기 때문이다.

평화를 되찾을 수 있을까? 아무도 알 수 없었다. 하지만 우드로 윌슨 대통령은 노력해보기로 결심했다. 그는 자신의 대리인으로서 유럽의 사령관들과 협의할 평화사절을 파견할 예정이었다.

평화주의자인 국무장관 윌리엄 제닝스 브라이언은 이 임무를 맡기를 간절히 원했다. 그는 이를 중대한 공헌을 해서 자신의 이름을 영원히 남길 기회라고 생각했다.

하지만 윌슨은 자신의 절친한 친구이자 고문인 에드워드 M. 하우스 대령을 임명했다. 그리고 하우스는 브라이언에게 이 불쾌한 소식을 전달하는 반갑지 않은 임무를 맡았다. 하우스 대령은 일기에 다음과 같

302

은 글을 남겼다.

브라이언은 유럽에 파견될 평화사절로 내가 선발되었다는 소식을 듣자 실망하는 기색이 역력했다. 그는 자신이 직접 이 일을 계획했노라고 안타까워했다.

나는 대통령께서 누구든 일을 공식화시키는 것은 현명하지 못하며, 그가 가면 이목이 크게 집중되어 사람들이 그가 유럽에 온 이유를 궁금하게 여길 것이라고 판단하셨다고 답했다.

이 말에 내포된 뜻을 알겠는가? 하우스는 사실상 브라이언이 너무 중요한 인물이라 그 임무를 맡을 수 없다고 말한 것이다. 브라이언은 만족스러웠다.

세상이 돌아가는 원리에 능하고 노련했던 하우스 대령은 인간관계에서 중요한 한 가지 원칙을 따랐다. '언제나 상대가 여러분이 제안한 일을 즐거운 마음으로 하게 하라!'

우드로 윌슨은 윌리엄 깁스 맥아두에게 자신의 내각에 참여해줄 것을 요청할 때에도 이 원칙을 따랐다. 이는 대통령이 수여하는 가장 영예로운 자리였다. 그럼에도 윌슨은 맥아두가 자신이 두 배나 중요한 사람이라고 느낄 만한 방식으로 요청을 했다. 맥아두는 이 이야기를 이렇게 표현했다.

"그(윌슨 대통령)는 지금 내각을 구성하는 중이며 내가 재무장관 자리를 맡아준다면 무척 기쁘겠다고 말했다. 그는 듣는 사람이 우쭐해지게 자신의 뜻을 전달했다. 내가 이 대단히 영광스러운 제안을 수락함으로써 오히려 그에게 호의를 베푸는 인상을 주었다."

안타깝게도 우드로 윌슨이 언제나 그런 기지를 발휘한 것은 아니다. 만일 그랬다면 역사가 달라졌을지도 모른다.

한 가지 예를 들면, 미국이 국제연맹을 제창했을 때 우드로 윌슨은 상원과 공화당의 호의를 얻지 못했다. 그는 엘리후 루트나 찰스 에번스 휴즈 혹은 헨리 캐벗 로지와 같은 걸출한 공화당 지도자들을 평화회담에 대동하지 않기로 결정했다. 그 대신 자기 당 출신의 이름 없는 대표를 데리고 갔다.

공화당원들을 무시한 것이다. 공화당원들이 국제연맹은 대통령뿐만 아니라 자신들의 아이디어였다고 생각하거나 직접 관여할 여지를 주지 않았다.

이처럼 인간관계를 미숙하게 처리한 탓에 윌슨의 정치생명은 끝나고 말았다. 그는 건강이 악화되었고 수명이 단축됐으며, 그로 인해 미국은 국제연맹에 불참했고 이로써 세계 역사가 바뀌었다.

유명 출판사인 더블데이 페이지는 항상 이 원칙을 따른다. 여러분이 제안한 일을 상대방이 즐거운 마음으로 하게 하라. 더블데이는 이 원칙의 전문가였고 그 덕분에 O. 헨리는 이 출판사가 자신의 소설 한 편을 무척 높이 평가하며 정중하게 거절했고, 그 덕분에 이 출판사로부터 거절을 받고도 다른 출판사가 자신의 소설을 수락할 때보다 기분이 더 좋았다고 밝혔다.

내 지인 중 한 사람은 친구와 그가 신세 진 사람들로부터 연설해달라는 초대를 거절해야 했다. 하지만 무척 매끄럽게 거절했기 때문에 상대방은 적어도 그의 거절에 불만스러워하지 않았다.

그렇다면 과연 어떤 식으로 거절했을까? 그는 단순히 본인이 너무 바쁘고 너무 이러저러하다는 말만 전하지 않았다. 대신 초대해주어 고맙다는 뜻을 전하는 한편 수락할 수 없어서 유감이라고 말하면서 대리 연사를 추천했다. 다시 말해 상대방이 거절을 불쾌하게 여길 겨를을 주지 않았다. 상대방이 곧바로 초대할 수 있는 다른 연사까지 생각해주었다.

이를테면 이런 식으로 연사를 추천하곤 한다.

"내 친구인 〈브루클린 이글〉의 편집장 클리블랜드 로저스에게 연설을 부탁하면 어떨까요?", "아니면 가이 히콕을 초대하는 건 생각해보셨나요? 그는 15년 동안 파리에 살았던 터라 유럽 특파원으로 지내던 시절에 관한 놀라운 이야기가 무궁무진하답니다. 아니면 리빙스턴 롱펠로를 초빙하면 어떨까요? 그는 인도에서 짐승 사냥에 관한 멋진 영화 몇 편도 제작했죠."

뉴욕 최대의 인쇄회사인 J.A. 원트 오가니제이션의 대표 J.A. 원트는 화를 돋우지 않으면서 기계공의 태도와 요구를 바꾸어야 할 상황에 부딪쳤다.

기계공의 임무는 타자기와 다른 기계들이 원활하게 작동하도록 밤낮으로 살피는 것이었다. 그는 언제나 근무 시간이 너무 길고 할 일이 많아서 조수가 필요하다고 투덜댔다.

J.A. 원트는 그에게 조수를 배정하거나 근무 시간, 혹은 업무량을 줄이지 않고도 기계공을 기분 좋게 만들었다. 어떻게 했을까? 기계공에게 개인 사무실을 배정했다. 문에는 그의 이름과 함께 '서비스 부서장'이라는 직함이 쓰여 있었다.

그는 이제 모든 직원에게 명령을 받는 일개 수리공이 아니었다. 한 부서의 관리자가 된 것이다. 그는 스스로 기품이 있고 인정받는 중요한 사람이라고 느꼈다. 이후 그는 불평 한마디 하지 않고 즐겁게 일했다.

유치한가? 어쩌면 그럴 것이다. 나폴레옹이 레지옹 도뇌르(Legion of Honor, 프랑스의 명예 훈장-옮긴이)를 만들어 1만 5천 명의 병사에게 수여하고, 열여덟 명의 장군을 '프랑스 육군 원수'로 임명하고, 자신의 군대를 '대육군'으로 명명했을 때 사람들은 이를 유치하다고 말했다. 역전의 용사들에게 '장난감'을 하사했다는 비난을 받자 그는 "인간은 장난감의 지배를 받는다"라고 대답했다.

나폴레옹은 직위와 권위를 부여하는 이 테크닉으로 효과를 거두었다. 여러분에게도 마찬가지일 것이다. 일례를 들어보자. 뉴욕의 스카스데일에 사는 내 친구 어니스트 겐트 부인은 잔디밭을 뛰어다니며 망쳐놓는 아이들 때문에 골머리를 앓았다. 그녀는 아이들에게 야단을 쳤다. 달래도 보았다. 모두 허사였다.

그래서 그 무리 가운데 가장 말썽쟁이에게 직함을 주고 권위의식을 심어주었다. 그 아이를 '탐정'으로 임명하고 잔디밭에서 침입자들을 몰아내는 일을 맡긴 것이다.

그러자 마침내 문제가 해결되었다. 그녀의 '탐정'은 뒤뜰에 모닥불을 피우고 쇠막대기를 벌겋게 달군 뒤 어떤 아이든 잔디밭에 들어오면 가만두지 않겠다고 엄포를 놓았다.

유능한 리더는 사람들의 태도나 행동을 바꾸어야 할 때 다음 지침을 명심해야 한다.

1. 진심으로 말해야 한다. 지킬 수 없는 일은 어떤 것도 약속하지 마라.
2. 자신이 상대방에게 무엇을 원하는지 정확히 파악하라.
3. 감정을 이입하라. 상대방이 진정으로 원하는 것이 무엇인지 자문하라.
4. 상대방이 여러분의 제안을 수락함으로써 얻을 수 있는 혜택을 고려하라.
5. 그 혜택과 상대방의 욕구를 연결시켜라.
6. 여러분의 요구가 상대방에게 이익이 될 수 있다는 점을 암시하는 방식을 취해서 요구하라.

"존, 내일 고객들이 올 겁니다. 그래서 저장실을 청소해야 합니다. 저장실을 깨끗하게 쓸고, 물품을 선반에 깔끔하게 정리하고, 카운터를 닦으세요."

이렇게 퉁명스럽게 명령하지 않는다. 오히려 그 일에서 얻을 수 있는 혜택을 존에게 알려주면서 같은 의미를 전달할 수 있다.

"존, 지금 당장 끝내야 할 일이 생겼습니다. 지금 해치우면 나중에 할 필요가 없을 겁니다. 내일 제가 고객을 모셔 와서 우리 회사 시설을 함께 둘러볼 겁니다. 고객들에게 저장실을 보여드리고 싶지만 지금 좀 지저분하군요.

존이 저장실을 깨끗하게 쓸고, 물품을 선반에 깔끔하게 정리하고, 카운터를 닦아준다면 고객들이 우리 회사를 효율적인 회사라고 생각하겠죠. 그러면 존이 우리 회사의 좋은 이미지를 고객들에게 전달하는 데 일조했다고 느낄 수 있을 겁니다."

여러분이 제시한 일을 존이 즐거운 마음으로 수행할까? 그다지 즐겁지는 않겠지만 혜택을 지적하지 않았을 때보다는 십중팔구 좀 더 즐거울 것이다.

존이 저장실의 상태를 보고 뿌듯해하고 회사 이미지에 일조했다는 사실을 여러분이 인정한다고 여기면 그는 더욱 흔쾌히 협조할 것이다. 뿐만 아니라 어차피 해야 할 일이므로 지금 해치우면 나중에 하지 않아도 된다는 여러분의 뜻을 이해할 것이다.

이런 접근 방식을 썼다고 해서 언제나 긍정적인 반응을 얻을 것이라고 믿는다면 오산일 것이다. 하지만 대다수 사람들의 경험에 비추어 보면 이 원칙을 활용하는 것이 그렇지 않을 때보다 상대방의 태도가 바뀔 가능성이 더 높다. 만일 성공률을 단 10퍼센트라도 올린다면 이전보다 10퍼센트 더 유능한 리더가 된 셈이다. 그리고 그것이 여러분이 얻는 혜택이다.

그러므로 리더가 되려면 원칙 9처럼 해보라!

원칙 9 ───────────────────────────────

상대방이 즐거운 마음으로 여러분이 제시한 일을 하도록 만들어라.

Make the other person happy about doing the thing you suggest.

리더가 사람들의 태도와
행동을 바꾸는 9가지 방법

원칙 1 칭찬과 진심 어린 인정으로 대화를 시작하라.

원칙 2 다른 사람의 실수는 간접적으로 지적하라.

원칙 3 상대방을 비판하기에 앞서 자신의 실수를 이야기하라.

원칙 4 직접적으로 명령하는 대신 질문하라.

원칙 5 상대방의 체면을 세워주어라.

원칙 6 조금 성장해도 칭찬하고 성장할 때마다 칭찬하라.
　　　　"진심으로 인정하고 아낌없이 칭찬하라."

원칙 7 상대방에게 지키고 싶은 좋은 평판을 주어라.

원칙 8 격려하라. 단점을 고치기 쉬운 것처럼 보이게 만들어라. 상대가 하기를 바라는 것은 하기 쉬운 것처럼 보이게 하라.

원칙 9 상대방이 즐거운 마음으로 여러분이 제시한 일을 하도록 만들어라.

— 5장 —
기적을 일으킨 편지들

인간은 누구나 칭찬과 인정을 갈구한다.

그리고 칭찬과 인정을 위해서라면 마다할 일이 거의 없을 것이다.

거짓을 원하는 사람은 아무도 없다. 아부를 원하는 사람은 아무도 없다.

나는 지금 여러분이 무슨 생각을 하는지 확실히 알고 있다. 여러분은 십중팔구 이렇게 생각할 것이다. '기적을 일으킨 편지라니! 어처구니가 없군! 새로 나온 약 광고 같잖아!'

이런 생각을 한다고 해도 나는 여러분을 탓하지 않는다. 15년 전쯤 이런 책을 보았다면 나도 십중팔구 그렇게 생각했을 것이다. 의심이 많은 것 같은가? 나는 의심 많은 사람들을 좋아한다. 나는 20살까지 미주리주에서 살았다. 알다시피 미주리주의 애칭은 'Show Me State'이다. 그래서 나는 증거를 보여 달라는 사람을 좋아한다. 인류의 사고가 진보한 것은 대부분 의심 많은 도마(Doubting Thomas, 의심이 많은 사람을, 예수를 보고도 믿지 않았던 제자 도마에 빗대어 표현한 말-옮긴이)처럼 의문을 제기하는 사람, 도전하는 사람, 증거를 원하는 사람 덕분이었다.

솔직해지자. '기적을 일으킨 편지들'이라는 제목은 정확한 것일까? 그렇지 않다, 솔직히 말하면 정확하지 않다. 실상 이것은 사실을 의도적으로 절제한 표현이다. 여기에 실은 편지 가운데 일부는 기적보다 두 배나 대단하다는 평가를 받았다. 이는 미국에서 가장 유명한 판촉 전문가로 손꼽히는 켄 R. 다이크가 내린 평가이다. 다이크는 현재 콜게이트 팔모리브 피트 컴퍼니의 광고 이사로 재직 중이며 미국 광고주 협회 회장을 맡고 있다.

다이크는 판매업자들에게 정보를 요청할 때 보냈던 편지의 회신 비율은 5~8퍼센트를 넘기 어려웠다고 말한다. 15퍼센트의 답장을 받으면 대단하게 여겼을 것이며, 만일 회신 비율이 20퍼센트에 이른다면 기적으로 여겼을 것이라고 전했다.

하지만 여기에 실린 다이크의 어떤 편지에는 무려 43.5퍼센트가 답장을 보냈다. 다시 말해 그 편지는 기적의 두 배만큼 대단했다. 결코 웃어넘길 일이 아니다. 이 편지는 돌연변이나 요행, 혹은 우연의 결과가 아니다. 다른 수십 통의 편지 역시 이와 비슷한 결과를 얻었다.

그는 어떻게 그렇게 했을까? 다음은 켄 다이크가 직접 설명한 내용이다.

"편지의 효과가 이처럼 놀랄 만큼 증가한 것은 제가 '효과적인 화술과 인간관계'라는 카네기 강좌에 참가한 직후였습니다. 여태껏 제가 사용했던 접근 방식이 모두 잘못되었다는 사실을 알게 되었죠. 저는 이 책에서 배운 원칙을 적용하려고 노력했고, 덕분에 정보를 요청했던 편지의 효과가 500~800퍼센트 증가했습니다."

다음에 그 편지를 실었다. 이 편지는 작은 호의를 부탁함으로써 수신인을 즐겁게 만든다. 그에게 중요한 사람이라는 느낌을 주고 호의를 부탁하는 것이다. 이 편지에 대한 내 의견을 괄호에 적었다.

친애하는 블랭크 씨에게

저는 지금 약간 어려운 상황에 처했습니다. 당신에게 도움을 청해도 될까요?
(상황을 명확하게 그려보자. 존스 맨빌 컴퍼니의 한 중역으로부터 편지를 받고 있는 인디애나의 목재상을 상상하라. 그리고 이 편지의 첫 구절에서 뉴욕의 돈 잘 버는 중역이 그를 곤경에서 구해달라고 도

움을 요청한다. 인디애나의 그 목재상이 이렇게 생각하는 모습이 눈에 선하다. '음, 뉴욕에 있는 이 친구가 곤경에 처했다면 사람을 제대로 찾았군. 나는 언제나 아량을 베풀고 사람을 도우려 노력하고 있지. 그럼 무슨 일인지 보자고!')

　지난해 저는 지붕 개량재 판매량을 증가시키기 위해 우리 회사의 판매상들에게 가장 필요한 것은 존스 맨빌에서 비용을 전적으로 부담하여 1년 내내 다이렉트 메일(직접 개인이나 가정으로 보내는 광고 우편물)을 발송하는 일이라고 회사를 설득하는 데 성공했습니다.

　(인디애나의 목재상은 십중팔구 이렇게 생각할 것이다. '당연하지, 회사가 지불해야지. 회사가 이익을 독차지하고 있으니 말이야. 나는 임대료도 겨우 내는데 회사는 수백만 달러씩 벌고 있잖아. 그런데 이 친구 문제가 대체 뭐야?')

　최근 이 계획에 참여한 판매상 1천 6백 명에게 설문지를 발송한 다음 수백 명으로부터 이러한 협력 형태를 고려한 결과 매우 유익할 것 같다는 답장을 받고 몹시 흐뭇했습니다.

　이에 힘입어 우리는 바로 얼마 전, 짐작건대 당신이 훨씬 더 만족하실 만한 새로운 다이렉트 메일 계획을 발표했습니다.

　그런데 오늘 아침 우리 회사 대표께서 작년에 제출한 제 계획 보고서에 대해 저와 함께 의논하면서 새로 발생할 거래 규모를 어느 정도로 예상하는지 물으셨습니다. 그의 질문에 답변을 제시하려면 당연히 당신에게 도움을 청해야 합니다.

(좋은 표현이다. "그의 질문에 답변을 제시하려면 당연히 당신에게 도움을 청해야 합니다." 뉴욕의 거물이 진실을 말하고 있다. 인디애나 주에 있는 존스 맨빌의 판매상을 거짓 없이 진실하게 인정하고 있다. 켄 다이크가 자신의 회사가 얼마나 큰지 얘기하는 데 시간을 낭비하지 않는다는 점에 주목하라. 켄 다이크는 판매상의 도움이 없으면 존스 맨빌의 대표에게 보고서를 제출할 수 없다는 사실을 인정한다. 인디애나의 판매상도 인간인지라 당연히 이런 류의 말을 좋아한다.)

부탁드리건대 동봉한 엽서에 ① 작년에 다이렉트 메일 계획 덕분에 확보했다고 생각하는 지붕 공사와 지붕 개량 공사가 몇 건인지와 ② (실시한 공사의 총비용을 토대로) 그 공사의 총 가치를 달러와 센트로 최대한 정확하게 기재해주십시오.

그렇게 해주신다면 저는 그 정보를 진심으로 감사히 받고 친절하게 정보를 제공해주신 데 고마움을 전하겠습니다.

판촉부 국장 켄 R. 다이크 올림

(마지막 문단에서 그가 어떻게 자신은 낮추면서 상대방을 높이고 있는지 주목하라. 그리고 '진심으로 감사히', '고마움을 전한다', '친절하게'처럼 얼마나 많은 찬사를 전했는지 주목하라.)

단순한 편지이다. 그렇지 않은가? 그러나 이 편지는 상대방에게 작은 호의를 부탁함으로써(상대방이 중요한 사람이라는 느낌을 전달함으로써) '기적'을 일으켰다. 석면 지붕을 판매하든 포드 자동차를 타고 유럽을 여행하든 상관없이 이 심리 원칙은 누구에게나 효과적일 것이다.

한 가지 예를 살펴보자. 나는 호머 크로이와 자동차로 프랑스 내륙 지방을 여행하던 도중 길을 잃은 적이 있다. 우리는 구형 모델 T를 세우고 농부들에게 가장 가까운 큰 도시로 가는 길을 물었다.

이 질문이 일으킨 효과는 참으로 인상적이었다. 나막신을 신고 있던 농부들은 모든 미국인을 부자라고 생각했다. 그리고 그 지역에서는 자동차도 지극히 보기 드물었다. 차를 타고 프랑스를 여행하는 미국인이라니! 틀림없이 백만장자일 거야! 어쩌면 헨리 포드의 사촌일지도 몰라.

그런데 그들은 우리가 모르는 것을 알고 있었다. 우리는 그들보다 돈은 더 많지만 가까운 도시로 가는 길을 묻기 위해 모자를 벗어들고 그들에게 다가가야 했다. 그리고 그들에게 자신들이 중요한 존재라는 느낌을 선사했다. 농부들은 한꺼번에 말하기 시작했다. 이 보기 드문 기회에 몹시 감격한 한 사나이가 나머지 사람들에게 조용히 하라고 큰소리를 쳤다. 그는 우리에게 길을 가르쳐주는 짜릿한 기분을 혼자서만 즐기고 싶었던 것이다.

직접 시도해보라. 앞으로 낯선 도시에 가면 경제적으로나 사회적으로 여러분보다 지위가 낮은 사람을 멈춰 세우고 이렇게 말해보라. "제가 좀 어려운 상황인데 도움을 청해도 될까요? 이곳에 가는 길 좀 가르쳐주시겠습니까?"

벤저민 프랭클린은 이 테크닉을 이용해 지독하게 사이가 안 좋았던 적을 평생의 친구로 만들었다. 젊은 시절 프랭클린은 저축한 돈을 모조리 작은 인쇄회사에 투자했다. 그리고 필라델피아 의회의 사무원으로 선출되었는데 공문서 인쇄 업무를 처리해야 하는 직책이었다.

이 직책을 맡은 덕분에 상당한 수익을 얻었고 그래서 프랭클린은 그 자리에 계속 남고 싶었다. 하지만 위협적인 존재가 나타났다. 부유하고 유능한 한 의원이 프랭클린을 끔찍하게 싫어했다. 그는 프랭클린을 싫어하는 데 그치지 않고 공식 석상에서 그를 비난하기도 했다.

몹시 위태로웠다. 그래서 프랭클린은 그 사람의 호감을 사기로 결심했다. 하지만 어떻게 할 것인가? 그것이 문제였다. 그에게 호의를 베풀어서? 아니다. 그러면 그가 의심할지도 모른다. 경멸할 수도 있다. 지혜롭고 빈틈없는 프랭클린은 그런 함정에 빠질 사람이 아니다. 그는 정반대로 행동했다. 자신의 적에게 부탁을 한 것이다.

프랭클린이 10달러를 빌려달라고 했을까? 아니다, 그렇지 않다! 그는 상대방이 기뻐할 만한 부탁을 했다. 상대방의 허영심을 채워주는 부탁, 그를 인정하는 부탁, 그의 지식과 업적에 대한 프랭클린의 존경심을 은근히 표현하는 부탁을 했다. 다음은 프랭클린이 직접 표현한 뒷이야기이다.

그가 매우 희귀하고 진기한 책을 소장하고 있다는 소문을 듣고 나는 그에게 짧은 편지를 썼다. 편지에서 그 책을 찬찬히 읽어보고 싶은 내 소망을 표현하면서 며칠 동안 빌려달라고 정중히 부탁했다. 그는 곧바로 책을 보내주었고 나는 일주일 후 베풀어준 호의에 심심한 감사를 표현하는 편지와 함께 책을 돌려보냈다.

다음에 의회에서 서로 만났을 때, 그는 내게 상당히 정중하게 말을 걸었다(지금까지 그런 적이 한 번도 없었다). 그리고 앞으로도 이따금씩 부탁을 들어줄 의향이 있다고 말했다. 이후 우리는 절친한 친구가 되었고, 우리의 우정은 그가 세상을 떠날 때까지 변치 않았다.

벤저민 프랭클린이 세상을 떠난 지 150년이 지났다. 하지만 그가 이용한 심리 원칙, 다시 말해 상대방에게 호의를 부탁하는 심리 원칙은 지금도 건재하다.

일례로 내 강좌에 참가했던 앨버트 B. 앰셀은 이 원칙으로 괄목할만한 성공을 거두었다. 배관 및 난방용구 세일즈맨인 앰셀은 수년 동안 브루클린의 한 배관업자와 거래를 트기 위해 노력했다. 그 배관업자의 거래 규모는 상당히 컸으며 신용도 보기 드물게 좋았다.

그러나 앰셀은 처음부터 호되게 거절을 당했다. 배관업자는 거칠고, 까다롭고, 심술궂은 자신의 모습에 오히려 자부심을 느끼는 별종이었다. 앰셀이 문을 열고 들어갈 때마다 시가를 비스듬히 꼬나물고 책상 뒤편에 앉아 버럭 소리를 질렀다. "오늘은 필요한 거 없소! 피차 시간 낭비하지 맙시다! 얼른 나가시오!"

그러던 어느 날 앰셀은 새로운 테크닉을 시도했다. 이 테크닉으로 그는 거래를 트고, 친구를 얻고, 큰 주문도 여러 차례 받았다.

앰셀의 회사는 롱아일랜드 퀸스 빌리지에서 새 지점을 인수하는 협상을 하고 있었다. 그곳은 그 배관업자가 거래를 많이 하는 익숙한 지역이었다. 그래서 이번에 앰셀은 배관업자를 방문해서 이렇게 말했다. "오늘은 뭘 팔러 온 게 아닙니다. 괜찮으시다면 부탁 좀 드리고 싶습니다. 잠깐만 시간을 내주시겠습니까?

배관업자는 다음과 같이 대답했다.

"음, 글쎄요. 뭡니까? 말해보시죠."

"우리 회사가 지금 퀸스 빌리지에 지점을 개점하는 방안을 고려하고 있습니다. 당신은 누구보다 그 지역을 잘 알고 계시는 분이시죠. 그래서 이 방안을 어떻게 생각하시는지 여쭤보려고 찾아왔습니다. 괜찮은 계획일까요? 아닐까요?"

새로운 상황이 펼쳐진 것이다! 수년 동안 이 배관업자는 세일즈맨에게 소리를 지르고 나가라고 호통을 치면서 자신이 중요한 사람이라는 느낌을 얻었다. 그런데 한 세일즈맨이 지금 조언을 간청하고 있다. 한 대기업의 세일즈맨이 어떤 선택을 해야 할지 자신의 의견을 구하고 있는 것이다.

배관업자는 의자를 앞으로 빼면서 "앉으시오"라고 말했다. 그리고 한 시간 동안 퀸스 빌리지 배관시장의 장점과 특수성에 대해 상세히 설명했다. 지점의 입지에 대해 조언한 것은 물론 자신의 지식을 총동원해서 부지매입과 물품구입, 거래 개시에 대한 행동방침을 완벽하게 설명했다. 그는 배관 도매업체에게 사업을 운영하는 방법을 알려주면서 자신이 중요한 사람이라는 느낌을 얻었다. 그리고 개인생활까지 이야기의 범위를 넓혔다. 그는 앰셀에게 점점 친근하게 행동하더니 사사로운 가정 문제와 가족 간의 불화까지 털어놓았다.

앰셀은 이렇게 말했다. "그날 저녁 그의 사무실을 떠날 무렵 처음으로 거액의 장비 주문서를 받았을 뿐만 아니라 사업상 필요한 우정의 탄탄한 토대를 쌓았을 수 있었죠. 과거에는 제게 고함을 지르고 호통을 치던 이 사람과 지금은 골프를 함께 치는 사이가 되었습니다. 제가 그에게 호의를 부탁하면서 그 스스로 중요한 사람이라고 느끼게 해준 덕택에 그의 태도가 이처럼 변한 겁니다."

앞서 등장했던 켄 다이크의 또 다른 편지를 살펴보자. 그리고 그가 이 '부탁드립니다'라는 심리 원칙을 얼마나 능숙하게 활용하는지에 다시 한 번 주목하라.

몇 해 전만 해도 다이크는 사업가, 계약자, 건축업자에게 정보를 요청하는 편지를 보내고 답장을 받지 못해서 몹시 속이 상했었다.

하지만 아래 실은 편지의 회신 비율은 50퍼센트에 육박했다. 그것도 대단한 답장이었다! 두세 장이 넘는 편지, 친절한 조언과 협력하려는 마음이 빛을 발하는 편지들이었다.

다음은 그 편지이다. 이 편지를 찬찬히 읽어가면서 속뜻을 파악하고,

수신자의 감정을 분석하도록 하라. 왜 이 편지가 대단한 성과를 거두었는지 그 이유를 찾아보라.

친애하는 ○○○씨

저는 지금 약간 어려운 상황에 처했습니다. 당신에게 도움을 청해도 될까요?

일 년 전쯤 저는 건축업자에게 가장 필요한 것은 건물 수리나 개조에 투입되는 저희 회사의 각종 건축 자재와 부품을 모두 담은 카탈로그라고 설득했습니다.

그 결과 그것을 모두 첨부한 카탈로그가 탄생했습니다. 이런 종류로는 최초였습니다. 하지만 현재 카탈로그 재고량이 점점 줄어들고 있습니다. 제가 이 사실을 보고하자 저희 회사 대표께서 만일 카탈로그가 본래 목적을 훌륭히 성취했다는 만족스러운 증거가 있다면 새롭게 제작하는 것을 반대하지 않겠다고 말씀하셨습니다.

당연히 저는 당신에게 도움을 청해야 합니다. 그래서 실례를 무릅쓰고 당신과 전국 각지의 건축업자 마흔아홉 분께 심사위원이 되어주시기를 부탁드립니다.

당신께 편의를 제공하기 위해 이 편지 뒤에 몇 가지 간단한 질문을 적었습니다. 그러니 답변을 체크하고 전하고 싶은 의견이 있으면 첨가해서 동봉한 회신용 봉투에 담아 보내주시면 저는 이를 반드시 특별한 호의로 생각하겠습니다.

두말할 필요도 없이 이 설문지 작성은 의무가 아니며, 카탈로그를 중단할 것인지 아니면 당신의 경험과 조언을 토대로 개선해서 다시 제작할 것인지 그 여부를 당신의 결정에 맡기고자 합니다.

어쨌든 제가 당신의 협조를 감사히 여길 것임을 확실히 기억해주시길 바랍니다.

판촉부 국장 켄 다이크 올림

한 가지 주의를 덧붙이도록 한다. 내 경험에 비추어보면 이 편지를 읽고 똑같은 심리 원칙을 기계적으로 이용하려고 노력하는 사람들이 있다. 이런 사람들은 진심에서 우러나오는 진정한 인정이 아니라 아부와 위선을 통해 상대방의 자만심을 키우려고 노력한다. 이런 방법은 절대 통하지 않는다.

명심하라. 인간은 누구나 칭찬과 인정을 갈구한다. 그리고 칭찬과 인정을 위해서라면 마다할 일이 거의 없을 것이다. 거짓을 원하는 사람은 아무도 없다. 아부를 원하는 사람은 아무도 없다.

반복하겠다. 이 책에서 제시한 원칙은 진심에서 우러날 때만 효과를 거둘 것이다. 나는 속임수가 아니라 새로운 삶의 방식을 전하고 있다.

— 6장 —

행복한 가정을
만드는 방법

다른 사람과의 관계에서 가장 먼저 배워야 할 것은

그들이 행복을 추구하는 우리만의 방식에 난폭하게 간섭하지 않는 한

우리도 행복을 추구하는 그들만의 독특한 방식에 간섭하지 않는 것이다.

[1]———————— 결혼의 무덤을 파는 가장 빠른 방법

1853년 프랑스의 나폴레옹 보나파르트의 조카인 나폴레옹 3세는 테바의 여백작이자 세상에서 가장 아름다운 여인 외제니 드 몽티조에게 반해 그녀와 결혼했다. 대신들은 그녀가 하찮은 스페인 백작의 막내딸이라는 사실을 꼬투리로 잡았다. 하지만 나폴레옹 3세는 "그게 어쨌단 말이오"라고 반박했다.

그는 그녀의 품위와 젊음, 매력과 아름다움이라는 하늘이 내린 거룩한 행복감에 한껏 도취하였다. 결국 한 칙령에서 이렇게 공포하여 온 나라를 발칵 뒤집었다. "짐은 내가 모르는 여자보다는 내가 사랑하고 존경하는 여자를 선택하였다."

나폴레옹 3세 부부는 건강과 부, 권력과 명성, 아름다움과 사랑 그리고 숭배 등 완벽한 로맨스의 필수조건을 모두 가지고 있었다. 결혼의 신성한 불꽃이 이처럼 환하게 비친 적은 한 번도 없었다.

하지만 오호통재라. 그 성스러운 불꽃은 이내 흔들렸고 불길은 싸늘한 잿더미로 변하고 말았다. 나폴레옹 3세는 외제니를 황후로 맞이할 수 있었으나 사랑의 힘이나 왕좌의 권력 등 아름다운 프랑스의 그 어떤 것으로도 그녀의 잔소리를 막을 수 없었다.

질투에 사로잡히고 의심의 노예가 된 그녀는 황제의 명령을 무시했고 그에게 일말의 사생활조차 허용하지 않았다. 황제가 국사를 돌보는 중에도 집무실로 쳐들어갔다. 가장 중요한 회의까지도 방해했다. 그녀는 남편을 혼자 내버려두지 않았고, 그가 다른 여자들과 놀아날까 봐 항상 마음을 졸였다.

툭하면 그녀의 언니에게 달려가 남편의 흉을 보았으며 불평하고, 울고, 남편을 탓하고, 으름장을 놓았다. 우격다짐으로 황제의 서재로 들어가서는 고래고래 소리를 지르고 욕을 퍼부었다. 화려한 왕궁과 프랑스 제국의 주인이었음에도 나폴레옹은 그녀의 손아귀에서 벗어날 곳이 없었다.

그렇다면 외제니는 이런 행태를 벌이며 과연 무엇을 성취했을까?

E.A. 라인하르트의 매력적인 책《나폴레옹과 외제니 : 한 제국의 희비극》에서 인용한 해답은 다음과 같다.

"그래서 나폴레옹은 밤이면 중절모자를 푹 눌러쓰고 작은 쪽문으로 몰래 빠져 나와서 막역한 친구를 대동하고 실제로 그를 기다리고 있는 아름다운 여인을 찾아가거나 아니면 일국의 황제가 동화에서나 볼 수 있는 거리를 지나 고색창연한 거대한 도시를 이리저리 배회하며 회한의 공기를 들이마시곤 했다."

이것이 바로 외제니가 잔소리로 얻은 것이었다. 그녀는 프랑스의 왕
좌에 올랐다. 그녀는 세상에서 가장 아름다운 여인이었다. 하지만 황
후의 자리와 아름다움조차도 잔소리라는 유독가스 속에서는 사랑을
지켜내지 못했다. 외제니는 구약성서의 욥처럼 목소리를 드높여 울부
짖었을지 모른다. "내가 가장 두려워했던 일이 내게 닥쳤구나."

정말 그럴까? 가엾은 여인, 그것은 그녀의 질투와 잔소리로 자처한
일이었다.

지옥의 악마가 사랑을 파괴하기 위해 만들어낸 실패를 모르는 끔찍
한 도구 가운데 가장 치명적인 것은 잔소리다. 잔소리는 결코 실패하
는 법이 없다. 킹코브라의 독처럼 그것은 언제나 파괴하고 언제나 고
통을 안긴다.

톨스토이의 아내는 너무 뒤늦게 이 사실을 깨달았다. 세상을 떠나기
전 그녀는 딸들에게 '내가 너희 아버지를 죽인 주범'이라고 인정했다.
딸들은 아무 대답도 하지 않았다. 모두 그저 흐느껴 울고 있을 뿐이었
다. 그들은 어머니의 말이 진실임을 알고 있었다. 어머니가 줄기차게
불평하고 끊임없이 비난하고 잔소리함으로써 아버지를 죽음으로 몰
고 갔다는 사실을 알고 있었다.

하지만 톨스토이와 그의 아내는 어떤 역경이 있더라도 행복하기 위
해 노력해야 했다. 톨스토이는 역대 가장 유명한 소설가로 손꼽혔다.
그의 두 걸작《전쟁과 평화》와《안나 카레니나》는 전 세계의 걸작 중에

서도 영원히 밝게 빛날 것이다.

톨스토이는 너무나 유명했고, 그의 추종자들은 밤낮을 가리지 않고 그의 뒤를 따르며 그가 내뱉는 모든 말을 속기로 받아 적었다. '이제 그만 자야겠군'이라는 사소한 말조차도 하나도 빠짐없이 받아 적었다. 그래서 현재 러시아 정부는 그가 남긴 모든 문구를 출간하고 있으며, 그의 작품집은 1백여 권에 이른다.

톨스토이와 아내에게는 명예는 물론이고 부와 사회적 지위, 자녀가 있었다. 이보다 화창한 하늘 아래에서 꽃피었던 결혼은 없었다. 처음부터 그들의 행복은 너무나 완벽해서 오히려 오래갈 것 같지 않았다. 그래서 두 사람은 무릎을 꿇고 그들의 무한한 기쁨이 계속되기를 도와달라고 하느님께 기도했다.

그리고 놀라운 일이 일어났다. 톨스토이가 조금씩 변한 것이다. 그는 완전히 다른 사람이 되었다. 자신이 쓴 위대한 작품들을 수치스럽게 여겼고, 그 후부터는 평생 평화와 전쟁, 가난의 종식을 갈구하는 글을 썼다.

한때 젊은 시절 살인을 포함해 상상할 수 있는 모든 죄를 저질렀다고 고백했던 그는 예수의 가르침을 그대로 따르기 위해 노력했다. 그는 자기 땅을 기부하고 가난하게 살았다. 나무를 패고 건초를 쌓아올리며 들판에서 일했다. 손수 자기 신발을 만들고, 자기 방을 청소하고 나무그릇에 음식을 담아 먹었으며 원수를 사랑하기 위해 노력했다.

톨스토이의 삶은 비극이었으며, 그 비극의 원인은 결혼이었다. 그의 아내는 사치를 좋아했으나 그는 사치를 경멸했다. 그녀는 명예와 사회의 인정을 갈구했지만, 그에게는 이런 하찮은 것들이 아무런 의미가 없었다. 그녀는 돈과 부를 갈망했지만 그는 부와 사유 재산은 죄악이라고 믿었다.

톨스토이가 인세를 전혀 받지 않고 자신의 작품에 대한 판권을 포기하겠다고 고집을 피우자 그의 아내는 몇 년 동안 잔소리를 퍼붓고, 비난하고, 소리를 질러댔다. 그녀는 그 작품들로 거둬들일 돈을 원했다.

톨스토이가 그녀에게 맞서면 그녀는 극도로 흥분해 맞대응하면서 아편 병을 입에 물고 마룻바닥을 뒹굴었으며, 자살할 거라며 우물로 뛰어들겠다고 협박했다.

내가 보기에 두 사람의 삶에서 역사상 가장 안타까운 장면이라고 할 수 있는 한 가지 사건이 있다. 이미 말했듯이 처음 결혼했을 때 두 사람은 무척이나 행복했다. 하지만 48년이 지난 후 톨스토이는 아내의 모습이 눈에 띄기만 해도 견딜 수가 없었다.

어느 날 저녁, 늙고 상심한 아내는 사랑에 굶주린 나머지 남편에게 다가와 무릎을 꿇고는 50년 전 그가 그녀를 위해 일기에 썼던 아름다운 사랑의 문구를 소리 내어 읽어달라고 간청했다. 그러면 톨스토이가 이제는 영원히 사라진 그 아름답고 행복한 시절의 문구를 읽곤 했다. 그러다가 두 사람은 함께 흐느껴 울었다. 오래전 한때 꿈꾸었던 낭만적인 사랑과 삶의 현실은 너무나도 달랐던 것이다.

마침내 여든두 살이 되던 1910년 10월 어느 눈 내리던 밤, 톨스토이는 비극적인 가정의 불행을 더는 견딜 수 없어 아내를 떠나 행선지도 정하지 않은 채 무작정 춥고 어두운 곳으로 도망쳤다.

11일 후, 그는 기차역에서 폐렴으로 세상을 떠났다. 그리고 아내가 임종을 지키지 못하게 해달라는 유언을 남겼다.

그것이 톨스토이 백작 부인이 잔소리와 불평으로 인해 치른 마지막 대가였다.

그녀가 잔소리할 만했다고 생각할 독자들이 있을지도 모르겠다. 인정한다. 하지만 그것은 핵심에서 벗어난 이야기이다. 문제는 바로 이것이다. 잔소리가 그녀에게 이로웠는가, 아니면 문제를 한없이 악화시켰는가?

톨스토이의 아내는 이 문제에 관해 이렇게 말했다. "진심으로 내가 제정신이 아니었다고 생각한다." 하지만 너무 때늦은 후회였다.

에이브러햄 링컨의 삶에서 가장 큰 비극은 암살이 아니라 결혼이었다. 부스가 총을 쏘았을 때 링컨은 자신이 총에 맞았다는 사실을 깨닫지 못했다. 하지만 그는, 자신의 법률 파트너인 헌던의 표현을 빌리면 '가장 쓰라린 결혼의 불행이라는 수확'을 23년 동안 매일같이 거둬들였다.

'결혼의 불행?', 이는 실상을 부드럽게 표현한 말이다. 링컨 부인은 거의 반세기 동안 링컨을 닦달했다.

그녀는 항상 불평하고 남편을 비난했다. 사사건건 트집을 잡았다. 링컨은 어깨를 웅크리고 마치 인디언처럼 발을 위아래로 움직이며 어색하게 걸었다. 그녀는 그의 발걸음에는 힘이 없고, 움직임은 품위가 없다고 한탄했다. 그의 걸음걸이를 흉내내며 자신이 렉싱턴에 있는 멘텔 부인의 기숙학교에서 배운 대로 발끝에 힘을 주고 걸으라며 잔소리를 해댔다.

머리에서 바로 위쪽으로 삐죽이 나온 그의 큰 귀도 마음에 들지 않았다. 심지어 그녀는 그에게 코가 삐뚤어졌고 아랫입술이 튀어나왔으며, 폐병 환자처럼 보이고 손발은 너무 크지만 그에 비해 머리는 너무 작다고 말했다.

에이브러햄 링컨과 메리 토드 링컨은 교육, 배경, 기질, 취향, 사고방식 등 모든 면에서 정반대였다. 그들은 끊임없이 상대방의 심기를 건드렸다.

이 세대의 가장 유명한 링컨 전문가이자 상원 의원이었던 앨버트 J. 베버리지는 다음과 같은 글을 남겼다.

"링컨 부인의 크고 날카로운 목소리는 길 건너편까지 들렸고, 쉴 새 없이 폭발하는 그녀의 분노는 모든 이웃 사람들의 귓전까지 닿았다. 그녀는 툭하면 말이 아닌 다른 수단으로 화를 표출했으며, 그녀가 폭력을 행사한 적이 많다는 것은 의심할 여지가 없는 사실이다."

예를 하나 살펴보자. 링컨 부부는 결혼한 직후에 제이콥 얼리 부인과 함께 살았다. 그녀는 의사였던 남편이 세상을 떠나자 어쩔 수 없이 스프링필드에서 하숙을 운영하던 미망인이었다.

어느 날 아침 링컨 부부가 아침 식사를 하는 도중에 링컨이 아내의 사나운 심기를 건드리는 일을 저질렀다. 그 일이 무엇이었는지 지금은 아무도 기억하지 못한다. 하지만 링컨 부인은 극도로 화가 나서 뜨거운 커피잔을 남편의 얼굴에 내던졌다. 그것도 다른 하숙생들 앞에서 말이다.

링컨은 아무 말도 하지 못한 채 모욕감을 느끼며 그 자리에 잠자코 앉아 있었다. 그러는 동안 얼리 부인이 젖은 수건을 가져와 그의 얼굴과 옷을 닦아주었다.

링컨 부인은 너무나 황당하고 어처구니가 없을 정도로 질투심이 강했다. 그래서 (오랜 시간이 지난 지금) 그녀가 사람들 앞에서 자행했던 한심하고 수치스러운 장면에 대한 글을 읽기만 해도 놀라움으로 숨이 막힐 지경이다. 그녀는 결국 정신이 이상해졌다. 그녀를 가장 관대하게 표현한다면, 그녀의 이런 기질은 필경 초기 정신착란에 영향을 받은 것일지도 모른다.

이 잔소리와 나무람과 분노가 링컨을 변화시켰을까? 한 가지 면에서는 그렇다. 그녀에 관한 링컨의 태도는 분명 달라졌다. 그는 자신의 불행한 결혼을 후회하며 그녀와 함께 있는 일을 되도록 피했던 것이다.

스프링필드에는 열한 명의 변호사가 있었고 그들이 모두 그곳에서 생계를 유지할 수는 없었다. 그래서 그들은 다양한 장소에서 재판하는 데이비드 데이비스 판사를 따라 여러 군청 소재지로 말을 타고 옮겨 다녔다. 제8순회법정이라면 모든 군청 소재지에서 일거리를 얻을 수 있었다.

다른 변호사들은 토요일마다 스프링필드로 돌아와 가족과 함께 주말을 보냈지만, 링컨은 그러지 않았다. 그는 집으로 가는 것이 두려웠다. 그래서 봄과 가을이면 각각 3개월씩 경로에서 벗어나 스프링필드 근처에는 얼씬도 하지 않았다. 이런 상태는 몇 년씩이나 계속되었다. 지방 호텔의 환경은 그리 좋지 않았다. 하지만 링컨은 집에 돌아가 끊임없이 화를 내고 잔소리를 하는 아내를 보는 것보다는 차라리 열악한 환경을 택하는 게 마음이 편했다.

이것이 링컨 부인, 외제니 왕후, 그리고 톨스토이 부인이 잔소리로 얻은 결과이다. 그들은 자신들의 삶을 비극으로 몰아넣었다. 자신에게 가장 소중한 모든 것을 파괴했다.

뉴욕시의 가정 법원에서 11년 동안 재직하며 처자 불법 유기 사건을 검토한 베시 햄버거는 이런 사건의 중요한 한 가지 원인이 잔소리였다고 지적했다. 〈보스턴 포스트〉지가 표현했듯이 "계속 작은 삽질로 결혼의 무덤을 파는 사람들이 많다."

그러므로 행복한 가정생활을 원한다면 원칙 1을 명심하라!

원칙 1 ─────────────────────────────

절대로 잔소리하지 마라.

Don't, don't nag!

─────────────── 사랑하고
상대방을 배려하라

디즈레일리는 이렇게 말했다. "어쩌면 내가 살면서 수많은 오류를
저질렀을지 모른다. 하지만 사랑을 위해 결혼할 생각은 결코 없다."

그는 사랑을 위해 결혼하지 않았다. 그는 서른다섯 살까지 독신으로
지내다 열다섯 살 연상인 부유한 미망인 메리 앤에게 청혼했다. 그녀
는 오십 해를 살면서 머리가 하얗게 센 미망인이었다.

사랑이었을까? 오, 아니다. 미망인은 디즈레일리가 자신을 사랑하지
않는다는 사실을 알고 있었다. 돈 때문에 자신과 결혼하려는 그의 속
셈을 모르지 않았다. 그래서 한 가지 조건을 제시했다. 그의 성품을 살
필 기회를 잡기 위해 그에게 1년 동안 기다려달라고 부탁했다. 그리고
마침내 약속한 기간이 끝났을 때 그와 결혼했다.

상당히 무미건조하고 통속적인 이야기처럼 들린다. 그렇지 않은가?
하지만 역설적이게도 디즈레일리의 결혼은 이전투구 같은 결혼의 연

대기에서 가장 빛나는 성공 사례로 손꼽는다.

디즈레일리가 선택한 부유한 미망인은 젊지도, 아름답지도, 그리고 똑똑하지도 않았다. 이런 모습과는 거리가 멀었다. 대화를 나누다 문학과 역사 이야기가 나올 때면 사소한 실수를 쉴 새 없이 저질렀다.

이를테면 그리스인과 로마인 가운데 누가 먼저 등장했는지도 전혀 몰랐다. 그녀의 의상 취향은 이상야릇했고 가구 취향 또한 기상천외했다. 하지만 그녀는 결혼 생활에서 가장 중요한 요소, 즉 남자를 다루는 기술에서는 천재, 그것도 긍정적인 면에서 천재였다.

그녀는 디즈레일리와 지성을 겨루지 않았다. 디즈레일리가 오후 동안 백작 부인들과 재치문답을 벌인 다음 권태롭고 피곤한 몸을 이끌고 집에 돌아오면 메리 앤은 시답지 않은 이야기로 그의 긴장을 풀어주었다.

디즈레일리에게 있어 집은 정신적인 실내화를 편하게 신고 메리 앤의 사랑의 온기를 만끽할 수 있는 장소였다. 그의 삶에서 가장 행복한 순간은 늙은 아내와 집에서 보내는 이런 시간이었다. 그녀는 배우자이자 친구이자 조언자였다. 디즈레일리는 매일 밤 하원 의사당에서 서둘러 귀가해서 그날 하루의 소식을 아내에게 전해주었다. 그리고 (이것이 중요하다) 그녀는 남편이 어떤 일을 하든지 실패하지 않을 것이라고 믿어주었다.

30년 동안 메리 앤은 디즈레일리를 위해 살았다. 오직 그만을 위해 살았다. 심지어 자신의 부를 소중하게 여긴 것도 오직 디즈레일리가 삶을 안락하게 보내도록 하기 위해서였다. 그녀는 이에 대한 보답으로 그의 연인이 될 수 있었다. 디즈레일리는 메리 앤이 세상을 떠난 후 백작이 되었으나 평민이었을 때 빅토리아 여왕에게 메리 앤을 귀족으로 추대해달라고 설득했다. 그 결과 1868년 그녀는 비콘필드 자작부인이라는 작위를 받았다.

그녀가 공식적인 자리에서 멍청하거나 산만하게 굴어도 그는 결코 그녀를 나무라지 않았다. 비난의 말은 단 한마디도 입에 올리지 않았다. 혹여 누군가 감히 그녀를 조롱할라치면 그는 벌떡 일어나 맹렬한 충성심으로 그녀를 옹호했다.

메리 앤은 완벽하지 않았다. 하지만 30년 동안 줄기차게 남편에 대해 이야기하고 칭찬하며 존경했다. 그 결과는 무엇이었을까? 디즈레일리는 다음과 같이 말했다. "우리는 30년 동안 결혼 생활을 했지만 전 한 번도 권태기가 없었습니다."

디즈레일리는 메리 앤이 자신의 삶에서 가장 소중한 존재임을 절대 숨기지 않았다. 그래서 어떤 결과를 얻었을까? 메리 앤은 친구들에게 이렇게 말하곤 했다. "그의 다정함 덕분에 내 인생은 오랜 행복의 한 장면 같았어."

그들은 둘만의 농담을 주고받곤 했다. 디즈레일리가 "있잖소. 내가 당신과 결혼한 것은 오직 돈 때문이었소"라고 말하면 메리 앤은 미소를 지으며 대답하곤 했다. "알아요. 하지만 다시 한 번 결혼해야 한다면 날 사랑해서 나와 결혼할 거죠. 그렇지 않나요?"

그러면 그는 사실이라고 인정했다. 그렇다. 메리 앤은 완벽하지 않았다. 하지만 현명한 그녀는 디즈레일리가 자기 본연의 모습으로 살도록 놔두었다.

헨리 제임스는 다음과 같이 말했다.

"다른 사람과의 관계에서 가장 먼저 배워야 할 것은 그들이 행복을 추구하는 우리만의 방식에 난폭하게 간섭하지 않는 한 우리도 행복을 추구하는 그들만의 독특한 방식에 간섭하지 않는 것이다."

되짚어볼 만큼 중요한 말이다. 혹은 릴런드 포스터 우드가 《가정에서 더불어 성장하기》에서 말했듯이 "결혼의 성공은 천생연분을 찾는 문제로 그치지 않는다. 그것은 또한 자신도 상대방의 천생연분이 돼야 한다는 것을 의미한다."

그러므로 행복한 가정생활을 원한다면 원칙 2를 명심하라!

원칙 2 ─────────────────────

배우자를 바꾸려고 애쓰지 마라.

Don't try to make your partner over.

[3] ──────────── # 행복한 가정생활을
이끄는 방법

공직 생활 중 디즈레일리의 숙적은 위대한 글래드스턴이었다. 이 두
사람은 영국 제국의 모든 논제에 대해 서로 충돌했지만 한 가지 공통
점이 있었다. 그것은 바로 더없이 행복했던 그들의 가정생활이었다.

윌리엄과 캐서린 글래드스턴은 59년 동안 함께 살았다. 변치 않는 헌
신으로 아름답게 수놓아진 근 60년간의 세월이었다. 나는 영국의 가장
위엄 있는 총리인 글래드스턴이 아내의 손을 꼭 잡고 그녀와 함께 다
음과 같은 노래를 부르면서 난롯가에서 춤추는 모습을 즐겨 떠올린다.

"누더기를 걸친 남편과 말괄량이 아내. 우리는 삶의 우여곡절을 용
케 헤쳐나갈 것이네."

글래드스턴은 공식적인 석상에서는 결코 호락호락하지 않은 강적
이었으나 가정에서는 비난을 하지 않았다. 아침에 식사하러 내려왔는
데 다른 가족이 모두 자고 있을 때면 그는 자신만의 방식으로 비난의

340

뜻을 표현했다. 알 수 없는 멜로디로 온 집안을 울리며 목소리를 드높여 영국에서 가장 바쁜 사람이 아래층에서 홀로 아침 식사를 기다리고 있다는 사실을 알렸다. 수완 좋게 가족을 배려하면서 절대 비난하지 않았다.

예카테리나 여제 역시 그러했다. 예카테리나는 세계 역사상 최대로 손꼽히는 제국을 통치했다. 그녀는 수백만이 넘는 백성의 삶과 죽음을 좌지우지하는 권력의 소유자였다. 정치적으로는 잔인한 폭군으로서 부질없는 전쟁을 일으키고, 수십 명의 정적에게 총살형을 선고했다. 하지만 요리사가 고기를 태워버렸을 때는 오히려 아무 말도 하지 않았다. 미소를 짓고서 평범한 미국 남편들이 본받아야 마땅할 인내심을 발휘하며 묵묵히 고기를 먹었다.

불행한 결혼 생활의 원인을 연구하는 미국 최고의 권위자인 도로시 딕스는 모든 결혼 중 50퍼센트 이상이 실패라고 밝혔다. 그녀는 그렇게 많았던 낭만적인 꿈이 이혼 법정에서 산산조각이 나는 한 가지 이유는 쓸데없이 마음에 상처를 주는 비난 때문이라고 했다.

아이들을 비난하고 싶어진다면, 여러분은 내가 하지 말라고 말하기를 기대할지도 모른다. 하지만 나는 그러지 않을 것이다. 다만 "아이들을 비난하기 전에 미국 저널리즘의 고전인 '아버지는 잊어버린다'를 읽어보라"고 말할 것이다. 이는 원래 〈피플즈 홈 저널〉 지의 사설에 실린 글이다. 이 책에서는 작가의 허락을 받아 《리더스 다이제스트》 지에서 요약한 내용을 실었다.

이따금 짧은 글이 수많은 독자의 심금을 울리고 인기를 얻는다. '아버지는 잊어버린다'도 그런 글이다. 작가 W. 리빙스턴 란드의 글에 따르면 처음 발표된 이후 전국적으로 잡지와 사보, 신문에 수백 차례 실렸다고 한다. 그뿐만 아니라 다양한 외국어로 번역되어 국내 못지않게 널리 알려졌다. 학교나 교회, 연단 등에서 이 글을 낭독하고 싶어하는 사람들이 있어서 개인적으로 허락한 적도 있다. 무수한 행사와 프로그램에서 이 글을 방송하기도 했다. 대학 정기간행물과 고등학교 잡지도 예외가 아니었다. 이따금 소박한 글이 감동을 준다. 이 글도 분명 감동을 준다.

들어보렴, 아들아. 지금 나는 네가 잠들어 있는 동안 이렇게 말하고 있단다. 네 작은 손은 볼 아래 오므려져 있고 금빛 곱슬머리는 촉촉이 젖은 이마에 붙어 있구나. 나는 혼자 살그머니 네 방에 들어왔단다. 바로 몇 분 전 서재에서 신문을 보고 있을 때 숨이 막힐 것 같은 후회의 물결이 나를 휩쓸더구나. 죄책감에 사로잡혀 네 머리맡에 왔단다.

아들아, 생각나는 것이 몇 가지 있구나. 내가 네게 화를 많이 냈지. 고양이 세수만 했다며 학교에 가려고 옷을 입던 너를 꾸짖었다. 신발이 더럽다고 혼을 냈다. 네 물건을 바닥에 내동댕이쳤을 때 화를 내며 고함을 질렀다.

아침밥을 먹을 때에도 나무라기만 했다. "밥을 흘렸다", "음식을 씹지도 않고 삼킨다", "식탁에 턱을 괴고 있다", "식빵에 버터를 너무 많이 발랐다." 그리고 너는 놀러 나가고 나는 기차를 타러 갈 때 너는 뒤돌아서 손을 흔들며 큰소리로 이렇게 말했지. "안녕히 다녀오세요, 아빠!" 그런데 나는 인상을 찌푸리면서 대꾸했다. "어깨 펴!"

그리고 저녁에도 똑같은 일을 되풀이했지. 길을 걸어 올라올 때 나는 무릎을 꿇고 구슬놀이를 하는 네 모습을 발견했다. 양말에 구멍이 나 있더구나. 너를 앞세우고 집으로 걸어오면서 친구들 앞에서 네게 창피를 주었다. "비싼 양말인데, 네 돈으로 사야 한다면 아마 더 조심할 테지. 아빠 처지에서 생각해봐."

기억하니, 나중에 서재에서 신문을 읽고 있을 때 네가 약간 상처 입은 눈망울로 머뭇거리며 들어왔던 거? 내가 방해받아서 몹시 싫은 기색을 보이며 신문 너머로 슬쩍 쳐다보았을 때 너는 문간에서 망설이더구나. 나는 "원하는 게 뭐야?"라고 쏘아붙였지.

넌 아무 말도 하지 않았다. 그러다 한달음에 달려와 두 팔로 내 목을 감싸며 뽀뽀를 하고 애정을 담아 꼭 껴안았지. 하느님이 네 마음에 꽃피워서 아무도 돌보지 않아도 시들지 않는 애정 말이다. 그리고 종종걸음으로 계단을 올라가 버렸지.

아, 아들아. 신문이 내 손에서 미끄러져 내리고 견디기 어려운 무시무시한 두려움이 나를 덮친 것은 바로 다음 순간이었단다. 어쩌다 이런 습관이 들었을까? 나무라고 꾸짖는 습관. 이것이 그저 어린아이였던 너에 대한 나의 보답이라니. 내가 너를 사랑하지 않아서가 아니란다. 어린 네게 너무 많은 기대를 했기 때문이야. 어른의 기준으로 너를 판단하고 있었구나.

그리고 네 성품에는 선함, 훌륭함, 진실함이 무척 많이 담겨 있었다. 네 작은 마음은 드넓은 언덕 너머 밝아오는 새벽만큼 넓었다. 이건 누가 시키지 않아도 내게 달려들어 잘 자라는 키스를 해주려는 네 마음을 보고 알 수 있었지. 아들아, 오늘 밤은 다른 어떤 것도 중요하지 않단다. 나는 어둠 속에서 네 머리맡에 와서 수치스러운 마음으로 무릎을 꿇고 있다!

이것은 작은 속죄야. 네가 깨어 있을 때 내가 이런 말을 한다 해도 이해하지 못할 거라는 것을 알고 있다. 하지만 내일부터 진짜 아빠다운 아빠가 되겠다. 네 친구가 되고, 네가 괴로워할 때 함께 괴로워하고, 네가 웃을 때 함께 웃으마. 조급한 말이 튀어나오려 하면 이를 악물 거야. 마치 주문처럼 이렇게 계속 중얼거릴 거야. "아직 아이일 뿐이다, 어린아이일 뿐이다!" 안타깝게도 나는 너를 어른으로 그려왔다. 그런데 이제 침대에 웅크린 지친 네 모습을 보니, 아들아, 너는 아직도 아기였구나. 어제까지도 엄마 어깨에 머리를 괴고 엄마 품에 안겨 있었는데. 내가 네게 너무 많은 것을 요구했구나.

그러므로 행복한 가정생활을 원한다면 원칙 3를 명심하라!

원칙 3
비난하지 마라.
Don't criticize.

———————————— 모든 사람을
행복하게 만드는 방법

로스앤젤레스 가족관계 연구소장 폴 포프노는 다음과 같이 말했다.

아내감을 찾을 때 남자는 대부분 회사의 중역이 아니라 자신들의 허영심을 채워주고 우월감을 느끼게 만들어 줄 의향과 매력이 있는 여자를 찾습니다.

어떤 여성 임원이 점심에 초대를 받을 수도 있어요. 하지만 그녀는 아마 '현대 철학의 주요 흐름'이라는 대학 강좌에서 기억나는 내용을 읊어댈 겁니다. 심지어 계산하겠다고 고집을 피울지도 모르죠. 그러면 그녀는 그 후부터 혼자 점심을 먹게 될 겁니다.

이와 대조적으로 대학을 나오지 않은 타이피스트는 점심에 초대를 받았을 때 상대 남성에게 초롱초롱한 눈빛으로 시선을 고정하고 동경의 눈빛으로 이렇게 말하죠. "이제 당신에 관한 이야기를 좀 더 해주세요." 그러면 남자는 다른 사람들에게 이렇게 말할 겁니다. "그 여자는 대단한 미인은 아니지. 하지만 그렇게 말을 잘하는 사람은 처음이었어."

남자는 예쁘게 보이고 어울리는 옷을 차려입으려는 여자의 노력을 높이 평가한다고 표현해야 한다. 모든 남자는 여자가 옷차림에 얼마나 관심이 많은지를 어쩌다 깨달았다가도 곧잘 잊어버린다.

예컨대 한 남녀가 거리에서 다른 남녀를 만나는 경우 여자는 좀처럼 상대편 남자를 보지 않는다. 그녀는 대개 상대편 여자가 얼마나 옷을 잘 차려입었는지를 살핀다.

우리 할머니는 몇 년 전 아흔여덟의 나이로 돌아가셨다. 할머니가 돌아가시기 직전에 우리는 할머니에게 30년 전쯤에 찍은 할머니의 사진을 보여드렸다. 할머니는 눈이 침침해지셔서 사진을 제대로 보지 못하셨다. 단지 "내가 무슨 옷을 입고 있니?"라고만 물으셨다.

생각해보라! 생애 마지막 12월을 맞은, 백 년을 표시하는 흔적의 그림자 안에 몸을 누인 채 쇠약할 대로 쇠약해지고 노령으로 기진맥진하며, 기억력은 부쩍 희미해져 자기 딸조차 알아보지 못하는 노부인이 30년 전에 자신이 무슨 옷을 입었는지 궁금해한다. 나는 할머니가 그 질문을 할 때 침대맡에 있었다. 할머니의 그 모습은 내게 절대 희미해지지 않을 깊은 인상을 남겼다.

이 글을 읽는 남자들은 5년 전 자신이 무슨 양복이나 셔츠를 입었는지 기억하지 못할뿐더러 기억하고 싶은 일말의 소망도 없을 터이다. 그러나 여자들은 다르다. 우리 미국 남자는 이 사실을 깨달아야 한다. 프랑스 상류층의 소년은 여성의 옷차림과 모자를 칭찬하라고, 그것도 한 번에 그치지 말고 여러 번 칭찬하라고 교육받는다. 5천만 명이나 되는 프랑스 남성이 쓸데없는 일을 할 리는 없다.

내가 신문에서 오려낸 글 가운데 실화가 아닌 한 가지 이야기가 있다. 하지만 진실이 담긴 이야기이므로 여러분에게 전하려 한다.

이 어처구니없는 이야기에 따르면 한 농가의 안주인이 힘겨운 일과를 마치고 돌아온 남자 가족들 앞에 건초 더미를 내놓았다. 남자들은 몹시 화를 내며 그녀에게 제정신이냐고 물었다.

그러자 그녀는 대답했다. "당신들이 원하는 걸 내가 어떻게 알겠어요. 나는 지난 20년 동안 당신들을 위해 요리를 했지만, 당신들은 내게 건초를 먹지 않는다는 말을 한 번도 한 적이 없잖아요."

모스크바와 상트페테르부르크의 방자한 독재자들은 예전에는 매너가 지금보다 좋았다. 차르 시대에 러시아에서는 만찬이 훌륭하면 요리사를 식당으로 불러내어 찬사를 보내는 것이 상류층의 매너였다.

그렇다면 어찌해서 여러분의 아내에게 그처럼 배려하지 않는 것인가? 다음번에 아내가 연한 닭구이를 요리했다면 그녀에게 고맙다고 말하라. 건초를 내놓지 않아서 고맙다는 뜻을 전하라. 텍사스 귀넌이 말했듯이 "아내에게 큰 박수를 보내라."

그리고 이런 배려를 실천할 때 아내가 여러분의 행복에 얼마나 중요한 존재인지를 서슴지 말고 알려라.

디즈레일리는 영국 최고의 정치가였다. 하지만 앞서 살펴보았듯이 그는 전혀 부끄러워하지 않고 '그 자그마한 여인에게 얼마나 감사하는지'를 세상에 알렸다.

바로 며칠 전 잡지를 훑어보던 중에 나는 이런 글을 발견했다. 에디 칸터의 인터뷰에서 발췌한 내용이다.

에디 칸터는 이렇게 말했다. "나는 이 세상의 다른 누구보다도 아내에게 신세를 많이 지고 있습니다. 아내는 어린 시절 나의 절친한 친구였죠. 그녀는 내가 바르게 살도록 도와주었습니다. 그리고 결혼한 후에는 푼돈을 아껴서 투자하고 또 재투자했어요. 나를 위해 목돈을 모았죠. 우리는 슬하에 다섯 명의 사랑스러운 아이들을 두었습니다. 아내는 언제나 내게 멋진 가정을 선사했어요. 내가 무언가 이루었다면 그건 모두 아내의 공입니다."

할리우드의 결혼은 영국의 로이드 보험사조차도 굳이 모험하지 않을 만큼 위태로운 일이다. 하지만 할리우드에서 눈에 띄게 행복한 결혼 생활을 꾸리는 사람으로 워너 백스터가 있다. 백스터 부인이 된 위니프리드 브라이슨은 결혼하면서 화려한 배우 생활을 포기했다. 하지만 그녀의 희생 때문에 두 사람의 행복이 깨지는 일은 없었다.

워너 백스터는 말했다. "그녀는 성공적인 무대의 박수갈채를 그리워했지만 나는 그녀가 내가 보내는 박수갈채를 온전히 깨달을 수 있도록 노력했습니다. 만일 한 여인이 남편의 품에서 행복을 찾는다면 그것은 남편의 인정과 헌신 때문일 것입니다. 진심으로 인정하고 헌신한다면 남편 또한 행복할 것입니다."

그러므로 행복한 가정생활을 원한다면 원칙 4를 명심하라!

원칙 4 ────────────────────

진심으로 인정하라.

Give honest appreciation.

[5] —————— 사소한 것에
관심을 보여라

태초부터 꽃은 사랑의 언어였다. 특히 제철 꽃은 그다지 비싸지 않으며 대개 길거리에서 손쉽게 살 수 있다. 평범한 남편이 수선화 한 다발을 집에 들고 오는 일이 얼마나 드문지를 떠올려보면 꽃이 난처럼 비싸고, 알프스 산맥의 구름이 휩쓸고 간 절벽에서 피는 에델바이스처럼 구하기 어려운 물건으로 생각될지도 모르겠다.

아내가 병원에 입원하는 바람에 꽃을 사야 할 때까지 기다릴 이유가 있는가? 내일 밤 장미 몇 송이를 아내에게 선사하면 어떨까? 여러분은 실험을 좋아하지 않는가. 시도해보라. 무슨 일이 일어나는지 지켜보라.

조지 M. 코핸은 브로드웨이에서 바쁘게 일하는 중에도 어머니가 돌아가실 때까지 일주일에 두 번씩 그녀에게 전화를 걸었다. 매번 어머니에게 놀라운 소식을 전해드렸을까? 아니다. 작은 관심의 의미는 바로 이것이다.

350

작은 관심은 사랑하는 사람에게 여러분이 그들을 생각하고 있고 그들에게 기쁨을 안기고 싶으며, 그들의 행복과 안녕이 여러분에게 매우 중요하다는 사실을 보여준다.

여자는 생일과 기념일에 큰 의미를 둔다. 그 이유는 여자의 미스터리 중 하나로 영원히 남을 것이다. 평범한 남자는 수많은 데이트 상대를 기억하지 않아도 그럭저럭 살 수 있을 것이다. 하지만 결코 잊어서는 안 될 몇 가지가 있다.

콜럼버스가 아메리카 대륙을 발견한 1492년, 미국이 독립을 선언한 1776년, 아내의 생일에 했던 데이트, 그리고 결혼기념일이다. 어쩌면 첫 번째와 두 번째는 몰라도 그럭저럭 살 수 있을 것이다. 하지만 마지막 것은 결코 잊어서는 안 된다.

4만 건의 가정불화를 심리하고 2천 쌍을 화해시킨 시카고의 조지프 사바스 판사는 말했다. "가정불화의 씨앗은 대부분 사소한 일들입니다. 아침에 남편이 출근할 때 아내가 손을 흔들어 작별 인사를 하는 단순한 일만으로도 많은 이혼을 막을 수 있죠."

엘리자베스 배럿 브라우닝과 역사상 가장 목가적인 삶을 살았을 로버트 브라우닝은 아무리 바빠도 작은 선물과 관심으로 사랑을 유지했다. 그는 병약한 아내를 지극정성으로 대했으며, 그래서 그의 아내는 여동생들에게 보낸 글에서 이렇게 말했다. "지금 나는 남편 말처럼 내가 진짜 천사가 아닐까 하는 궁금증이 일 정도야."

이런 사소하고 일상적인 관심의 가치를 과소평가하는 남자가 많다.

게이너 매덕스는 《픽토리얼 리뷰》지의 한 기사에서 말했다. "미국 가정에는 진정으로 몇 가지 새로운 항목이 필요하다. 이를테면 침대에서 먹는 아침 식사는 수많은 여성이 마음껏 누려야 마땅한 다정한 호사 가운데 하나이다. 여성에게 침대에서 먹는 아침 식사는 남자에게 있어 프라이빗 클럽과 같은 것이다."

결국, 결혼은 그런 것이다. 사소한 사건의 연속이다. 이 사실을 간과하는 부부는 화를 당한다. 에드나 세인트 빈센트 밀레이는 간결한 시로 이를 요약했다.

"나의 나날들을 고통스럽게 만드는 것은, 사랑이 떠날 것이라는 사실이 아니라 그것이 소소한 일로 떠났다는 사실이다."

기억할만한 좋은 시구이다. 리노 변두리의 법정에서는 일주일 중 엿새 동안 열 쌍 가운데 한 쌍이 이혼한다. 이 가운데 진정한 비극의 암초 때문에 난파하는 결혼이 얼마나 된다고 생각하는가? 극히 소수에 지나지 않는다.

장담하건대 여러분이 그곳에 밤낮으로 앉아 그 불행한 남편과 아내의 증언을 듣는다면 사랑이 '소소한 일로 떠났다'는 사실을 알게 될 것이다.

이제 주머니칼을 꺼내 다음 명언을 잘라내라. 그리고 모자 안쪽이나 매일 아침 면도를 할 때 보는 거울에 붙여놓아라.

"나는 이 길을 단 한 번만 지날 것이다. 따라서 내가 어떤 사람에게 어떤 선행을 베풀거나 친절함을 보여줄 수 있다면 지금 그렇게 하라. 미루거나 게을리하지 마라. 이 길을 다시는 지나가지 않을 테니 말이다."

그러므로 행복한 가정생활을 원한다면 원칙 5를 명심하라!

원칙 5 ——————————————————————————————

사소한 관심을 기울여라.
Pay little attention.

[6]———————— 행복해지고 싶다면
이것을 명심하라

월터 댐로시는 미국 최고의 연사이자 대통령 후보자였던 제임 G. 블
레인의 딸과 결혼했다. 수년 전 스코틀랜드에 있는 앤드류 카네기 집
에서 만난 이후 댐로시 부부는 남달리 행복하게 살고 있다.

비결이 무엇일까? 댐로시 부인은 다음과 같이 말했다. "배우자를 신
중하게 선택하는 일 다음으로 중요한 것은 결혼 후의 예의를 중요하
게 여기는 것입니다. 젊은 아내가 모르는 사람에게 그러듯이 남편에
게 예의를 차린다면 얼마나 좋을까요! 입이 험한 여자라면 어떤 남자
라도 도망칠 겁니다."

무례함은 사랑을 좀먹는 암과 같다. 이 사실을 모르는 사람은 없다.
하지만 우리가 가족보다는 모르는 사람에게 더 예의바르다는 것도 주
지의 사실이다.

우리는 모르는 사람의 말을 가로막고 "세상에, 그런 고리타분한 이

야기를 하려는 거예요?"라고 말하는 일은 꿈도 꾸지 않을 것이다. 허락도 받지 않고 친구의 우편물을 열어보거나 그들의 비밀을 꼬치꼬치 캐는 일을 꿈도 꾸지 않을 것이다. 하지만 우리에게 가장 가깝고 소중한 가족에게는 사소한 잘못을 지적하며 모욕을 준다.

도로시 딕스의 말을 다시 한 번 인용하면 "우리에게 언짢고 모욕적이며 가슴 아픈 말을 하는 유일한 사람들은 우리 집 안에 있는 사람들이다."

헨리 클레이 리스너는 '예의는 부서진 대문을 눈감아주고 대문 너머 보이는 꽃들에 관심을 기울이는 따뜻한 특성'이라고 표현했다.

모터에 기름을 쳐야 하듯이 결혼 생활에는 예의를 지켜야 한다.

《아침 식탁의 독재자》의 작가 올리버 웬들 홈스는 가정에서는 결코 독재자가 아니었다. 오히려 무척 배려심이 많아서 울적하고 침울할 때면 가족들에게 자신의 우울한 기분을 숨기려고 노력했다. 그는 다른 사람에게 피해를 주지 않고 혼자 참아내야 한다는 사실이 무척 힘들었다고 말했다.

올리버 웬들 홈스는 그러했다. 그런데 평범한 소시민들은 어떤가? 직장에서 일이 잘 풀리지 않아 거래를 성사시키지 못하거나 상사에게 꾸중을 듣는다. 머리가 깨질 것 같은 두통에 시달린다. 그러면 그는 집으로 달려가 가족에게 화를 풀고 싶어 안달이 난다.

네덜란드에서는 집으로 들어오기 전에 현관에 신발을 벗어둔다. 우리는 네덜란드 사람들의 교훈을 배워 집으로 들어오기 전에 직장의 골칫거리를 떨쳐버릴 수 있다.

윌리엄 제임스는 '인간의 어떤 무지함에 대해'라는 수필을 썼다. 도서관에서 찾아 읽어볼 만한 글이다. 이 글에서 그는 이렇게 말했다.

"이 글에서 다룰 인간의 무지함은 우리와 다른 존재나 사람의 감정과 관련해 우리 모두가 갖고 있는 무지다."

'우리 모두가 갖고 있는 무지', 즉 고객이나 심지어 사업 파트너에게 신랄하게 이야기하는 것은 상상도 못하면서 아내에게 고함치는 일은 대수롭지 않게 여기는 남자가 많다. 하지만 그들의 개인적인 행복을 위해서는 비즈니스보다는 결혼 생활이 한층 중요하고 절대적으로 필요하다.

행복한 결혼 생활을 누리는 평범한 사람이 고독한 천재보다 단연코 더 행복하다. 위대한 러시아 소설가 투르게네프는 문명사회로부터 박수갈채를 받았지만, 이런 말을 남겼다.

"저녁 식사 시간에 맞추지 못할까 봐 걱정하며 나의 귀가를 기다리는 여자가 어디엔가 있다면 내 모든 천재성과 모든 책을 포기할 것이다."

그렇다면 결혼해서 행복할 확률은 얼마나 될까? 이미 말했듯이 도로시 딕스는 절반 이상의 결혼이 실패한다고 믿었다. 하지만 폴 포프노의 생각은 다르다. 그는 말했다. "남자는 다른 어떤 사업보다 결혼에서 성공할 확률이 더 높습니다. 식품 사업을 시작하는 남성 가운데 70퍼센트는 실패합니다. 반면에 결혼 생활을 시작하는 남녀 가운데 70퍼센트가 성공한답니다."

도로시 딕스는 자신의 견해를 이렇게 요약했다.

"결혼에 비하면 출생은 우리네 인생에서 단순한 에피소드이며, 죽음은 사소한 사건에 지나지 않아요."

여자는 남자가 왜 자기 분야에서 성공하기 위해 노력하는 것만큼 행복한 가정을 만들기 위해 노력하지 않는지를 이해하지 못한다.

하지만 만족한 아내와 평화롭고 행복한 가정을 얻는 것이 백만 달러를 버는 것보다 더 의미 있다 하더라도 성공적인 결혼 생활을 진심으로 진지하게 생각하거나 그것을 위해 진심으로 노력하는 남자는 백 명 중에 한 명도 찾기 어렵다. 남자는 자기 인생에서 가장 중요한 일의 성패를 운에 맡긴다. 아내는 남편이 어째서 다정하게 대하지 않고 완력을 사용하는지 도무지 이해할 수 없다.

남자라면 누구나 아내에게 기쁨을 선사해서 그녀가 아무런 대가도 바라지 않고 어떤 일을 하게 만들 수 있다. 그녀가 얼마나 멋진 관리자인지, 그녀가 자신에게 얼마나 도움이 되는 사람인지 등 사소한 칭찬 몇 마디라도 해준다면 아내가 아낌없이 베풀어줄 것임을 안다.

작년에 산 드레스를 입은 모습이 얼마나 아름답고 사랑스러운지 칭찬하면 아내가 그 칭찬을 파리에서 수입한 최신 제품과도 바꾸지 않을 것임을 안다. 아내의 감은 눈에 입맞춤을 해주면 눈이 멀고, 입술에 온기만 불어넣어도 꿀 먹은 벙어리가 될 것임을 안다.

그리고 모든 아내는 남편이 자신과 관련된 이 모든 사실을 알고 있음을 안다. 그녀가 이미 남편에게 어떻게 하면 자신을 움직일 수 있는

지에 대해 완벽한 도표를 제공했기 때문이다. 그럼에도 남편은 그녀에게 약간의 칭찬을 하고 그녀가 간절히 바라는 방식으로 그녀를 대하기보다는 그녀와 싸우고, 형편없는 음식을 먹는 대가로 돈을 내고, 자기 돈을 낭비하며 아내에게 새 옷과 리무진, 진주를 사주는 편을 더 좋아한다.

그러므로 행복한 가정생활을 원한다면 원칙 6을 명심하라!

원칙 6

예의를 갖추어라.

Be courteous.

사회 위생국장인 캐서린 비먼트 데이비스 박사는 기혼 여성 1천 명
에게 일련의 개인적인 질문에 솔직하게 답해달라고 부탁했다.

결과는 충격적이었다. 데이비스 박사는 평범한 성인 미국인의 불행
한 성생활에 관한 대단히 충격적인 결과를 얻었다. 그녀는 1천 명의 기
혼 여성으로부터 받은 답변을 찬찬히 검토한 다음 미국의 이혼 사례에
서 중요한 한 가지 원인은 부부의 성생활이 원만하지 않아서라는 자신
의 확신을 주저 없이 발표했다.

G.V. 해밀턴의 조사는 이 결과가 사실임을 입증한다. 해밀턴 박사는
4년 동안 남녀 각각 1백 명의 결혼 생활을 연구했다. 그는 조사 대상자
들에게 개별적으로 결혼 생활과 관련된 약 4백 가지의 질문을 제시하
고 그들의 문제를 철저하게 검토했다.

사회학적으로 매우 중요했던 이 연구에는 한 유명 자선 단체가 재원

을 제공했다. G.V. 해밀턴 박사와 케네스 맥고웬의《결혼, 무엇이 문제인가》에서 이 실험의 결과를 확인할 수 있다.

결혼의 문제는 무엇일까? 해밀턴 박사는 이렇게 말한다. "상당히 편견이 심하고 무모한 정신분석학자가 아닌 이상 가정불화의 원인이 대부분 성적인 부적응이 아니라고 말하지 않을 겁니다. 어찌 됐든 성관계 자체가 만족스러우면 다른 어려움에서 발생하는 불화를 무시하는 사례가 많거든요."

수천 가지 결혼 사례를 검토한 로스앤젤레스 가족 관계 연구소장 폴 포프노는 현재 가정생활의 최고 권위자로 인정받는다. 포프노 박사가 말한 바로는 결혼이 실패하는 데는 네 가지 원인이 있다. 그는 이를 다음과 같은 순서로 나열했다.

1. 성적 부적응
2. 여가 활동에 대한 견해 차이
3. 재정적인 어려움
4. 정신적, 육체적, 혹은 정서적 이상

성관계가 가장 먼저 등장하는 반면, 상당히 의외겠지만, 재정적 어려움은 목록에서 세 번째로 올라있음에 주목하기 바란다.

이혼 문제 전문가들은 하나같이 속궁합의 절대적인 필요성에 동의한다. 이를테면 몇 년 전 1천여 가지의 가정불화 사례를 접한 신시내

티 가정 법원의 호프만 판사는 다음과 같이 밝혔다. "이혼 10건 중 9건은 성 문제에서 비롯되었습니다."

유명 심리학자 존 B. 왓슨은 이렇게 말했다. "섹스는 삶의 가장 중요한 주제입니다. 남자와 여자의 행복에서 가장 심각한 파탄을 일으키는 요인이기도 하죠."

내 강좌에 참석한 수많은 의사도 발표에서 사실상 똑같은 이야기를 했다.

그렇다면 많은 책이 출간되고 많은 교육을 실행하는 20세기에 이런 가장 1차적이고 자연적인 본능에 대한 무지 때문에 결혼이 파괴된다면 이 얼마나 안타까운 일인가?

올리버 M. 버터필드 목사는 18년 동안 감리교 목사로 재직한 후 뉴욕시 가정 지도 서비스 사무소에서 일하기 위해 교단을 떠났다. 버터필드 목사만큼 많은 젊은이의 결혼식을 주례한 사람은 없을 것이다. 그는 다음과 같이 전했다.

"목사로 부임하고 얼마 지나지 않아서 아무리 낭만과 선의로 시작한 관계라도 일단 결혼한 후 성적인 측면에서 결혼 문맹자로 변하는 부부가 많다는 사실을 깨달았죠."

결혼 문맹자라니!

그는 계속해서 이렇게 덧붙였다.

"우리가 그처럼 어려운 결혼 생활의 적응 과정을 대부분 운에 맡긴다는 사실을 생각하면 이혼율이 고작 16퍼센트에 지나지 않는다는 점이 오히려 놀랍습니다. 결혼했다기보다는 차라리 이혼하지 않았다고 표현해야 할 남편과 아내가 섬뜩할 만큼 많습니다. 일종의 연옥에서 사는 것과 마찬가지죠."

버터필드 박사는 또 다음과 같이 밝혔다. "행복한 결혼은 우연한 산물이 아닙니다. 이는 현명하고 신중하게 계획했다는 점에서 건축과 다름없습니다."

버터필드 박사는 지금껏 자신이 주례를 맡았던 부부들에게 장래 계획을 그와 함께 솔직하게 의논해야 한다는 조건을 붙여서 행복한 결혼을 위한 계획을 도왔다.

그는 이런 의논 과정을 거치면서 많은 예비 신랑 신부들이 '결혼 문맹자'라는 결론을 내렸다.

"성관계는 결혼 생활이 주는 여러 가지 만족 가운데 하나일 뿐입니다. 하지만 이 관계가 바로 서지 않으면 다른 어떤 것도 바로 설 수 없습니다."

하지만 어떻게 바로 세울 것인가?

버터필드 박사의 말을 들어보자. "감정적으로 입을 다무는 대신, 객관적이며 초연하게 결혼 생활의 자세와 행동에 대해 의논하는 능력을 키워야 한다. 이런 능력을 얻는 데는 건전한 양식을 갖춘 훌륭한 책을 읽는 것이 최상이다. 나는 내가 지은《결혼과 성적 조화》와 몇 권의 책을 나누어주었다."

내가 보기에는 시중에서 구할 수 있는 모든 책 가운데 다음 세 권이 일반 독자들에게 가장 적합하다. 이사벨 허튼의《결혼의 성 테크닉》, 맥스 엑스너의《결혼의 성적인 면》, 헬레나 라이트의《결혼의 성 요소》 등이 바로 그 책들이다.

그러므로 행복한 가정생활을 원한다면 원칙 7을 명심하라!

원칙 7 ───────────────────────────────

결혼 생활의 성에 관한 좋은 책을 읽어라.

Read a good book on the sexual side of marriage.

행복한 가정을 만드는 방법

원칙 1 절대로 잔소리하지 마라.

원칙 2 배우자를 바꾸려고 애쓰지 마라.

원칙 3 비난하지 마라.

원칙 4 진심으로 인정하라.

원칙 5 사소한 관심을 기울여라.

원칙 6 예의를 갖추어라.

원칙 7 결혼 생활의 성에 관한 좋은 책을 읽어라.

결혼 생활을 위한 설문

〈아메리칸 매거진〉은 1933년 6월호에서 에미트 크로저의 '결혼이 실패하는 이유'를 실었다. 다음은 그 기사에서 인용한 설문지이다. 이 질문에 답하면서 '예'라고 대답한 문항을 10점으로 계산해보라. 도움이 될 것이다.

남편을 위한 질문

1 당신은 지금도 아내의 생일과 결혼기념일을 축하하기 위해 이따금 꽃 선물이나 예상치 못한 관심, 혹은 기대하지 않았던 애정표현으로 아내에게 '구애'를 하는가?

2 다른 사람 앞에서 아내를 비난하지 않기 위해 조심하는가?

3 생활비 이외에 순전히 아내가 원하는 곳에 쓸 돈을 주는가?

4 변화무쌍한 여자의 기분을 이해하려고 노력하며, 아내가 피곤하거나 과민하거나 혹은 짜증이 나는 기간을 잘 넘기도록 돕는가?

5 여가 시간 중 적어도 절반을 아내와 함께 보내는가?

6 아내에게 유리할 경우가 아니라면 그녀의 요리나 살림 솜씨를 다른 사람과 비교하는 일을 삼가는가?

7 아내의 지적 활동, 아내가 참석하는 클럽과 모임, 아내가 읽는 책, 공공 문제에 관한 아내의 견해에 확실히 관심이 있는가?

8 질투성의 발언을 하지 않고, 아내가 다른 남자들과 춤을 추거나

그들로부터 호의적인 관심을 받도록 놔두는가?

9 아내를 칭찬하거나 아내에 대한 존경심을 표현할 기회를 놓치지 않기 위해 항상 신경 쓰는가?

10 단추를 달거나 양말을 꿰매거나 혹은 당신의 옷을 세탁소에 맡기는 등 아내가 당신을 위해 하는 사소한 일에 고마워하는가?

아내를 위한 질문

1 남편의 비즈니스와 관련된 문제에서 그에게 완벽한 자유를 허용하는가? 그의 동료, 그가 선택한 비서, 혹은 그의 일정을 비난하지 않기 위해 조심하는가?

2 집 안을 흥미롭고 매력적으로 꾸미기 위해 온 힘을 다하는가?

3 남편이 식탁에 앉았을 때 어떤 음식이 나올지 짐작하지 못하도록 메뉴를 바꾸는가?

4 남편에게 도움이 되는 방향으로 의논할 수 있을 만큼 남편의 비즈니스를 파악하고 있는가?

5 남편의 실수를 비난하거나 크게 성공한 남자들과 비교하며 남편을 깎아내리지 않고 씩씩하고 밝은 모습으로 재정적인 어려움을 헤쳐나갈 수 있는가?

6 시어머니나 다른 친척들과 사이좋게 지내기 위해 특별히 노력하는가?

7 남편의 취향에 맞게 옷을 고르는가?

8 화합을 위해 사소한 일을 먼저 양보하는가?

9 남편이 좋아하는 취미 생활을 배워서 함께 즐기는가?

10 최신 뉴스와 도서, 새로운 아이디어를 잘 알고 있어 남편과 지적
인 대화를 나누는가?

중앙경제평론사 Joongang Economy Publishing Co.
중앙생활사|중앙에듀북스 Joongang Life Publishing Co./Joongang Edubooks Publishing Co.

중앙경제평론사는 오늘보다 나은 내일을 창조한다는 신념 아래 설립된 경제·경영서 전문 출판사로서
성공을 꿈꾸는 직장인, 경영인에게 전문지식과 자기계발의 지혜를 주는 책을 발간하고 있습니다.

데일 카네기 인간관계론 〈최신 개정판〉

초판 1쇄 발행 | 2013년 2월 27일
초판 5쇄 발행 | 2018년 4월 15일
개정초판 1쇄 발행 | 2020년 5월 25일
개정초판 3쇄 발행 | 2021년 2월 20일
개정2판 1쇄 발행 | 2024년 2월 27일
개정2판 5쇄 발행 | 2024년 7월 20일

지은이 | 데일 카네기(Dale Carnegie)
옮긴이 | 이미숙(MiSook Lee)
펴낸이 | 최점옥(JeomOg Choi)
펴낸곳 | 중앙경제평론사(Joongang Economy Publishing Co.)

대　표 | 김용주
편　집 | 한옥수·백재운·용한솔
디자인 | 박근영
인터넷 | 김희승

출력 | 케이피알　종이 | 한솔PNS　인쇄 | 케이피알　제본 | 은정제책사

잘못된 책은 구입한 서점에서 교환해드립니다.
가격은 표지 뒷면에 있습니다.

ISBN 978-89-6054-328-7(03320)

원서명 | How to win friends and influence people

등록 | 1991년 4월 10일 제2-1153호
주소 | ⓦ 04590 서울시 중구 다산로20길 5(신당4동 340-128) 중앙빌딩
전화 | (02)2253-4463(代)　팩스 | (02)2253-7988
홈페이지 | www.japub.co.kr　블로그 | http://blog.naver.com/japub
네이버 스마트스토어 | https://smartstore.naver.com/jaub　이메일 | japub@naver.com
♣ 중앙경제평론사는 중앙생활사·중앙에듀북스와 자매회사입니다.

도서 주문	www.**japub**.co.kr	https://smartstore.naver.com/jaub
	전화주문 : 02) 2253 - 4463	네이버 스마트스토어

중앙경제평론사/중앙생활사/중앙에듀북스에서는 여러분의 소중한 원고를 기다리고 있습니다. 원고 투고는 이메일을
이용해주세요. 최선을 다해 독자들에게 사랑받는 양서로 만들어드리겠습니다. **이메일** | japub@naver.com